# मेक टाइम

## हर दिन जो मायने रखता है, उस पर कैसे ध्यान केंद्रित करें

# मेक टाइम

## हर दिन जो मायने रखता है, उस पर कैसे ध्यान केंद्रित करें

प्रकाशक : वॉव पब्लिशिंग्ज् प्रा. लि. पुणे

मुद्रक : ट्रिनिटी अकादमी फॉर कॉर्पोरेट ट्रेनिंग लि., पुणे

प्रथम आवृत्ती : जनवरी 2024

अनुवादक : रचना भोला 'यामिनी'

ISBN : 978-93-90132-57-7



'Make Time' इस अंग्रेजी पुस्तक का हिंदी अनुवाद

---

**Make Time**

by Jake Knapp and John zeratsky

जीवन की गति बढ़ाने की अपेक्षा भी इसमें बहुत कुछ है।

\- महात्मा गांधी

# विषय सूची

# परिचय

लोग आजकल इस तरह बात करते हैं :

और हमारे कैलेंडर कुछ ऐसे दिखाई देते हैं :

सारा दिन हमारे फोन बजते रहते हैं:

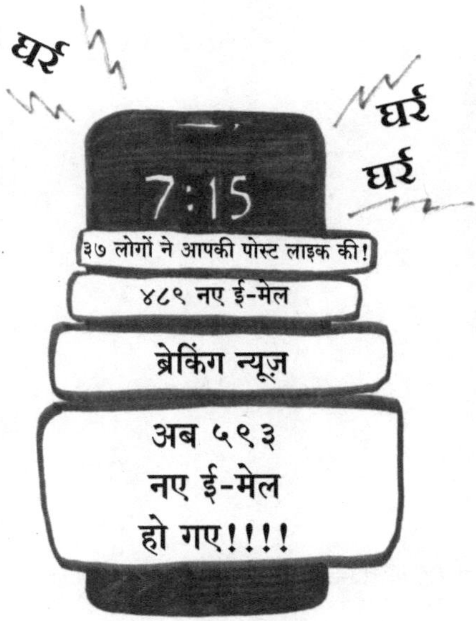


और शाम होने तक हम इतना थक जाते हैं कि नेटफ्लिक्स तक देखने की हिम्मत नहीं बचती।

क्या आपने कभी पलटकर देखा और सोचा, 'मैंने आज असल में क्या किया?' क्या आप भी उन योजनाओं और कामों को पूरा करने के सपने देखते हैं, जिन्हें आप किसी दिन पूरा करेंगे – पर वह 'किसी दिन' कभी नहीं आता?

यह किताब आपकी जिंदगी की आपा–धापी को कम करती है। यह आपको उन कामों के लिए समय निकालना सिखाती है, जो आपके लिए वाकई मायने रखते हैं। हमारा मानना है कि हम कम व्यस्त हो सकते हैं और समस्याओं को खुद से परे रखते हुए वर्तमान क्षण का भरपूर आनंद उठा सकते हैं। हो सकता है कि यह पढ़ने में आपको मज़ाक ही लगे पर हम गंभीरता से बता रहे हैं।

**मेक टाइम उत्पादकता के बारे में नहीं है।** यह आपको और ज़्यादा काम करना, आपकी टू–डू लिस्ट पूरी करना या जीवन की गति बढ़ाना नहीं सिखाती। यह एक ऐसा ढाँचा है, जो आपको दिन में उन कामों के लिए समय निकालना सिखाता है जो आपके लिए सबसे ज़्यादा मायने रखते हों और जिनकी आपको परवाह हो। चाहे वह आपके परिवार के साथ समय बिताना, कोई नई भाषा सीखना, कोई साइड बिजनेस शुरू करना, स्वयंसेवा करना, उपन्यास लिखना या मारियो कार्ट में मास्टरी पाना ही क्यों न हो। आप जिस भी काम के लिए समय निकालना चाहें, मेक टाइम आपको उसे पाने में मदद कर सकती है। आप दिन प्रतिदिन अपने जीवन को अपना बना सकते हैं।

हम इस बारे में बात करना चाहते हैं कि आजकल जीवन इतना व्यस्त और अव्यवस्थित क्यों है? अगर आपको लगता है कि आप निरंतर तनाव में हैं और

आपका ध्यान भटका हुआ है तो क्या यह आपकी गलती नहीं है?

इक्कीसवीं सदी में, हर मिनट में दो बहुत ही ताकतवर बल आपका समय पाने के लिए प्रतिस्पर्धा कर रहे हैं। पहला बल वह है, जिसे हम बिज़ी बैन्डवैगन (व्यस्त वैगन) कहते हैं। बिज़ी बैन्डवैगन यानी हमारी निरंतर व्यस्तता से भरी संस्कृति - भरे हुए इनबॉक्स, भरे हुए कैलेंडर्स और अनगिनत कार्यसूचियाँ। बिज़ी बैन्डवैगन मानसिकता के अनुसार यदि आप आधुनिक कामों की माँगों को पूरा करते हुए आधुनिक समाज में कार्य करना चाहते हैं तो आपको अपने हर मिनट को उपयोगी गतिविधियों के साथ भरना होगा। आप देख सकते हैं कि दूसरे लोग भी कितने व्यस्त हैं। आपने खुद को बदला नहीं तो बदलते समय के साथ पीछे छूट जाएँगे और इस दूरी को कभी पूरा नहीं कर सकेंगे।

आपके समय के लिए प्रतिस्पर्धा करनेवाला दूसरा बल इन्फिनिटी (अनंत) पूल है। इन्फिनिटी पूल अंधाधुंध सामग्री से भरे हुए एप्स और दूसरे स्रोत हैं। अगर आप इसे रिफ्रेश कर सकते हैं तो यह इन्फिनिटी पूल है। अगर यह स्ट्रीम हो रहा है तो यह इन्फिनिटी पूल है। यह हमेशा मौजूद रहनेवाला नया मनोरंजन ही आपके लिए हमेशा बनी रहनेवाली व्यस्तता के साथ थकान का उपहार लाता है।

परंतु क्या यह निरंतर बनी रहनेवाली व्यस्तता असल में जरूरी है? क्या यह अंतहीन विचलन असल में लाभदायक है? या हम केवल ऑटोपायलट में उलझे हुए हैं?

## हमारा अधिकांश समय डिफॉल्ट में ही बीतता है

दोनों ही बल - बिज़ी बैन्डवैगन और इन्फिनिटी पूल बहुत ताकतवर हैं क्योंकि वे हमारे डिफॉल्ट बन गए हैं। तकनीकी भाषा में डिफॉल्ट का मतलब है जब आप किसी चीज़ का पहली बार उपयोग करना शुरू करते हैं तो वह कैसे काम करती है। यह एक ऐसा चुनाव है, जिसे पहले ही चुन लिया गया है और अगर आप इसे बदलने के लिए कुछ नहीं करते तो आपको डिफॉल्ट के सिवा कुछ हाथ नहीं आता।

उदाहरण के लिए अगर आप एक नया फोन खरीदते हैं तो आपके फोन में होमस्क्रीन पर डिफॉल्ट रूप से ईमेल और वेब ब्राउजर एप्स होते हैं। आपको हर नए संदेश के लिए डिफॉल्ट रूप से सूचना या नोटिफिकेशन मिलती है। फोन के पास एक डिफॉल्ट वॉलपेपर इमेज और डिफॉल्ट रिंगटोन होती है। ये सभी विकल्प आपके फोन बनानेवाले एप्पल या गूगल या जिसने भी आपका फोन बनाया है, उसने पहले

से चुन लिए हैं। आप चाहें तो सेटिंग्स बदल सकते हैं पर इसमें काफी काम करना पड़ता है और कई डिफॉल्ट तो चाहकर भी हटाए नहीं जा सकते।

हमारे जीवन के लगभग सभी हिस्सों में ये डिफॉल्ट पाए जाते हैं। ये केवल हमारे उपकरणों में ही नहीं बल्कि हमारे कार्यस्थल और संस्कृति भी डिफॉल्ट से भरी है, जिसके अनुसार हमेशा व्यस्त और भटके हुए ध्यान के साथ जीना आम माना जाता है। ये मानक सेटिंग्स हर जगह होते हैं। किसी ने कभी भी खाली कैलेंडर की ओर देखकर नहीं कहा होगा, 'इस समय यही बेहतर होगा कि इसे बिना सोचे-समझे मीटिंगों से भर दें!' किसी ने कभी नहीं कहा होगा, 'आज सबसे महत्वपूर्ण चीज़ यह है कि आज के दिन हम दूसरों के मन के हिसाब से चलें!' बिल्कुल नहीं। वह पागलपन होता। लेकिन डिफॉल्ट के कारण हम ठीक वैसा ही करते हैं। कार्यालय में हर मीटिंग डिफॉल्ट रूप से तीस या साठ मिनट तक होती है, चाहे आपका काम पाँच मिनट की बातचीत में पूरा होता हो। डिफॉल्ट रूप से, दूसरे लोग चुनते हैं कि हमारे कैलेंडरों में क्या लिखा जाएगा और हमसे भी यही उम्मीद की जाती है कि हम बिना सोचे-समझे एक के बाद एक, उन मीटिंग्स् को पूरा करते रहेंगे। हमारा बाकी काम ई-मेल और मैसेजिंग सिस्टम के साथ डिफॉल्ट रूप से जुड़ा है और हम इसी तरह लगातार अपने इनबॉक्स देखते हुए उसी समय रिप्लाई देते रहते हैं।

जो भी आपके सामने है, उसके साथ प्रतिक्रिया करें। प्रतिस्पर्धात्मक रूप से क्रिया करें। अपने समय को खाली न रखें, स्मार्ट बनें। यही बिज़ी बैन्डवैगन के डिफॉल्ट नियम हैं।

जब हम खुद को बिज़ी बैन्डवैगन से दूर खींचते हैं तो इन्फिनिटी पूल हमें खींचने के लिए तैयार हैं। बिज़ी बैन्डवैगन अंतहीन कामों के लिए डिफॉल्ट होता है और इन्फिनिटी पूल अंतहीन व्याकुलता के लिए डिफॉल्ट होता है। हमारे फोन, लैपटॉप और टी.वी. खेलों, सोशल फीडों और वीडियो से भरे होते हैं। सब कुछ हाथ के इशारे पर मौजूद है, इस लत से बचना नामुमकिन है। हमारी हर तरह की अड़चन को दूर कर दिया जाता है।

फेसबुक को रिफ्रेश करें। यूटयूब ब्राउज़ करें। नॉनस्टॉप ब्रेकिंग न्यूज़ पर बने रहें, कैंडी क्रश खेलें, एचबीओ को बिंज वॉच करें। इन्फिनिटी पूल डिफॉल्ट, बिज़ी बैन्डवैगन से बचें क्योंकि ये समय का एक-एक कतरा खा जाता है। एक औसत आदमी अपने चार से ज्यादा घंटे स्मार्टफोन पर और टी.वी. पर शो देखते हुए बिताता है, यह विचलन अब एक तरह से सुबह से शाम तक की नौकरी की तरह हो गया है।

बिज़ी बैन्डवैगन और इन्फिनिटी पूल लगातार आपको अपनी ओर खींचते हैं। पर आपका क्या? आप अपने दिन और अपने जीवन से क्या चाहते हैं? अगर आप इन डिफॉल्ट को दूर करके, अपने लिए कुछ रच पाते तो क्या होता?

संकल्पशक्ति इसका हल नहीं है। हमने अपनी ओर से इन्हें रोकने की पूरी कोशिश की है और हम जानते हैं कि ऐसा करना संभव नहीं है। हमने तकनीक उद्योग में कई वर्ष तक काम किया है और हम इन एप्स, खेलों और डिवाइसिस को इतनी अच्छी तरह समझते और जानते हैं कि एक दिन ये आपको कमजोर बना देंगे।

उत्पादकता भी समाधान नहीं है। हमने अपनी ओर से कामों से समय बचाने और ज़्यादा से ज़्यादा काम करने की कोशिश की है। परेशानी यही है कि काम पूरे ही नहीं होते और दूसरे काम पूरे किए जाने की प्रतीक्षा में रहते हैं। आप हैमस्टर व्हील पर जितनी तेज़ी से घूमते हैं, वह उतना तेज़ घूमने लगता है।

पर एक तरीका है जिसे अपनाकर आप अपने भटके हुए ध्यान को वापस पाकर

समय को बस में कर सकते हैं। वहीं से इस पुस्तक का विचार सामने आया। मेक टाइम यह चुनाव करने का एक ढाँचा है कि आप किस चीज़ पर फोकस करना चाहते हैं, किसे अपनी ऊर्जा देना चाहते हैं और डिफॉल्ट चक्र को कैसे तोड़ना चाहते हैं? आप एक मकसद के साथ आगे जा सकें कि आप अपना जीवन कैसे जीना चाहेंगे। हालाँकि आप पूरी तरह से अपनी दिनचर्या को बस में नहीं कर सकते – और हममें से कुछ लोग ही ऐसा कर पाते हैं – पर आप अपने ध्यान को भटकने से तो बचा ही सकते हैं।

हम चाहते हैं कि आप स्वयं अपने डिफॉल्ट तय करें। आप नई आदतों और नई सोच के साथ आधुनिक दुनिया के लिए प्रतिक्रिया देने के बजाए सक्रिय तौर पर लोगों के लिए समय निकालते हुए ऐसे काम कर सकते हैं जो आपके लिए बहुत मायने रखते हैं। यह समय बचाने की बात नहीं है। आपको अपने जरूरी कामों के लिए समय बनाना होगा।

इस किताब में दिए गए सुझाव आपके कैलेंडर, दिमाग और दिनों में खाली जगह बना सकते हैं। वह खाली जगह रोज़मर्रा के जीवन में शांति और स्पष्टता ले आएगी। यह नई आदतों के लिए एक अवसर बन सकती है या उस परियोजना को सामने ला सकती है जिसे आप कभी शुरू करना चाहते थे। आपके जीवन में बननेवाली यह थोड़ी सी जगह आपके भीतर छिपी रचनात्मक ऊर्जा को वापस ले आएगी जिसे आपने खो दिया था या जो आपके पास कभी थी ही नहीं। पर इससे पहले कि हम इन बातों में उलझें, हम यह बताना चाहेंगे कि असल में हम हैं कौन? हम समय और ऊर्जा पर इतना दिमाग क्यों खपा रहे हैं और हमने मेक टाइम कैसे तैयार की

**टाइम डॉक्र्स से मिलें**

हम जेक और जेज़ी[1] हैं। हम एलन मस्क जैसे रॉकेट निर्माता बिलियन नहीं हैं,

---

1 इस किताब में 'जेज़ी' जॉन जेरात्स्की के लिए लिखा गया है। इसे आप म्यूज़िशियन और बिजनेस मोगुल जे-ज़ी से न जोड़ें। आपके हाथ मायूसी के सिवा कुछ नहीं आएगा।

टिम फेरिस जैसे हैंडसम रेनेसाँ मैन या शेरिल सैंडबर्ग जैसे जीनियस एक्जीक्यूटिव नहीं हैं। अधिकतर यही होता है कि समय प्रबंधन सुझाव सुपरमैन्स लिखते हैं या सुपरमैन्स के बारे में होते हैं लेकिन इन पन्नों में आपको कोई असाधारणता नहीं मिलेगी। हम सामान्य और साधारण इंसान हैं, जो दूसरों की तरह तनाव के चंगुल में फँसते हैं और जिनका ध्यान भटकते देर नहीं लगती।

यह बात हमारे नज़रिए को अनूठा बनाती है कि हम प्रोडक्ट डिज़ाइनर्स हैं जिन्होंने टेक उद्योग में बरसों लगाए हैं और जीमेल, यूट्यूब और गूगल हैंगआउट्स जैसी सेवाएँ प्रदान की हैं।

एक डिज़ाइनर के रूप में, हमारा काम था कि अमूर्त विचारों को (जैसे काश ईमेल खुद को सॉर्ट कर लेता?) को वास्तविक जीवन के समाधानों में (जैसे जीमेल का प्राथमिकता इनबॉक्स) में बदलना था। हमें यह समझना था कि तकनीक दैनिक जीवन में कैसे फिट होती है और कैसे बदलती है। इस अनुभव से हमें यह ज्ञान मिलता है कि इन्फिनिटी पूल आकर्षक क्यों होते हैं और उन्हें कैसे नियंत्रित किया जा सकता है।

कुछ वर्ष पूर्व, हमें एहसास हुआ कि हम किसी अदृश्य चीज़ पर डिज़ाइन को लागू कर सकते थे : हम अपना समय कैसे बिताते हैं। पर तकनीक या व्यावसायिक अवसर को चालू करने के बजाए, हमने सबसे सार्थक परियोजनाओं के साथ आरंभ किया और जीवन के सबसे महत्त्वपूर्ण लोगों को साथ लिया।

हमने हर दिन अपनी इस निजी प्राथमिकता के लिए समय निकालने की कोशिश की। हमने बिज़ी बैन्डवैगन के डिफ़ॉल्ट पर सवाल उठाते हुए अपनी टू-डू लिस्ट और कैलेंडरों को डिज़ाइन किया। हमारे पास असीमित संकल्प शक्ति नहीं थी इसलिए रीडिज़ाइन ऐसा होना चाहिए कि उसे आसानी से इस्तेमाल कर सकें। हम हर बाधा को मिटा नहीं सकते थे इसलिए कुछ पाबंदियों के बीच काम करना था। हमने प्रयोग किया, असफल हुए, सफल हुए और समय के साथ-साथ हमने सीखा।

इस किताब में, हम आपके साथ अपने खोजे हुए नियम और उपाय साझा करेंगे। इसके साथ ही हमारी मानवीय भूलों और बचकाने समाधानों के किस्से भी होंगे। हमें लगा कि यहीं से शुरुआत करना अच्छा रहेगा :

## पिछली कहानी, भाग – 1: बाधारहित आई–फोन

**जेक**

वर्ष 2012, मेरे दोनों बेटे बैठक में लकड़ी की गाड़ी से खेल रहे थे। ल्यूक (आयु: आठ वर्ष) बड़े ही ध्यान से पटरी जोड़ रहा था और फ्लिन (आयु:बेबी) एक लोकोमोटिव पर लार गिरा रहा था। ल्यूक ने सिर उठा कर कहा :

उसने मुझे बुरा महसूस करवाने के लिए ऐसा नहीं कहा था; वह तो बस जानना चाह रहा था। पर मेरे पास कोई अच्छा जवाब नहीं था। मेरा मतलब है, मेरे पास उस समय बहाना था कि मैं अपने ई–मेल देख रहा था पर ये कोई ठोस वजह नहीं थी। मैं सारा दिन बच्चों के साथ समय बिताने के बारे में सोचता था और जब मैं उनके पास था तो असल में उनके साथ नहीं था।

उस एक पल में कुछ क्लिक हुआ। ऐसा नहीं कि मैं उस एक पल के लिए ध्यान भटकने से घबरा गया था – मेरी परेशानी और भी बड़ी थी।

मुझे एहसास हुआ कि मैं हर दिन अपने कैलेंडर, आनेवाले ई–मेल, इंटरनेट पर आनेवाली नई जानकारी के भंडार के लिए प्रतिक्रिया दे

रहा था। परिवार के साथ बीतनेवाले पल हाथों से निकल रहे थे और किसलिए? इसलिए कि मैं एक और मैसेज का ज़वाब दे सकूँ या टू-डू लिस्ट में एक और टिक लगा सकूँ?

यह जानकर मन को बहुत खीझ हुई कि मैं पहले ही संतुलन बनाने की कोशिश में था। जब ल्यूक 2003 में पैदा हुआ था तो मैंने तय किया था कि काम के दौरान ज्यादा उत्पादक होना होगा ताकि घर में और अधिक अच्छी तरह से भरपूर समय बिताया जा सके।

2012 तक, मैं खुद को उत्पादकता और क्षमता का मास्टर मानने लगा। मैं रोज खाने के समय पर घर में होता। इस तरह जीवन और काम का संतुलन दिखता था या मुझे ऐसा लगता था।

पर अगर ऐसा था तो उस दिन मेरे आठ साल के बेटे ने यह क्यों कहा कि मेरा ध्यान दूसरी ओर था? अगर मैं काम करने में बेहतर था तो मेरा पूरा दिन इतना व्यस्त और बिखरा हुआ क्यों था? अगर मेरी सुबह दो सौ ई-मेल से चालू होकर, आधी रात को ज़ीरो ई-मेल पर पूरी होती थी तो क्या वह सच में एक सफल दिन था?

फिर एक बात समझ आई कि अधिक उत्पादक होने का मतलब यह नहीं था कि मैं सबसे अहम काम कर रहा था; इसका केवल इतना मतलब था कि मैं दूसरों की प्राथमिकता पर तेज़ी से काम कर रहा था।

लगातार ऑनलाइन रहने की वजह से मैं अपने बच्चों के साथ पूरी तरह से मौजूद नहीं था। और मैं लगातार किसी दिन किताब लिखने के बड़े लक्ष्य को टालता आ रहा था। असल में इसे टालते हुए इतने साल हो गए थे कि मैंने एक अक्षर तक टाइप नहीं किया था। मैं दूसरों के ई-मेल, स्टेट्स अपडेट और उनके लंच के स्नेपशॉट्स में इतना मग्न था कि समय ही नहीं था।

मैं खुद से निराश ही नहीं बल्कि नाराज़ भी था। उसी खीझ में, मैंने अपना फोन उठाया और ट्विटर, फेसबुक और इंस्टाग्राम को अनइंस्टॉल कर दिया। मेरे होमस्क्रीन से हर आइकॉन के हटते ही मन का भार हल्का लगने लगा।

फिर मैंने जीमेल एप को देखकर दाँत पीसे। उस समय, मैं गूगल में काम कर रहा था और जीमेल टीम के साथ बरसों काम किया था। मुझे जीमेल से प्यार था पर मैं जानता था कि मुझे क्या करना था। मुझे आज भी वह दिन याद है, जब मेरे स्क्रीन पर वह मैसेज लगभग अविश्वास के बीच पूछ रहा था, 'क्या मुझे पूरा यकीन था कि मैं एप को हटाना चाहता था?' मैंने किसी तरह थूक निगला और 'डिलीट' बटन दबा दिया।

मुझे लगा था कि इन एप्स के बिना मुझे बहुत बेचैनी और अकेलापन महसूस होगा और उसके बाद आनेवाले दिनों में, मैंने एक बदलाव को नोटिस किया। पर मैं तनाव में नहीं था, मेरे मन में हल्कापन महसूस हो रहा था। मैंने खुद को आज़ाद महसूस किया।

मैंने बार-बार बोरियत महसूस होते ही अपना आईफोन देखना बंद कर दिया। बच्चों के साथ अच्छा समय बीतने लगा। मैंने अपने मन में सोचा, 'अगर फोन मुझे और ज़्यादा खुश नहीं बना रहा था तो क्यों न

दूसरी चीज़ें आज़माई जाएँ!'

मुझे अपने आईफोन और उससे मिलनेवाली सारी तकनीकों से प्यार था पर इसके साथ ही मैं उन शक्तियों के साथ मिलनेवाले डिफ़ॉल्ट को भी स्वीकार कर चुका था, जो मुझे लगातार जेब में चमकनेवाले उस उपकरण से बाँधे रखता था। मैं सोचने लगा कि मेरे जीवन के और कौन से हिस्सों की फिर से जाँच करने, उन्हें रीसैट करने और नए सिरे से तैयार करने की ज़रूरत थी। मैं दूसरे डिफ़ॉल्ट के साथ सब कुछ आँखें बंद करके स्वीकार कर रहा था और मैं इसकी जिम्मेदारी कैसे ले सकता था?

मैंने अपने इस फोनवाले प्रयोग के बाद दूसरी जगह नौकरी कर ली। यह गूगल में ही थी पर अब मैं गूगल वेंचर्स के साथ काम कर रहा था, यह एक वेंचर-कैपीटल फर्म थी जो बाहरी स्टार्ट-अप्स में पैसा लगाती थी। पहले ही दिन मेरी भेंट जॉन जेरात्स्की नाम के युवक से हुई।

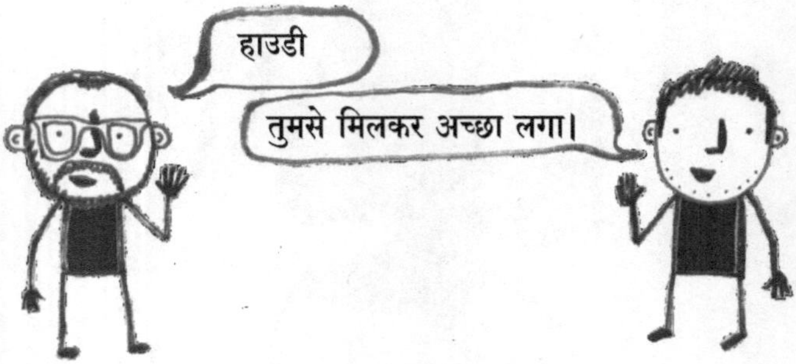


पहले तो मैं उसे नापसंद करना चाहता था। जॉन मुझसे छोटा था - और सच कहूँ तो दिखने में मुझसे ज़्यादा खूबसूरत। हालाँकि यह देखकर और भी हैरानी होती थी कि वह हमेशा कितना शांत रहता था। जॉन कभी तनाव में नहीं दिखता था। वह समय से पहले अहम परियोजनाओं पर काम करने के बाद छोटी परियोजनाओं पर काम करने का समय भी निकाल लेता। वह काम पर जल्दी आ जाता और जल्दी काम पूरा करके, जल्दी घर चला जाता। वह हमेशा मुस्कुराता रहता। उसका आदर्श कौन था भई?

खैर, मैं धीरे-धीरे जॉन के साथ घुल-मिल गया। मैं उसे जेज़ी कहता था। फिर मुझे पता चला कि वह तो मेरे सगे भाईयों जैसा था, बस उसे दूसरी माँ ने जन्म दिया था।

जेज़ी भी बिज़ी बैन्डवैगन से परेशान है। हम दोनों को तकनीक से प्यार है और हमने टेक सर्विस डिज़ाइन में बरसों काम किया है (मैं जीमेल में था तो वह यूट्यूब पर काम कर रहा था)। पर हम दोनों ही समझने लगे थे कि ये इन्फिनिटी पूल किस तरह हमारा ध्यान और समय ले रहा था।

और मेरी तरह जेज़ी भी इसके बारे में कुछ करने के मिशन पर था। वह इस मामले में ओबी-वान केनोबी (स्टार वार्स का एक पात्र) की तरह था; वह अपना चोगा पहनने के बजाए शर्ट और जींस पहनता था और 'फोर्स' के बजाए 'सिस्टम' में यकीन रखता था। यह सब रहस्यमयी सा था। उसे अच्छी तरह से नहीं पता था कि यह क्या था पर उसे यकीन था कि इसका एक वजूद था : बाधाओं से दूर रहने के लिए एक सरल ढाँचा, ऊर्जा को बनाए रखना और अधिक समय निकालना।

मुझे पता है, मुझे भी सुनने में अजीब ही लगा था पर वह अपने उस सिस्टम के बारे में जितना बताता गया, मैं उससे उतना ही सहमत होता गया। जेज़ी प्राचीन मनुष्य के इतिहास और विकासमूलक मनोविज्ञान का जानकार था और उसने पाया कि समस्या की जड़ इस बात में छिपी थी कि हम अपने शिकारी-संग्राहक (Hunter-Gatherer) जड़ों और दीवानगी से भरे आधुनिक संसार के बीच कहीं बुरी तरह से कटे हुए थे। उसने एक प्रोडक्ट डिज़ाइनर की नज़र से देखते हुए पता लगाया कि यह 'सिस्टम' तभी काम कर सकता था जब यह हमारे डिफ़ॉल्ट बदल सकता, बाधाओं से लगातार जूझने के बजाए उन्हें पूरी तरह से दूर कर सकता था।

खैर, मुझे भी यही लगा कि अगर कोई ऐसा सिस्टम बन सका तो मैं भी इसी खोज में था इसलिए मैंने जेज़ी के साथ टीम बना ली और हमारी तलाश शुरू हो गई।

## पिछली कहानी, भाग 2: मेक टाइम बनाने के लिए हमारी 'डॉर्की क्वेस्ट' (बचकानी खोज)

**जेज़ी**

जेक का सारी बाधाओं से परे रहनेवाला आई-फोन कुछ ज़्यादा ही कठोर हो गया था और मैं मानता हूँ कि मैंने उस समय उसे नहीं आज़माया। पर जब एक बार ऐसा कर लिया तो वह अच्छा लगने लगा। हम दोनों मिलकर दूसरे डिज़ाइनों पर काम करने लगे – हम अपने डिफ़ॉल्ट सेटिंग को 'डिस्ट्रॅक्टेड' से हटाकर 'फोकस्ड' पर ले जाना चाहते थे।

मैंने सप्ताह में एक बार न्यूज़ पढ़ना चालू किया और सुबह जल्दी उठने के लिए अपनी नींद के घंटों को नए सिरे से व्यवस्थित किया। मैं दिन में छह बार थोड़ा-थोड़ा और दो बार पूरा खाना न खाने के उपाय आज़माने लगा। मैंने कई तरह के व्यायाम शामिल किए, जिनमें दौड़ से लेकर योग कक्षाएँ और रोज किए जानेवाले पुश-अप भी थे। मैंने अपने प्रोग्रामर दोस्तों को मना लिया कि वे मेरे लिए कस्टमाइज्ड टू-डू लिस्ट एप तैयार कर दें। इस दौरान, जेक पूरे एक साल तक स्प्रेड शीट पर अपनी रोज की ऊर्जा का ब्यौरा रखता रहा, वह समझने की कोशिश में था कि उसे कॉफी पीनी चाहिए या ग्रीन टी, उसे सुबह व्यायाम करना चाहिए या शाम को और क्या उसे लोगों के आसपास रहना पसंद था? (जवाब मिला : अधिकतर हाँ)।

हमने उसके बर्ताव से बहुत कुछ सीखा पर हमारे लिए जो भी कारगर रहा, हम उससे और ज्याद सीखना चाहते थे। हमारा मानना था कि सिस्टम ऐसा होगा, जिसे कोई भी अपने जीवन में उतार सकता था। उसके लिए हमें अपने अलावा कुछ और लोगों को प्रयोग में शामिल करना था और हमें एक सटीक प्रयोगशाला मिल गई।

गूगल में काम करते हुए, जेक ने 'डिज़ाइन स्प्रिंट' तैयार किया था : यह एक वर्कवीक को रीडिज़ाइन करके बनाया गया था। पाँच दिन तक एक टीम सारी मीटिंगों को कैंसिल करके समस्याओं को हल करने पर

केंद्रित रहती। इसके बाद खास तरह की गतिविधियों को पूरा किया जाता। यह हमारे लिए प्रोडक्ट या उत्पाद के बजाए समय को डिज़ाइन करने का पहला मौका था और ये सफल रहा – डिज़ाइन स्प्रिंट जल्द ही गूगल पर फैल गया।

2012 में, हम मिलकर गूगल वेंचर्स पोर्टफोलियो में स्टार्ट–अप्स के साथ डिज़ाइन स्प्रिंट पर काम करने लगे। अगले कुछ साल में हम 150 से ज्यादा डिज़ाइन स्प्रिंट चला चुके थे। इसमें हज़ार से ज्यादा लोग शामिल हुए : प्रोग्रामर्स, न्यूट्रीशिनिस्ट, सीईओज़, किसान और बरिस्ता आदि।

हम दोनों के लिए यह अवसर किसी खज़ाने से कम नहीं था। हमने मिलकर वर्कवीक को डिज़ाइन किया। हमें सैंकड़ों उच्च–स्तरीय प्रदर्शन करनेवाले दलों के साथ काम करने का मौका मिला, जिनमें स्लैक, उबर और २३एंडमी शामिल थे। मेक टाइम के बहुत सारे नियम, उन स्प्रिंट्स से ही प्रेरित थे।

**डिज़ाइन स्प्रिंट प्रयोगशाला से चार सबक**

हमने पहली चीज़ यह सीखी कि **जब आप एक उच्च-प्राथमिकता लक्ष्य के साथ दिन की शुरुआत करते हैं, तो एक जादू होता है।** प्रत्येक स्प्रिंट दिन, हमने एक बड़े फोकस बिंदु पर ध्यान केंद्रित किया : सोमवार को टीम समस्या का एक मानचित्र बनाती; मंगलवार को प्रत्येक व्यक्ति एक समाधान स्केच करता; बुधवार को वे तय करते कि कौन से समाधान सबसे अच्छे हैं; गुरुवार को वे एक प्रोटोटाइप बनाते; और शुक्रवार को वे इसकी जाँच करते। प्रत्येक दिन का लक्ष्य उत्साहपूर्ण रहता था और यह बड़ी बात थी।

यह फोकल बिंदु स्पष्टता और प्रोत्साहन पैदा करता है। जब आपके पास एक उत्साही किंतु हासिल करने योग्य लक्ष्य होता है, तो दिन के अंत में आप अपने काम से संतुष्ट होते हैं। आप काम पूरा करके संतोष से घर जा सकते हैं।

हमारे डिज़ाइन स्प्रिंट में एक और सीख यह थी कि **हम डिवाइस के इस्तेमाल के लिए मनाही करने पर और ज्यादा काम कर सके।** हमने कुछ नियम तय किए, हमने

लैपटॉप और स्मार्टफोन को प्रतिबंधित किया और एक बड़ा अंतर सामने आया। ईमेल और अन्य इन्फिनिटी पूल के लगातार प्रभाव के बिना, लोगों ने काम पर पूरा ध्यान दिया और डिफ़ॉल्ट हटकर फोकस पर आ गया।

हमने यह भी सीखा कि **फोकस काम और स्पष्ट विचार के लिए ऊर्जा का महत्त्व क्या है।** हमने पहले जब डिज़ाइन स्प्रिंट चलाना शुरू किया, तो टीम मीठी बातों और दावतों के लालच में आकर लंबे घंटों तक काम करती पर सप्ताह में आगे आते-आते ऊर्जा चुकने लगती। हमने कुछ सुधार किया और देखा कि किस तरह हेल्दी लंच, सैर, विश्राम के लिए समय और काम के थोड़े से कम घंटे ऊर्जा को बनाए रखने में मदद करते हैं, जिससे बेहतर और अधिक प्रभावी काम किया जा सकता है।

इन प्रयोगों ने हमें प्रयोगों की शक्ति के बारे में सिखाया। **प्रयोग करने से हमें प्रक्रिया के सुधार में मदद मिली** और हमने देखा कि इन बदलावों की वजह से हमें ऐसा गहरा आत्मविश्वास आ गया था, जो हम दूसरों के नतीजों को देखकर कभी नहीं बना सकते थे।

हमारे स्प्रिंट को एक पूरी टीम और एक पूरे सप्ताह की जरूरत थी पर हम देख सकते थे कि लोग व्यक्तिगत रूप से भी अपने दिनों को इसी तरह रीडिज़ाइन कर सकते थे। हमने जो पाठ सीखे, वे ही 'मेक टाइम' की आधारशिला बने।

बेशक, यह कोई सटीक राह नहीं थी। हम कभी-कभी इन्फिनिटी पूल बिज़ी बैन्डवैगन में उलझ जाते। कुछ विधियों को आदत में बदला, कुछ बिगड़ीं और कुछ असफल रहीं पर प्रतिदिन मिलनेवाले नतीजों के मूल्यांकन से समझ आने लगा कि हमारी असफलता की क्या वजह थी। और प्रयोग की यही पहल हमें गलतियों के दौरान अपने लिए दयापूर्ण रवैया अपनाना सिखाती थी। जो भी हो, हर गलती केवल डेटा प्वाइंट थी और हम हमेशा अगले दिन से फिर कोशिश कर सकते थे।

हमारे लड़खड़ाने और सँभलने के बीच मेक टाइम ही अटल रही। हमने उन दिनों बहुत अधिक ऊर्जा प्राप्त की जो पहले कभी नहीं मिली थी। हमने कुछ ऐसी बड़ी परियोजनाओं पर काम किया जिन्हें हम पहले कभी नहीं कर पाए थे।

**जेक**

मैं शाम को लेखन कार्य करना चाहता था पर मैंने पाया कि टी.वी. का लालच बड़ा बुरा था। तो मैंने अपने डिफ़ाल्ट में एक भारी बदलाव के साथ प्रयोग किया। मैंने डीवीडी प्लेयर को अलमारी में रखा और नेटफ्लिक्स को अनसब्सक्राइब कर दिया।

अपने खाली समय में एडवेंचर नॉवल लिखने लगा और उस पर तब तक काम करता रहा, जब तक हमने अपनी किताब 'स्प्रिंट' लिखनी चालू नहीं की। मुझे बचपन से ही लिखने का शौक था और इस काम के लिए समय निकालना बहुत अच्छा लग रहा था।

**जेज़ी**

कई बरसों से, मैं और मेरी पत्नी मिशेल मिलकर लंबे सेलिंग ट्रिप्स पर जाने का सपना देखते आए थे इसलिए हमने एक पुरानी सेलबोट ली और हर सप्ताह के अंत में उसकी मरम्मत का काम करने लगे। हमने एक दिन में एक काम करने की नीति तैयार की और उसके पूरा होने के लिए कैलेंडर पर तारीख भी तय कर दी। फिर हमने इंजन के रख-रखाव, बिजली और ओशन नेवीगेशन के बारे में सीखा। हमने मिलकर सेन फ्रांसिस्को से लेकर सदरन कैलीफोर्निया, मैक्सिको और उससे भी परे सेलिंग की।

हम अपने नतीजों से इतने उत्साहित थे कि अपनी कारगर मेक टाइम तकनीकों को लोगों को बताने के लिए ब्लॉगिंग करने लगे। सैंकड़ों-हज़ारों लोग वे पोस्ट पढ़ते और कई लोग हमें लिखने भी लगे। कई लोग बस यही बताना चाहते थे कि हमसे बड़ा मूर्ख कोई नहीं था पर अधिकतर प्रतिक्रियाएँ प्रेरणादायक और आश्चर्यजनक थीं। अपने स्मार्टफोन्स से एप हटाने और एक दिन में एक कामवाली तकनीकों को आज़माने से लोगों को नाटकीय बदलाव दिखने लगे। उन्हें लगा कि खोई ऊर्जा और खुशहाली लौट आई थी। वे प्रयोग हमारे लिए ही नहीं, दूसरे लोगों के लिए भी सफल रहे। और एक पाठक ने हमें बताया, 'यह देखना अजीब था कि यह बदलाव कितना आसान रहा।'

और बस यह इतना सा ही काम है, आपके समय और ध्यान को वापस पाना अजीब रूप से आसान हो सकता है। जेक ने अपने बाधारहित आईफोन के माध्यम से सीखा कि **बदलाव के लिए कोई लंबा-चौड़ा आत्म-अनुशासन नहीं चाहिए।** डिफ़ॉल्ट को रीसैट करने, अवरोधक लगाने और नए सिरे से डिज़ाइन तैयार करने से ही बात बन सकती है। एक बार समय निकालने लगेंगे तो ये छोटे सकारात्मक बदलाव खुद ही होने लगेंगे। आप जितना अधिक कोशिश करेंगे, इनके बारे में उतना ही सीखेंगे और सिस्टम में सुधार होगा।

मेक टाइम को आप एंटी-टैक्नोलॉजी न समझें, हम दोनों ही तकनीक से जुड़े हैं। हम आपको इन चीज़ों से पूरी तरह से कटने या फिर साधु बनने को नहीं कहेंगे। आप अपने दोस्तों को इंस्टाग्राम पर फॉलो कर सकते हैं, अखबार पढ़ सकते हैं और आम आधुनिक व्यक्ति की तरह ई-मेल भेज सकते हैं। पर हमारी क्षमता और ध्यान के लिए बाधा देनेवाले इस संसार के स्टैंडर्ड व्यवहारों को चुनौती देते हुए, आप बेहतर तकनीक को पाकर नियंत्रित हो सकते हैं। और जब यह नियंत्रण आपके हाथ में होगा तो आप खेल की बाजी आपके हाथ होगी।

# मेक टाइम कैसे काम करती है

**मेक टाइम बस ऐसे चार चरण हैं, जिन्हें आपको रोज़ दोहराना होगा**

मेक टाइम के चार डेली स्टेप्स, हमारे डिज़ाइन स्प्रिंट, हमारे अपने अनुभवों और उन पाठकों के नतीजों से प्रेरित हैं, जिन्होंने हमारे ढाँचे को अपनाने के बाद अपने नतीजे हमें बताए। इस जगह आप देख सकते हैं कि हर दिन कैसा लगेगा।

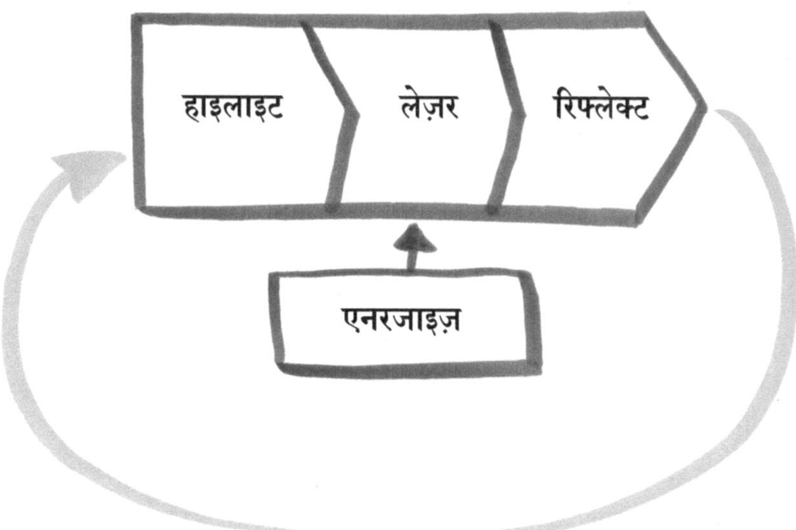

पहला कदम यही होगा कि आप किसी एक **हाइलाइट** को अपनी प्राथमिकता के तौर पर चुनें। इसके बाद आपको उस हाइलाइट पर **लेज़र-फोकस** करना होगा – हम आपको ऐसे कई उपाय देने जा रहे हैं, जिनसे आप हमेशा दूसरों के संपर्क में रहते हुए भी बाधाओं से परे जा सकते हैं। पूरे दिन में आप इतनी **एनर्जी** बना लेंगे कि अपने समय और ध्यान को बस में रख सकें। अंत में आप कुछ सादे नोट्स के साथ दिन पर विचार करेंगे यानी **रिफ्लेक्ट** करेंगे।

आइए, इन्हें एक बार फिर से देखें:

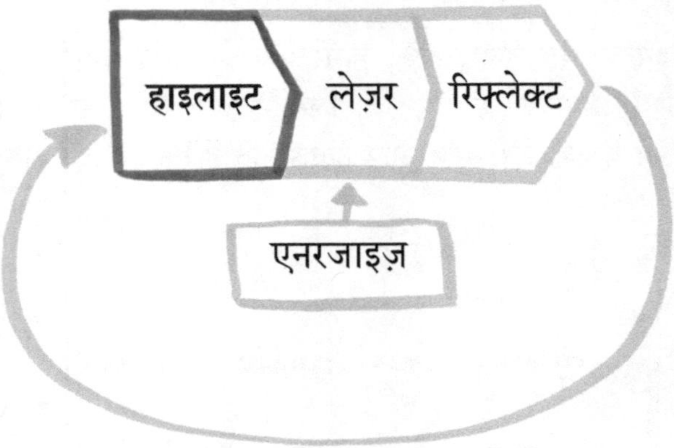


**हाइलाइट : हर दिन की शुरुआत एक फोकल बिंदु से करें**

मेक टाइम में पहला कदम यही होगा कि आप तय करें कि आपको किस काम के लिए समय निकालना है। हर दिन, आप किसी एक काम को प्राथमिकता देते हुए अपने कैलेंडर पर नोट कर लेंगे। यह कोई ज़रूरी कार्य हो सकता है जैसे परियोजना पूरी करना। आप घर में कोई काम चुन सकते हैं, जैसे खाना पकाना या अपने बगीचे में पौधों को पानी देना। आपका हाइलाइट वह चीज़ हो सकता है जिसे आपको आवश्यक तौर पर नहीं करना होता लेकिन जिसे करना चाहते हैं, जैसे अपने बच्चों के साथ खेलना या किताब पढ़ना। आपके हाइलाइट में कई कदम शामिल हो सकते हैं। उदाहरण के लिए, किसी प्रेजेंटेशन को पूरा करने के लिए आपको टिप्पणी लिखनी है, स्लाइड पूरे करने हैं और प्रेक्टिस रन-थ्रो भी बाकी है। जब आप प्रेजेंटेशन पूरा करने को अपना हाइलाइट चुनेंगे तो आप उससे जुड़े सारे काम पूरे करने का वचन दे रहे हैं।

बेशक प्रतिदिन आपका हाइलाइट ऐसा नहीं होगा, जिस पर आपका पूरा दिन निकले पर वह आपकी प्राथमिकता रहेगा। जब आप स्वयं से अपने हाइलाइट के बारे में पूछते हैं तो उन चीज़ों पर समय बिता सकते हैं, जो आपके लिए मायने रखती हैं। तब आप दूसरों की प्राथमिकता पूरी करने में अपना दिन नहीं लगाते। जब आप एक हाइलाइट चुनते हैं तो आप स्वयं को एक सकारात्मक और सक्रिय मानसिक ढाँचे में ढाल रहे हैं।

इस काम में आपकी मदद के लिए, हम अपनी ओर से कुछ मनपसंद तरीके देना चाहेंगे। पर ऐसा करना ही बहुत नहीं होगा। आपको यह भी दोबारा सोचना होगा कि आप राह में आनेवाली बाधाओं का सामना कैसे करेंगे और यही आपका अगला कदम होने जा रहा है।

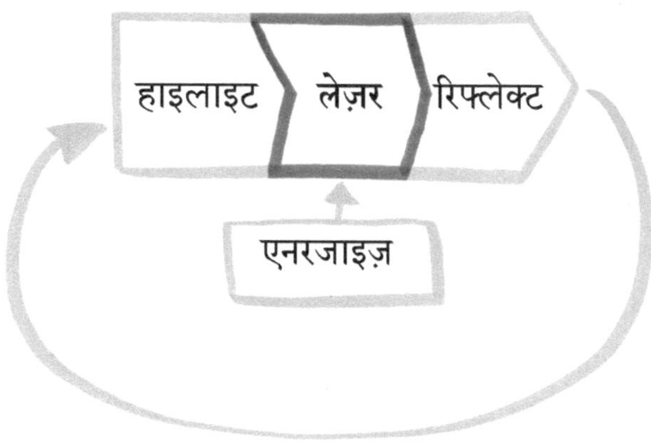


**लेज़र :अपनी हाइलाइट के लिए समय सुनिश्चित करने के लिए बाधाओं को दूर करें**

ई-मेल, ब्रेकिंग न्यूज और सोशल मीडिया जैसी बाधाओं को आप हर ओर पाएँगे और ये कहीं नहीं जानेवाली। आप किसी गुफा में रहते हुए, अपने सारे डिवाइस कहीं बाहर नहीं फेंक सकते, इस तकनीक से परे नहीं हो सकते। पर आप चाहें तो उस तरीके को नए सिरे से गढ़ सकते हैं, जिससे आप प्रतिक्रिया चक्र से बाहर आ सकें।

हम आपको दिखाएँगे कि आप अपनी तकनीक को किस तरह समायोजित कर सकते हैं कि आपको लेज़र मोड मिल सके। सोशल मीडिया एप्स से लॉग आउट करना या ईमेल की जाँच करने के समय बदलने जैसे साधारण बदलावों का बड़ा

प्रभाव हो सकता है – हम आपको ध्यान केंद्रित होने में मदद करने के लिए विशिष्ट उपाय भी देंगे।

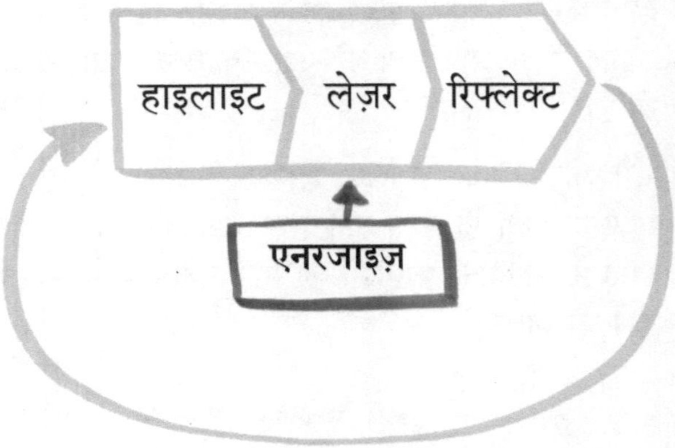


**एनरजाइज़ : दिमाग को रीचार्ज करने के लिए शरीर का इस्तेमाल करें**

ध्यान केंद्रित करने और महत्वपूर्ण कामों के लिए समय निकालने के लिए, आपके दिमाग को ऊर्जा की आवश्यकता होती है और वह ऊर्जा आपको शरीर की देखभाल करने से मिलती है।

इस तरह मेक टाइम का तीसरा चरण होगा कि आप कसरत, भोजन, नींद, शांति और आमने-सामने की मुलाकातों के साथ अपनी बैटरी चार्ज करें। यह सुनने में जितना मुश्किल लगता है, उतना मुश्किल नहीं है। बीसवीं सदी के लाइफस्टाइल डिफॉल्ट ने हमारे प्राकृतिक इतिहास को अनदेखा करते हुए हमें हमारी ऊर्जा से वंचित कर दिया है। यह असल में अच्छी खबर है क्योंकि चीज़ें इतनी बेतुकी हैं कि इनमें कई आसान से सुधार किए जा सकते हैं।

आप इस भाग में दिए गए तरीकों में से चुन सकते हैं, जैसे झपकी लेना, खुद को कसरत के लिए थोड़ा श्रेय देना और कैफीन का सही तरीके से इस्तेमाल करना। हम आपसे फिटनेस के दीवाने बनने या कोई बेतुकी डाइट का पालन करने को नहीं कहेंगे। हम आपको कुछ ऐसे बदलाव सुझा सकते हैं, जिनके बल पर आपके पास अपने मनपसंद काम करने के लिए तत्काल एनर्जी आ जाएगी।

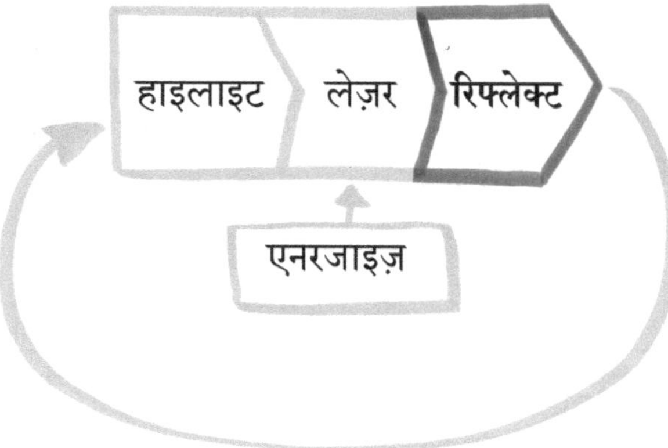


**रिफ्लेक्ट : अपने सिस्टम में सुधार और समायोजन करें**

आखिरकार, सोने से पहले आपको कुछ नोट्स लिखने होंगे। यह बहुत आसान है। आप तय करेंगे कि आप किन तरीकों को जारी रखना चाहते हैं और किन तरीकों को सुधारना चाहते हैं या फिर छोड़ना चाहेंगे।[1] और आप फिर अपने एनर्जी लेवल पर विचार करेंगे कि आपने अपने हाइलाइट के लिए समय निकाला और उस दिन आपको किस बात से खुशी मिली।

समय के साथ, आप अपने अनूठी आदतों और दिनचर्या, अपने दिमाग और शरीर, अपने अनूठे लक्ष्यों और प्राथमिकताओं के अनुसार अनुकूलित कस्टमाइज्ड सिस्टम बनाना सीख लेंगे।

**द मेक टाइम तरीके : चुनें, परखें और दोहराएँ**

इस किताब में मेक टाइम को व्यावहारिक स्तर पर लाने के लिए कई तरीके दिए गए हैं। कुछ तरीके काम करेंगे, कुछ तरीके काम नहीं करेंगे और कुछ सुनने में पागलपन जैसे लग सकते हैं। यह कुकबुक की तरह है। आप एक बार में सब नहीं आज़मा सकते और आपको सब कुछ एक साथ करने की ज़रूरत भी नहीं है।

इसके बजाए आपको चुनना, परखना और दोहराना होगा। जो भी तरीके अपनाना चाहें, उन्हें कहीं लिख लें या पन्ने का कोना मोड़ लें ताकि आप इसे बाद में खोज सकें। ऐसे तरीके देखें जिन्हें किया जा सके पर चुनौतीपूर्ण भी हों और सुनने

---

[1] या फिर रॉब बेस और डीजे इजी रॉक के शब्दों में : टेक इट ऑफ़ द रैक, इफ इट्स व्हैक, पुट इट बैक'

में मज़ेदार लगें।

मेक टाइम इस्तेमाल करने के पहले दिन हर चरण से एक तरीके पर काम करें। इस तरह आपको अपने हाइलाइट पर काम करने का समय मिलेगा, जो आपको बाधाओं को दूर कर लेज़र फोकस पाने में सहायक होगा और फिर एक और उपाय चाहिए होगा, जो एनर्जी बनाने के काम आ सके – इस तरह आपको तीन उपायों की ज़रूरत होगी।

| **हाइलाइट** | **लेज़र** | **एनरजाइज़** |
|---|---|---|
| **बुलडोज़ कैलेंडर** | **डिस्ट्रेक्शन क्रिप्टोनाइट को ब्लॉक करें।** | **क्रैश से पहले कैफीन लें** |

आपको रोज़ कुछ नया करने की ज़रूरत नहीं है। अगर आपका तरीका कारगर हो तो उसे जारी रखें। पर अगर वह आपके हिसाब से बेहतर हो सकता है तो आपके पास हर दिन प्रयोग करने का अवसर है। आपका मेक टाइम सिस्टम का संस्करण पूरी तरह से निजी होगा और चूँकि आप इसे अपने लिए खुद तैयार करेंगे इसलिए आपको इस पर भरोसा होगा और यह आपकी मौजूदा जीवनशैली में फिट रहेगा।

**किसी संपूर्णता की आवश्यकता नहीं**

हमने मेक टाइम को विकसित करते हुए स्वयं को किताबों, ब्लॉग, पत्रिकाओं और वैज्ञानिक अनुसंधान में डुबो दिया। हमने जो भी पढ़ा, उसमें से बहुत कुछ डरावना था। सैंकड़ों चमकदार संपूर्ण जीवन हमारे सामने थे : बिना किसी कोशिश के व्यवस्थित रहनेवाले एक्जीक्यूटिव, प्रबुद्ध माइंडफुल योगी, उचित प्रक्रिया के साथ लिखनेवाले लेखक, एक हाथ से मशरूम भूनते और दूसरे हाथ से क्रीम ब्रूली को ब्लोटॉर्च करते बेपरवाह बिंदास मेज़बान।

सुनने में तनावपूर्ण लगता है, है न? हममें से कोई भी अच्छी तरह भोजन करनेवाला नहीं हो सकता, पूरी तरह से उत्पादक और माइंडफुल नहीं हो सकता या फिर हमेशा सही तरह से विश्राम नहीं कर सकता। ब्लॉगर्स हमें सुबह पाँच बजे से पहले जो ५७ काम करने को कहते हैं, हम उन सब को पूरा नहीं कर सकते और

अगर हम कर भी सकें, तो हमें नहीं करने चाहिए। संपूर्णता एक बाधा है - एक और चमकदार चीज़ जो असली प्राथमिकताओं से आपका ध्यान हटा देती है।

हम चाहते हैं कि आप मेक टाइम के दौरान संपूर्णता के विचार को भुला दें। आपको इसे पूरी तरह से करने की कोशिश तक नहीं करनी चाहिए - ऐसी कोई चीज़ नहीं है! लेकिन इसे पूरा करने का भी कोई तरीका नहीं है। और अगर आप पटरी से उतरते हैं तो आपको फिर से शुरू करने की ज़रूरत नहीं होगी क्योंकि प्रतिदिन एक साफ स्लेट की तरह होता है।

याद रखें कि हम इस किताब में दिए गए सभी तरीकों का हर समय उपयोग नहीं करते हैं। कुछ तरीके हमेशा काम आते हैं और कुछ तरीकों पर कभी-कभी काम करना होता है और कुछ ऐसे तरीके भी होते हैं, जिन पर हम कभी काम नहीं करते। कुछ चीज़ें जेक के काम आती हैं तो कुछ जेज़ी को भाती हैं और इसके ठीक उलट भी होता है। हम सभी के पास एक अधूरा फॉर्मूला है, जो हालात के हिसाब से बदलता रहता है। जब जेक यात्रा में हो तो कुछ समय के लिए फोन में ई-मेल एप डाल लेता है और जेज़ी उस दौरान नेटफ्लिक्स देखता है - स्ट्रेंजर थिंग्स बड़ा कमाल का बना है! लक्ष्य यह नहीं कि आपको संन्यासियों की तरह संकल्प लेना है, आपकी आदतें कारगर और लचीली होनी चाहिए।

**'प्रतिदिन' की मानसिकता**

अगर आप 'मेक टाइम' को पूरा पढ़ रहे हैं, तो ऐसा लग सकता है कि आपको बहुत कुछ करना होगा। भले ही आप बीच-बीच में से पढ़ें, जो कि हम पढ़ने को कहते हैं, तो भी आपको लगेगा कि बहुत काम करना होगा इसलिए इन तरीकों को 'और ज्यादा काम करने के तरीके' मानने के बजाए अपने सामान्य जीवन का हिस्सा मानने की कोशिश करें। तभी हम आपको सलाह देते हैं कि महँगे जिम में जाने के बजाए घर में कसरत करें या काम पर जाते हुए पैदल निकलें। हर सुबह एक घंटे की फिटनेस क्लास से यही बेहतर होगा।

सबसे बेहतर उपाय वही होते हैं, जो आपके दिन में फिट हो सकें। आपको उन्हें जबरन नहीं करना, बस उन्हें आप कर सकें। और अधिकतर मामलों में, वे ऐसे काम होंगे, जिन्हें आप करना चाहेंगे।

हमें पूरा यकीन है कि 'मेक टाइम' आपको जीवन में उन बातों के लिए जगह बनाने में मदद करेगी, जो आपके काम आ सकती हैं। और जब आप एक बार ऐसा

करना शुरू कर देंगे तो आप देखेंगे कि मेक टाइम के तरीके अपने-आप ही लागू हो रहे हैं। आप चाहें तो एक छोटे बदलाव से शुरू करें। जब आप ऐसा करेंगे तो सकारात्मक नतीजे कई गुना होंगे और आप बड़े से बड़े लक्ष्यों तक जाने में सक्षम होंगे। भले ही आप कितने भी हुनरमंद क्यों न हों, आप अपने काम को निखारने के लिए मेक टाइम का उपयोग कर सकते हैं।

हम आपको हर बेतुकी मीटिंग से बाहर नहीं ला सकते या जादुई तरीके से आपके इनबॉक्स को ज़ीरो नहीं कर सकते और न ही हम आपको जेऩ मास्टर बना देंगे। पर हम आपको थोड़ी गति धीमी करने और आधुनिक दुनिया के शोर से परे, प्रतिदिन और अधिक आनंद पाने के योग्य तो बना ही सकते हैं।

# हाइलाइट

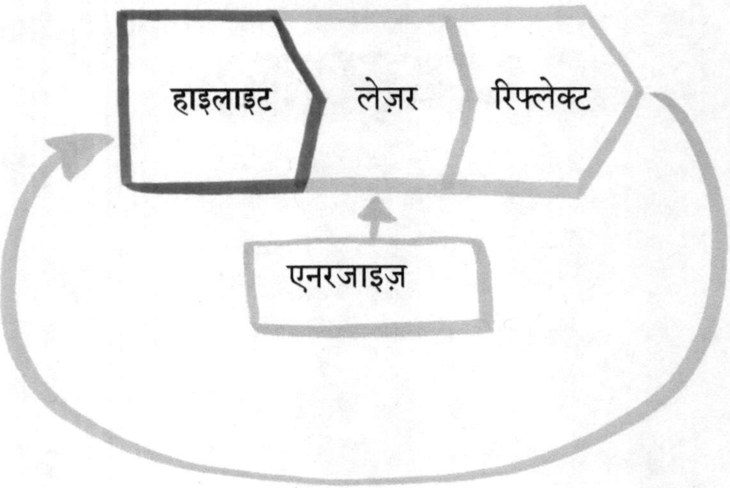
हाइलाइट
लेज़र
रिफ्लेक्ट
एनरजाइज़

हम दिनों को याद नहीं रखते, हमें पल याद रहते हैं।

-चेसारे पावेसे

अगर आप उन कामों के लिए समय निकालना चाहते हैं जो आपके लिए मायने रखते हैं, तो बिज़ी बैंडवैगन आपसे कहेगा कि आपको और ज़्यादा करना होगा। और ज़्यादा काम करो, और ज़्यादा सक्षम बनो, और ज़्यादा लक्ष्य और योजनाओं पर काम करो, यही जीवन में उन महत्त्वपूर्ण क्षणों को शामिल करने का उपाय होगा।

हम इस बात से सहमत नहीं हैं। और ज़्यादा काम करने से आपको उन कामों को करने के लिए समय निकालने में मदद नहीं मिल सकती, जो आपके लिए मायने रखते हैं। इस तरह आप और ज्यादा हड़बड़ाहट के बीच परेशान हो जाएँगे। जब पूरा दिन इस तरह व्यस्त रहते हैं तो दिन को आपके हाथों से फिसलते देर नहीं लगती।

यह अध्याय आपको सिखाता है कि आप अपने दिन को धीमी गति से कैसे पूरा करें कि इसके एक-एक पल का अनुभव ले सकें, उसका आनंद उठा सकें। कहीं ऐसा न हो कि आप सारा दिन किए जानेवाले कामों की सूची पर ही केंद्रित रह जाएँ। यह विचार सरल था पर हमें देर से समझ आया तब तक हम अपने जीवन को व्यस्तता की गाड़ी पर सवार कर, बहुत दूर आ चुके थे।

## मिसिंग महीने

**जेज़ी**

2008 के शुरुआती दिन, शिकागो के इतिहास में सबसे ज़्यादा बर्फीली सर्दियों की शुरुआत। दिन छोटे थे। सड़कों पर हालत खराब थी। काम पर जाना भी किसी जंग जैसा लगता था। और एक दिन मैं एक झटके से उठा : मुझे पिछले दो महीनों के बारे में कुछ याद नहीं था।

आप चौंके नहीं। मुझे कोई डरावनी मेडिकल बीमारी नहीं थी और मैं जेसन बॉर्न की तरह सीआईए प्लॉट में भी नहीं उलझा था। पर बात गंभीर थी। महीनों बीत गए थे और उनके कदमों के कोई निशान मेरे आगे नहीं थे।

और मैं उस समय को याद करना चाहता था क्योंकि सब अच्छी तरह चल रहा था। मेरे पास अच्छी नौकरी थी, एक अच्छी गर्लफ्रेंड और कुछ दोस्त थे, जो वहीं पास में रहते थे। कोई बाहरी तौर पर मेरे जीवन को देखता तो यही कहता कि मैं अपने सपने को जी रहा था। फिर मैं सपनों से सजी इस दुनिया से कटा हुआ क्यों महसूस कर रहा था?

समझ नहीं आ रहा था कि क्या हुआ पर यह तो पक्का था कि मैं पता नहीं लगा पा रहा था इसलिए मैंने प्रयोग करना आरंभ किया।

मैं उत्पादक होने लगा। मुझे लगा कि एक दिन में ज्यादा काम करने के लिए मुझे और ज्यादा बातों को याद रखना होगा। दो साल पहले, जब मैंने तेजी से काम निपटाने की मुहिम पर काम चालू किया तो मैं जैसे एक-एक घंटे को उत्पादक बनाने पर तुल गया था। मेरा हर काम पूरी तरह से व्यवस्थित और नियोजित होता था। मैं अपने इनबॉक्स को रोज क्लीन करता। मेरी जेब में नोटकार्ड रहते ताकि मन में आनेवाले किसी भी विचार को तुरंत लिखा जा सके। सोचने के समय का एक भी क्षण ज़ाया नहीं होता था।

ऑफिस में अच्छी तरह से काम चल रहा था इसलिए मैंने सोचा :

क्या घर में भी उत्पादकता बढ़ाने के लिए ऐसे तरीकों पर काम किया जा सकता था? मैं अपने जीवन को ऐसी समस्या के तौर पर देखने लगा था जिसे टू-डू लिस्ट, कैलेंडर और फाइलिंग सिस्टम की मदद से हल किया जा सकता था।

यह काम नहीं आ सका। मैं छोटे कामों पर इतना केंद्रित रहने लगा कि दिन बीतने का पता ही नहीं चलता था। धुंधलापन बढ़ता जा रहा था और मुझे निगल रहा था।

मैंने अपनी पहल को बदलने की सोची। अपने मिनटों पर लगातार काम करने के बजाए, मैंने अपना ध्यान दीर्घकालीन चीज़ों पर लगाया। मैंने एक साल, तीन साल, पाँच और दस साल के लक्ष्य तैयार किए और मेरी गर्लफ्रेंड ने उन्हें मेरे साथ रिव्यू किया। अगले साल हमारी शादी हुई इसलिए लगता है कि कम से कम एक लक्ष्य में तो हम दोनों साथ ही थे।

टू-डू लिस्ट पर लगातार काम करने के बजाए लक्ष्य तय करना कहीं सार्थक लगा पर फिर भी कुछ कमी थी - इन उद्देश्यों से प्रोत्साहन नहीं मिल रहा था। और कई दूसरी समस्याएँ थीं : अगर मेरी प्राथमिकता बदल गई तो? अचानक ही एहसास होता कि मैं एक ऐसे लक्ष्य पर काम कर रहा था, जो मेरे लिए मायने नहीं रखता था और ऐसा जीवन मनोबल तोड़ सकता था। ऑथर जेम्स क्लियर के शब्दों

में, मैं अनिवार्य तौर पर कह रहा था, 'मैं अभी बहुत अच्छा नहीं कर पा रहा, पर लक्ष्य तक पहुँचने के बाद बेहतर हो सकूँगा।'

मेरे प्रयोग काम नहीं आ रहे थे। मैं रोज़मर्रा के और लंबे समय में पूरे होनेवाले लक्ष्यों के बीच कहीं अटक गया था। फरवरी और मार्च की सर्दियों का मौसम भी मेरे लिए कुछ नहीं कर सका पर धीरे-धीरे सर्दियों का मौसम बीता और बसंत का मौसम गर्मियों में बदल गया। पक्षी चहचहाने लगे और अचानक ही मुझे वह हल मिल गया, जो जाने कब से खोज रहा था।

मुझे एहसास हुआ कि मुझे अपने लिए एक संपूर्ण कार्यसूची या लंबे समय के लिए सोचे गए लक्ष्यों की ज़रूरत नहीं थी। सरल पर मन को संतोष देनेवाले कामों से समय को महसूस किया जा सकता था। मिसाल के लिए, मैंने सप्ताह में एक बार दोस्तों से मिलना चालू किया, हम मिलकर लंच करते। मैं काम के बाद झील की ओर दौड़ के लिए जाने लगा। जब मौसम अच्छा होता तो काम से जल्दी निकलकर बंदरगाह की ओर जाता और दिन ढलने से पहले सेलिंग करता रहता। लंबे दिनों और गर्म रातों ने भी मदद की और मेरे लिए वह साल का सबसे बेहतर मौसम रहा। मैंने अपने हर दिन को सार्थक बनाना सीख लिया था और वही मेरी समस्या का हल भी था।

ऑफिस से बाहर की योजनाओं पर काम करने से ही मदद नहीं मिली। मैंने अपने काम को भी सार्थक रूप से लेना चालू कर दिया। बहुत सारे काम करने या घर जाने से पहले इनबॉक्स खाली करने के बजाए, मैंने संतोषदायक और महत्त्वपूर्ण गतिविधियों पर ध्यान दिया। एक दिन मैंने एक बड़ी प्रेजेंटेशन के दौरान खुद को देखा और पाया कि इससे भी वैसा ही संतोष मिलनेवाला था, जो मुझे लंच करने, दौड़ने और शाम की सेलिंग के दौरान मिलता था। मैंने अपने लिए ऐसी परियोजनाओं पर काम करना चालू किया जो संतोष दे सकती थीं, जैसे वर्कशॉप डिजाइन करना और अपने इंजीनियरों के साथ सॉफ्टवेयर बग्स पर काम करना।

बेशक, मेरा जीवन दोहपर के सामाजिक भोजन और काम के माइलस्टोन्स के लिए नहीं बना था। मेरे पास और बहुत सारे काम बाकी थे, जैसे मेल्स के जवाब देना, घर को साफ रखना और लाइब्रेरी की किताबों को डेडलाइन से पहले वापस करना और मैंने वह सब भी किया पर वे अब मेरा सबसे बड़ा फोकस नहीं रह गए थे।

जब मैंने अपने खोए हुए महीनों पर गौर किया तो मुझे एक बात समझ आने लगी : मुझे बड़े लक्ष्य पसंद थे और मैं उन पर मिनट-दर-मिनट काम करना पसंद करता था पर इनमें से किसी से भी संतोष नहीं मिलता था। मैं वर्तमान में कुछ करके प्रसन्न होता था, जो मेरे किए जानेवाले कामों की सूची और लंबे समय तक पूरे होनेवाले लक्ष्यों से अलग होता था। ऐसी गतिविधि, जिसके लिए मैं योजना बना सकता था, उसका इंतजार कर सकता था और उसे पूरा होने पर सराह सकता था।

दूसरे शब्दों में, मुझे बस यही ध्यान देना था कि मेरे हर दिन में कोई हाइलाइट हो।

हमें लगता है कि लक्ष्यों और कामों के बीच के अंतराल में होनेवाले कामों पर ध्यान देने से आप जीवन में चमकदार संतोष की किरण पैदा कर सकते हैं। दीर्घकालीन लक्ष्य आपको सही दिशा में ले जा सकते हैं पर इस दौरान काम करने का आनंद जाता रहता है। और काम करने के लिए टास्क करने जरूरी हैं पर एक फोकल बिंदु के बिना सब गड़बड़ हो सकता है।

कई सेल्फ-हेल्फ गुरु लक्ष्य तय करने के सुझाव देते हैं और कई उत्पादकता विशेषज्ञ कामों को करने के लिए सिस्टम बना चुके हैं पर इनके बीच के अंतराल को उपेक्षित किया गया। हम इसी मिसिंग पीस को हाइलाइट कहते हैं।

**आपके दिन का हाइलाइट क्या होगा?**

हम चाहते हैं कि आपका हर दिन इसी सोच के साथ शुरू हो कि आपके लिए सबसे चमकदार पल क्या होगा। अगर दिन के अंत में कोई आपस पूछे कि आपके दिन का हाइलाइट क्या था तो आप क्या जवाब देना चाहेंगे। जब आप अपने दिन को मुड़कर देखें तो आप कौन से काम या उपलब्धि का आनंद लेना चाहेंगे? यही आपका हाइलाइट है।

आपका हाइलाइट इकलौती ऐसी चीज़ नहीं है, जो आप प्रतिदिन करेंगे। हम अपने इनबॉक्स या बॉस को तो इंकार नहीं कर सकते। पर एक हाइलाइट चुनने से आपको अपने काम, ऑफिस और आसपास के लोगों के बावजूद यह चुनने का मौका मिलेगा कि आप अपना समय कैसे बिताएँ। हालाँकि बिजी बैंडवैगन का कहना है कि आपको हर दिन और भी उत्पादक होने की कोशिश करनी चाहिए, हम जानते हैं कि आपके लिए रोज के सारे छोटे काम पूरे करने के बजाए अपनी प्राथमिकता पर केंद्रित होना बेहतर होगा।

आपका हाइलाइट हर दिन को एक फोकल बिंदु देता है। रिसर्च बताती है कि आप दिन का कैसे अनुभव लेंगे, यह इस बात पर निर्भर नहीं होता कि आपके साथ क्या होता है।[1] असल में आप जिन बातों पर ध्यान देते हैं, उन्हीं बातों से आप अपना यथार्थ चुनते हैं। यह दिखने में स्पष्ट लग सकता है पर हमें लगता है कि यह बड़ी बात है : आपका ध्यान किस दिशा में होगा, इस चुनाव के साथ यह तय कर सकते हैं कि आपका समय किस काम में लगेगा। और आपका दैनिक हाइलाइट ही उस ध्यान का टार्गेट होगा।

---

[1] यह शोध क्या है और काम व जीवन पर कैसे लागू होता है, इसे जानने के लिए विनीफ्रेड गैलाघर की 'रैप्ट' देखें। यह जेज़ी की मनपसंद किताबों में से है।

दैनिक हाइलाइट पर केंद्रित होने से इन्फिनिटी पूल और बिज़ी बैन्डवैगन की रस्साकशी थम जाती है। इससे एक तीसरा रास्ता सामने आता है: आप इस बात पर केंद्रित होते हैं कि आप अपना समय कैसे बिताते हैं।

**आपका हाइलाइट चुनने के तीन तरीके**

अपना दैनिक हाइलाइट चुनने से पहले स्वयं से एक सवाल करें:

*मैं अपने दिन का हाइलाइट किसे बनाना चाहता हूँ?*

इसका जवाब देना हमेशा आसान नहीं होगा, खासतौर पर जब आप मेक टाइम का इस्तेमाल करना सीख रहे हों। कई बार आपको कई जरूरी काम करने होते हैं। कई बार कुछ कामों के लिए उत्साहित होते हैं, जैसे बेक का बर्थडे के या फिर स्लाइड डेस्क का काम पूरा करना या फिर सिर पर मंडरा रहा कोई बोरिंग काम जैसे गैराज में चूहेदानी लगाना।

तो आपको कैसे तय करना चाहिए? हम हाइलाइट चुनने के लिए तीन मापदंड इस्तेमाल करेंगे।

## अर्जेंसी

पहली रणनीति अर्जेंसी या तात्कालिता के बारे में है : **ऐसा कौन सा जरूरी काम है जो आज ही करना है?**

क्या आपने घंटों ई-मेल देखने या मीटिंगों का हिस्सा बनने के बाद महसूस किया है कि आप उस काम के लिए समय नहीं निकाल सके जो करना जरूरी था? हमारे साथ ऐसा हुआ है। कई बार। जब भी ऐसा होता है तो हम दुःखी हो जाते हैं। हमें पछतावा होता है!

अगर आपके पास कोई ऐसा काम है, जिसे आज करना जरूरी है तो इसे अपना हाइलाइट बना दें। आप चाहें तो अपनी काम की लिस्ट, ई-मेल या कैलेंडर में अर्जेंट हाइलाइट निकाल सकते हैं - ऐसे प्रोजेक्ट देख सकते हैं जो समय के लिए संवेदनशील, जरूरी और मध्यम आकार के हों (दूसरे शब्दों में, वे दस मिनट में नहीं होंगे पर उन्हें करने में दस घंटे भी नहीं लगेंगे)।

आपके अर्जेंट हाइलाइट इनमें से कोई हो सकते हैं:

- उस ग्राहक के लिए दामों की सूची तैयार करें जो सप्ताह के अंत में उसे पाना चाहता हो।

- आप जिस इवेंट का काम संभाल रहे हैं, उसके लिए केटरिंग और जगह के प्रपोज़ल पर काम करें।
- दोस्तों के आने से पहले रात का खाना तैयार कर दें।
- अपनी बेटी के साथ स्कूल का प्रोजेक्ट पूरा करवाने में मदद करें।
- परिवार की वे तस्वीरें एडिट के बाद शेयर करें, जिन्हें पूरा परिवार देखना चाहता है।

## संतोष

दूसरी हाइलाइट रणनीति यह होगी कि **आप अपने संतोष के बारे में बात करें। दिन के आखिर में, मुझे किस हाइलाइट से सबसे ज्यादा संतोष मिला?**

पहली रणनीति में यह देखना है कि क्या किया जाना है, यह रणनीति आपको प्रोत्साहित करती है कि आप किए जानेवाले कामों के लिए प्रोत्साहित हों।

इसके बाद आप किए जानेवाले कामों की सूची से शुरू कर सकते हैं। पर डेडलाइंस और परियोजनाओं के बारे में सोचने के बजाए, एक अलग पहल अपनानी होगी: हर संभावित हाइलाइट में छिपी उपलब्धि के भाव के बारे में सोचें।

ऐसे कामों के बारे में सोचें जो अर्जेंट नहीं हैं। ऐसी परियाजनाओं के बारे में सोचें, जिनके बारे में आप काम करना चाहते हैं पर कभी पूरा समय नहीं मिला। हो सकता है कि आप किसी खास कौशल पर काम करना चाहें या फिर वह कोई ऐसा काम हो, जिसे आप दुनिया के सामने लाने से पहले निखारना चाहते हों। इन्हें टालने से आपका नुकसान हो सकता है क्योंकि इनके साथ डेडलाइंस नहीं होतीं और आप इन्हें आसानी से टालते चले जाते हैं। 'किसी दिन'वाले साइकिल को तोड़ने के लिए अपने हाइलाइट का इस्तेमाल करें।

इस जगह आपको संतोषदायक हाइलाइट के उदाहरण दिए जा रहे हैं:

- उस परियोजना के प्रस्ताव पर काम करें, जिसके लिए आप उत्साहित हैं। फिर कुछ भरोसेमंद सहकर्मियों को दिखाकर राय लें।
- अगले पारिवारिक अवकाश के लिए जगह की खोज करें।
- अपने उपन्यास के लिए अगले पंद्रह सौ शब्दों का ड्राफ्ट तैयार करें।

## आनंद

तीसरी रणनीति आनंद पर फोकस करती है : **जब मैं आज पर केंद्रित होता हूँ तो किस काम से सबसे ज्यादा आनंद होगा?**

हर घंटे को सबसे ज्यादा आदर्श और अधिकतम क्षमता के लिए बनाए जाने की जरूरत नहीं है। मेक टाइम के साथ आपका एक लक्ष्य यह भी होना चाहिए कि स्वयं को पूरी तरह से नियोजित संपूर्ण कहलानेवाले दिनों की कल्पना से परे रखें और ऐसा जीवन जिएँ, जो आनंद और संतोष से भरा हो। इसका मतलब होगा कि आप कुछ काम केवल इसलिए करें कि आप उन्हें करना पसंद करते हैं।

दूसरे लोगों को आपका आनंद देनेवाला हाइलाइट समय की बरबादी लग सकता है, जैसे घर में बैठकर किताब पढ़ना, किसी दोस्त के साथ खेलना या पहेली हल करना। हमें ऐसा नहीं लगता। अगर आप इसे बिताने के बारे में पहले से तय नहीं करते तो आप अपना समय बरबाद कर रहे हैं।

हर तरह के हाइलाइट आपके लिए आनंद का कारण हो सकते हैं। इसके कुछ उदाहरण निम्नलिखित हैं:

- दोस्त के घर हाउसवार्मिंग पार्टी में जाना।
- गिटार पर कोई नया गाना तैयार करना।
- अपने सहकर्मी के साथ लंच पर जाना।
- बच्चों को खेल के मैदान में ले जाना।

## बेस्ट हाइलाइट चुनने के लिए दिल पर करें भरोसा

आपको किसी खास दिन में कौन सी रणनीति चुननी चाहिए। हमें लगता है कि आपको इस काम के लिए अपने दिल पर भरोसा करना चाहिए ताकि आप तय कर सकें कि आज आपके लिए तत्काल, आनंददायक या संतोष देनेवाली रणनीति में से कौन सी चुननी चाहिए?[2]

वैसे तो यही बेहतर होगा कि आप ऐसा हाइलाइट चुनें, जिसे पूरा होने में साठ से नब्बे मिनट का समय लगे। अगर आप साठ मिनट से कम समय देंगे तो हो सकता है कि उसमें मग्न होने का मौका न मिले। पूरी तरह से काम में शामिल होने के लिए

---

[2] बेशक अगर इनमें से कुछ भी इन तीन की श्रेणी में आता है तो आपको इसे ही अपना हाइलाइट बनाना चाहिए।

आपको नब्बे मिनट चाहिए। अधिकतर लोगों को इसके बाद ब्रेक की जरूरत होती है। कुछ सार्थक करें और उस काम के लिए इतना समय बहुत होगा। इस अध्याय और किताब में दिए गए उपाय आपको साठ से नब्बे मिनट के लिए अपना हाइलाइट चुनने में सहायक होंगे।

जब आप यह शुरुआत करेंगे तो यह चुनाव करना थोड़ा अजीब और मुश्किल लग सकता है। अगर आपके साथ ऐसा हो तो चिंता न करें। यह पूरी तरह से सामान्य है। समय के साथ आपके लिए यह चुनाव करना आसान होता जाएगा। याद रखें, इससे कभी नुकसान नहीं होगा। मेक टाइम रोज की दिनचर्या का हिस्सा है इसलिए चाहे जो भी हो जाए, आप अगले दिन के लिए हमेशा नई पहल अपना सकते हैं।

बेशक आपका हाइलाइट कोई जादू नहीं है। आज आप अपनी एनर्जी किस काम को देने जा रहे हैं, इसे तय करने से ही करिश्मा नहीं होगा पर जब आप चुनाव कर लेंगे तो आपको उस काम के लिए जीवन में समय निकालना अनिवार्य लगने लगेगा। हाइलाइट का चुनाव करने से आप अपनी प्राथमिकताओं पर ध्यान देने लगेंगे। इस तरह जरूरी बातों पर समय और एनर्जी देना आसन होगा। तब आप आधुनिक जीवन की माँगों और विचलनों से परे महसूस कर सकेंगे।

**जेक**

पूरे दिन में अपने हाइलाइट के चुनाव के लिए कभी देर नहीं होती। हाल ही में, मेरा एक दिन आलस से भरा था। सुबह मैंने तय किया कि आज मेरा हाइलाइट यही होगा कि मैं मेक टाइम के सौ पन्नों का संपादन कर लूँ। पर सारा दिन इधर-उधर उलझा रहा। नल में पानी नहीं आ रहा था, फिर सिर में दर्द होने लगा और रात के खाने पर मेहमान आनेवाले थे। दोपहर को लगा कि मैं अपने हाइलाइट और रवैए में बदलाव ला सकता था। मैंने उस दिन के लिए अपना लक्ष्य बदलने का फैसला किया और तय किया कि दोस्तों के साथ डिनर का आनंद लेना है। जब मैंने यह चुनाव किया तो पूरा दिन ही बदल गया। अब मैं पूरी तरह से उसका आनंद उठा सकता था।

2008 में, सर्दियों के महीने होने के बाद जेज़ी के पास ऐसी कोई प्रेरणा नहीं थी, जो उसे हाइलाइट के विचार के पास ले जाती। पर फिर उसने देखा कि रोज़मर्रा के छोटे कामों या बड़े दीर्घकालीन लक्ष्यों के बजाए मध्यम आकार के हाइलाइट से दैनिक संतोष मिल सकता था और फिर वहीं से इस दर्शन को विकसित करने का बीज पनपा।

अब हम दोनों रोज हाइलाइट तय करते हैं और हमने अपनी मंशा को साकार करने के कई तरीके भी बना लिए हैं। इनमें से कुछ हाइलाइट तो रोज़मर्रा की चीज़ें ही हैं और कई बार कुछ कामों को एक साथ मिलाकर भी अपने लिए एक पर्सनल स्प्रिंट तैयार किया जाता है।

इसके बाद आपको वे तरीके बताए गए हैं, जिनकी मदद से आप अपने लिए हाइलाइट चुनकर, दिन में उनके लिए समय निकाल सकते हैं। जब आप आगे आनेवाले पन्ने पढ़ रहे हों तो 'चुनें, परखें और दोहराएँ' के मंत्र को न भूलें। इन चीज़ों को कहीं नोट कर लें, जो आपके लिए सहायक, मजेदार और चुनौतीपूर्ण रहीं। अगर आप मेक टाइम से शुरू कर रहे हों तो एक बार में एक ही हाइलाइट पर ध्यान दें। अगर वह कारगर हो तो उसे दिनचर्या का हिस्सा बना लें। अगर आपको हाइलाइट के चुनाव के लिए सहायता की जरूरत हो तो फिर से हमारे पास आकर कोई और हाइलाइट चुनें। चलिए लोगों, परियोजनाओं और कामों का हाइलाइट करने से शुरू करें जो आपके लिए सबसे ज्यादा मायने रखते हों।

हाइलाइट युक्ति

# अपना हाइलाइट चुनें

1. इसे कहीं लिखें
2. कल इसे दोबारा करें
3. जीवन को व्यवस्थित करें
4. छोटे सामान का बैच बना लें
5. किए जानेवाले कामों की सूची
6. बर्नर लिस्ट
7. निजी स्प्रिंट तैयार करें

## 1. इसे कहीं लिखें

जी, बिलकुल स्पष्ट और सरल सी बात है पर आप यह नहीं जानते कि योजनाओं को लिखने से उनमें जादुई शक्ति आ जाती है। आप जिन बातों को लिखते हैं, वे निश्चित रूप से घटती हैं। अगर आप अपने हाइलाइट के लिए समय निकालना चाहें तो इसे कहीं लिख लें।

हाइलाइट लेखन को अपने रोज के रूटीन में शामिल कर दें। आप इसे किसी भी समय कर सकते हैं पर रात को सोते समय या फिर सुबह सोकर उठते ही करना बेहतर होगा। जेज़ी को अक्सर शाम को अगले दिन के हाइलाइट के बारे में सोचना पसंद है। जेक यह काम सुबह करना पसंद करता है और यह समय नाश्ते और काम को शुरू करने के बीच होता है।

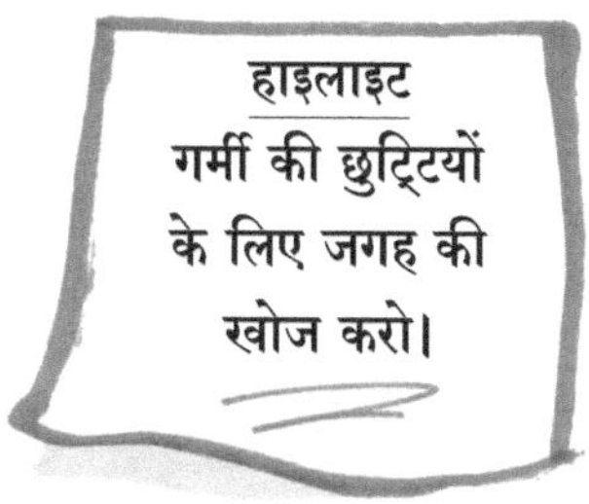


आपको अपने हाइलाइट किस जगह रिकॉर्ड करने चाहिए? आपके पास बहुत सारे विकल्प हैं। आप हमारी वेबसाइट पर एप देख सकते हैं ताकि आपको इसे रोज लिखना याद रहे। आप चाहें तो इसे अपने कैलेंडर में शामिल कर सकते हैं। आप इन्हें किसी नोटबुक में लिख सकते हैं। पर अगर हमें कोई तरीका खोजना हो तो हम स्टिकी नोट्स का इस्तेमाल करेंगे। इन्हें इस्तेमाल करना आसान है और इसके लिए कोई बैटरी या सॉफ्टवेयर अपडेट नहीं चाहिए।

आप चाहें तो हाइलाइट को लिखने के बाद दोबारा उसे कभी न देखें – या फिर उसे फ्रिज, मेज, डेस्क या लैपटॉप आदि पर चिपका दें ताकि अपने–आप नज़र जाती रहे। इस तरह आपको याद रहेगा कि आपको आज के दिन में कोई एक बड़ा काम करना है।

## 2. कल इसे दोबारा करें

आपको पता नहीं चल रहा कि हाइलाइट क्या चुनना है। तब आप भी ग्राउंडहॉग मूवी के बिल मुरे की तरह अपने पुराने काम को फिर से चुन सकते हैं। आपके पास अपने हाइलाइट को दोबारा चुनने की कई वजहें होंगी:

- अगर आपको अपना हाइलाइट नहीं मिला तो हो सकता है कि अब भी उसकी अहमियत हो। **दूसरा मौका पाने के लिए इसे दोहराना होगा।**
- अगर आपने हाइलाइट शुरू किया और उसे पूरा नहीं कर सके या वह किसी बड़ी परियोजना का हिस्सा था तो आज आप उसे फिर से चालू करें या पिछले काम को ही आगे बढ़ा लें। **गति बनाए रखने के लिए उसे दोहराना होगा।**
- अगर आप कोई नया रूटीन या कौशल स्थापित कर रहे हैं तो आपको उसे पक्का करने के लिए दोहराव चाहिए। **इसे आदत बनाने के लिए दोहराना होगा।**
- अगर पिछले हाइलाइट से आपको आनंद और संतोष मिला था तो उसे दोहराने में हर्ज नहीं है। **अच्छी बातों को दोहराते रहना चाहिए।**

आपको रोज खुद को नए सिर से तलाशने की जरूरत नहीं है। जब आप एक बार जान लें कि आपके लिए क्या जरूरी है, तो उसी पर रोज ध्यान केंद्रित करने से वह आपके जीवन में जड़ें जमा लेगा, अंकुरित होगा, फलेगा-फूलेगा। सुनने में भले ही थोड़ा अजीब लगे पर यही सच है।

## 3. जीवन को व्यवस्थित करें

अगर आपको हाइलाइट चुनने में उलझन हो रही है या आपको लग रहा है कि आपके जीवन की प्राथमिकताओं के बीच जंग छिड़ी है तो बड़ी परियोजनाओं को व्यवस्थित करने के तरीके पर ध्यान दें :

**सामग्री**

- 1 पेन
- एक कागज का टुकड़ा (या फिर आपके फोन का नोट एप)

- *यात्रा*
- *काम*
- *परिवार*
- *तैराकी*

➔ *सेक्साफोन*

- *मूवी*
- *बागबानी*

1. **उन बड़ी चीज़ों की सूची तैयार करें, जो आपके जीवन में बहुत ज़रूरी हों**

हमारा मतलब केवल काम से नहीं है। इसमें आप दोस्त, परिवार, पेरेंटिंग, डेटिंग वगैरह कुछ भी शामिल कर सकते हैं। आप चाहें तो काम के अलावा अपनी रुचियों जैसे सॉकर या पेंटिंग आदि शामिल कर सकते हैं। आपकी बड़ी चीज़ें कुछ यह भी हो सकती हैं जैसे काम, प्रमोशन, अपोलो परियोजना आदि। इसके अलावा सेहत, वित्त और निजी विकास आदि दूसरे क्षेत्र हो सकते हैं।

- केवल बड़ी चीज़ों को शामिल करें और एक या दो शब्दों में शीर्षक दें।
- अभी सूची की प्राथमिकता तय न करें, केवल लिखें।
- तीन से दस चीज़ें लिखें और फिर ...।

2. **सबसे अहम चीज़ चुनें**

ऐसा कहना ही आसान लगता है पर आप ऐसा कर सकते हैं। कुछ टिप्स प्रस्तुत हैं :

- यह देखें कि आपके लिए सबसे सार्थक क्या है, आपको सबसे तत्काल किए जानेवाले काम को नहीं देखना।
- यह सोचें कि किस काम के लिए ज्यादा कोशिश करनी और काम करना है, जैसे व्यायाम करना जरूरी हो सकता है पर आपको पहले से इसकी अच्छी आदत है, तब आप किसी और चीज़ पर अपना ध्यान लगा सकते हैं।
- अपने दिल की सुनें। हो सकता है कि आप अपने काम को सबसे पहले

रखना चाहें पर आप किसी और काम को भी अपनी प्राथमिकता बनाना चाहते हैं तो उसे ही क्यों न चुना जाए।

- बहुत ज़ोर न लगाएँ। यह कोई पत्थर पर खिंची लकीर नहीं है। आप जब जी चाहे, अपने लिए नई सूची बना सकते हैं, कल, अगले सप्ताह, अगले महीने या फिर आज दोपहर ...

3. **इसके बाद दूसरा, तीसरा, चौथा और पाँचवाँ जरूरी काम चुनें**

4. **प्राथमिकता के हिसाब से सूची को फिर से लिखें**

1. *सेक्साफोन*
2. *परिवार*
3. *काम*
4. *यात्रा*
5. *बागबानी*

5. **पहले काम पर एक गोला लगा दें**

अगर आप पहले काम को अपनी प्राथमिकता चुनना चाहें तो जब भी संभव हो, उस पर फोकस करें। इस तरह गोला लगाने से आप उसे प्राथमिकता दे रहे हैं – अपने निर्णयों को कहीं लिखने से उनमें एक प्रतीकात्मक शक्ति आ जाती है।

6. **इस सूची की म्दद से अपने लिए हाइलाइट चुनें**

आप इस सूची की मदद से अपने लिए सबसे बड़ी प्राथमिकता का चुनाव कर सकते हैं – इस तरह, जब आप यह तय न कर सकें कि आपके लिए किस काम की प्राथमिकता होगी, तब समय को दो गतिविधियों में बाँटा जा सकेगा।

**जेक**

मैं आपको अपनी दो लिस्ट के नमूने पेश करता हूँ, जो अगस्त 2017 से हैं :

1. परिवार
2. मेक टाइम लिखना
3. उपन्यास लिखना
4. विज्ञापन और वर्कशॉप

एक महीने बाद मैंने सितंबर में लिस्ट को फिर से लिखा :

1. मेक टाइम लिखना
2. परिवार
3. विज्ञापन और वर्कशॉप
4. उपन्यास लिखना

जी, मैंने सूची में परिवार को दूसरे नंबर पर डाला क्योंकि मुझे पता था कि किताब के काम को अक्टूबर में जेज़ी के सेलिंग अभियान के शुरू होने से पहले करना जरूरी था। और मेरा परिवार अपनी जगह फिट था – मेरे बच्चे गर्मियों के बाद स्कूल में थे, उससे पहले हम एक साथ घूमे और उनके प्रोजेक्ट्स पर काम किया और एक साथ अच्छा समय बिताया। परिवार को दूसरे नंबर पर लाने का मतलब यह नहीं था कि मैं उनकी उपेक्षा कर रहा था; इसका मतलब था कि मैं अपने उस काम के लिए ईमानदारी दिखा रहा था, जिस पर उस समय पूरा फोकस करना जरूरी था।

### 4. छोटे सामान का बैच बना लें

जब आपको पता हो कि दर्जनों ऐसे काम करने बाकी हैं, जो हाइलाइट नहीं हैं तो ऐसे में अपने हाइलाइट पर काम करना मुश्किल हो जाता है। हमारे सामने भी यही परेशानी थी। जेज़ी को इस काम के लिए मसौदा तैयार करना था पर इसी सप्ताह में ई-मेल भी देखने थे, जो पिछली यात्रा की वजह से छूटे हुए थे। कुछ फोन कॉल करने भी बाकी थे।

सौभाग्य से, हमें एक हल मिल गया। हमने छोटे कामों का बंडल बनाया और उन्हें एक हाइलाइट सेशन में पूरा करना शुरू कर दिया। दूसरे शब्दों में, आपको छोटे कामों का बैच बनाकर उन्हें बड़ा बना लेना है। जैसे इस सप्ताह में एक दिन जेज़ी का हाइलाइट होगा कि उसे फोन करने हैं या ई-मेल देखने हैं।

हो सकता है कि सुनने में ये छोटे काम आपको हाइलाइट सामग्री न लगें पर इन्हें पूरा करने से बड़ी संतुष्टि मिलती है। और जब आप अपने इनबॉक्स की टू-डू लिस्ट पूरी करने के बजाए इन चीज़ों पर काम करते हैं तो संतोष की भावना बढ़ती है।

बस इसे रोज नहीं करना। ऐसा कभी-कभी करना होगा ताकि जरूरी काम पूरे हो सकें वरना ये हमारे दिनों पर हावी हो सकते हैं। आपको इस उपाय की असली ताकत तब महसूस होगी जब आप इसका प्रयोग नहीं करेंगे - आपको पता होगा कि आप अपने छोटे, गैर-जरूरी काम एक साथ जमा कर सकते हैं और उस दौरान हाइलाइट पर केंद्रित रह सकते हैं। अगर छोटे काम के बैच बना लेंगे तो आपके पास उन्हें पूरा करने की एक योजना होगी।

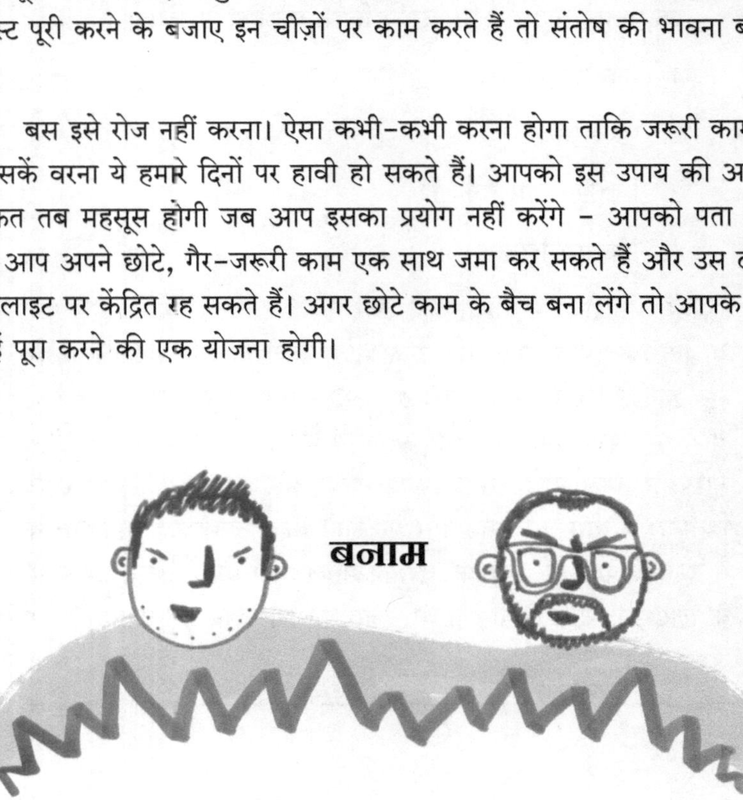

## युक्ति की जंग : टू-डू लिस्ट

याद रहे, हर युक्ति हर इंसान के लिए नहीं होती और हमारे लिए भी यही सच है। कई बार हम किसी चीज़ पर सहमत नहीं होते कि वह काम करेगी या नहीं (मेरे पास ज्यादा एनर्जी इसलिए है कि मैंने कैफीन ली है या फिर ऐसा झपकी लेने से हुआ है?) कई बार हमारे पास नतीजे भी अलग-अलग आते हैं। पर हम अपनी असहमति के बावजूद आपके लिए अपने प्रयोगों के सारे नतीजे रखेंगे ताकि आप स्वयं तय कर सकें कि आपके लिए क्या कारगर होगा।

हम दोनों एक बात पर पूरी तरह से सहमत हैं: हमें टू-डू लिस्ट से नफ़रत है। किए गए कामों पर टिक का निशान देखना पसंद है और अच्छा भी लगता है पर उपलब्धि के पीछे एक कड़वा सच भी छिपा है। इनमें से अधिकतर किए गए काम, आपकी प्राथमिकता नहीं बल्कि दूसरों के कामों की प्रतिक्रियाएँ हैं। भले ही आप कितने काम पूरे कर लें, आपके काम कभी पूरे नहीं होते - उतने ही काम आपके सामने इंतज़ार करते मिलते हैं। इस लिस्ट से आपके मन में यही बात आती है कि जीवन में कुछ अधूरा है।

यह सूची आपके जरूरी कामों में रूकावट भी बन सकती है। हम सभी स्वभाव से ही ऐसे काम चुनना पसंद करते हैं, जिनमें प्रतिरोध कम से कम हो। जब हम थके हुए, तनावग्रस्त, थके हुए या व्यस्त हों तो ऐसा होने की संभावना ज्यादा होती है। किए जानेवाले कामों की सूची इसे और भी बदतर बना देती है क्योंकि ये आसान और मुश्किल पर जरूरी कामों को आपस में मिला देती हैं। जब आप ऐसी लिस्ट का प्रयोग करते हैं तो आप स्वयं को लुभा रहे हैं कि पहले आसान काम कर लो, मुश्किल और जरूरी काम बाद में होते रहेंगे।

हालाँकि ये इतनी बुरी भी नहीं होतीं। इनकी वजह से आपके दिमाग पर काम का बोझ नहीं रहता। इस तरह आप सब कुछ एक ही जगह देख सकते हैं। ये एक अनिवार्य बुराई की तरह हैं।

भले ही हम इन्हें कितना भी नापसंद क्यों न करें, हमें इनका प्रयोग करना ही होगा। बरसों के दौरान, हमने अपनी स्पेशल टू-डू लिस्ट की तकनीक विकसित कर ली है। हममें से हरेक को यही लगता है कि उसका हल ही बेहतर है इसलिए हम आप पर ही यह निर्णय छोड़ते हैं।

## 5. किए जानेवाले कामों की सूची

**जेजी**

मेरी ओर से टू-डू लिस्ट की समस्या का हल यही है कि क्या करना है, इस निर्णय को इस बात से अलग कर दो कि कार्य करना है। मैं इसे माइट-डू लिस्ट का नाम देता हूँ। ऐसे कामों की सूची जो किए जा सकते हैं। ये प्रोजेक्ट आपकी सूची में तब तक बने रहेंगे, जब तक आप इन्हें अपना हाइलाइट नहीं चुनते या अपने कैलेंडर का हिस्सा नहीं बनाते। इस जगह आप इसका उदाहरण देखें :

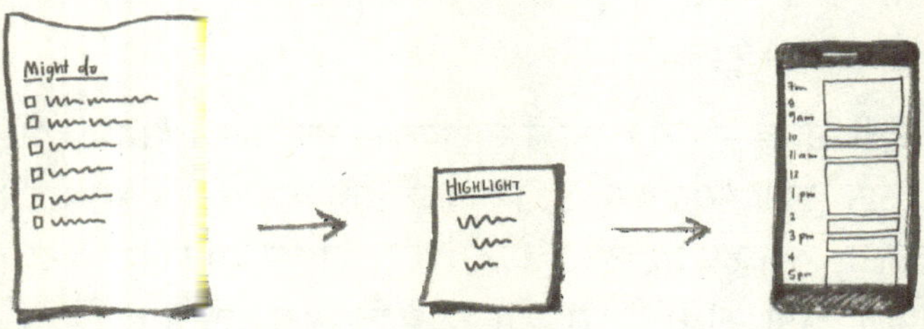


*माइट-डू लिस्ट* — आप क्या कर सकते थे?

*हाइलाइट* — आपके लिए सबसे ज्यादा क्या मायने रखता है?

*कैलेंडर* — आपकी योजना क्या है?

जब आप योजना नहीं बनाते तो आपको यही लगता है कि किसी प्रतिरोध की आवश्यकता नहीं। लेकिन जब आप इस लिस्ट से कोई जरूरी काम लें तो इसे दैनिक हाइलाइट या कैलेंडर में डालें, तब आप जान लेंगे कि आपने इस बारे में सोच-समझकर निर्णय लिया है कि आपको अपना समय कैसे बिताना है? फिर आप हाथ में लिए गए काम को अपनी ऊर्जा दे सकते हैं।

यह लिस्ट आपको ऑफिस और घर में बनाई जानेवाली टू-डू लिस्ट की ट्रेडमील पर दौड़ने से बचा सकती है। 2012 में, मेरी पत्नी और मैंने अपनी पहली सेलबोट खरीदी। 2016 में उसे बेचकर एक अलग बोट खरीदी। हर बार हम एक नई बोट नहीं बल्कि एक नई परियोजना खरीद रहे थे। उन नावों के साथ सैंकड़ों काम करने बाकी थे, जिनमें छोटे (तौलियों के लिए हुक लगाना) से लेकर बड़े काम (प्लंबिंग को स्टरलाइज़ करना ताकि वह पीने के पानी के लिए सुरक्षित हो सके) तक शामिल थे। अगर हम सीधा टू-डू लिस्ट से काम करते तो बेशक यह सब बोझिल हो जाता। तब हमने माइट-डू लिस्ट का प्रयोग किया और इसने हमें व्यवस्थित बने रहने में मदद की और साथ ही यह भी सुनिश्चित किया कि हम रोज छोटे-मोटे कामों पर ध्यान देने के बजाए जरूरी कामों को पूरा करते रहें।

यह सब इस तरह काम करता था: हम दोनों बोट पर काम करने से एक दिन पहले अपनी माइट-डू लिस्ट लेकर बैठते और यह देखते कि हम क्या कर सकते थे। हम अपने लिए तीन हाइलाइट तैयार करते - तत्काल, संतोष और आनंद - इस तरह हम आज किए जानेवाले जरूरी काम का चुनाव करते। फिर उसे अपने अंदाज़ से कैलेंडर में शामिल करते। जब दिया गया समय आता तो हम अपनी बोट पर हाथ में कॉफी और काम करने के उपकरण लेकर मौजूद होते। इस तरह हमें अपनी मर्जी से काम पर केंद्रित रहने में मदद मिलती और हर दिन अपने आपमें संतोष और आनंद से भरपूर होता था।

## 6. बर्नर लिस्ट

**जेक**

मुझे जेज़ी का माइट-डूवाला आइडिया पसंद आया पर मुझे अपने दिन के सबसे जरूरी हाइलाइट चुनने के लिए कुछ और विस्तार में जाने की जरूरत थी। मेरा तरीका बर्नर लिस्ट कहलाता है। इसमें आपकी हर परियोजना के विवरण शामिल नहीं होंगे और न ही यह आपको बहुत सारे काम करने में मदद करेगी। पर यही तो जरूरी बात है। बर्नर लिस्ट को जानकर सीमित रखा जाता है। यह आपको इस बात को मानने के लिए मजबूर करती है कि आप हर काम या परियोजना को सामने आते ही पूरा नहीं कर सकते। समय और मानसिक ऊर्जा की तरह बर्नर लिस्ट भी सीमित है. यह आपको मजबूर करती है कि जब आप किसी काम के लिए इंकार करना चाहें तो इंकार कर सकें और अपनी सबसे बड़ी प्राथमिकता पर केंद्रित रह सकें। इसे पूरा करने का तरीका होगा :

**1. कागज पर लंबाई में दो कॉलम तैयार करें**

एक खाली शीट लें और उसे बीच में लाइन डालते हुए दो कॉलम तैयार कर लें। बाईं ओर का कॉलम आपका फ्रंट बर्नर है और दाईं ओर का कॉलम बैक बर्नर होगा।

**2. सबसे जरूरी योजना को फ्रंट बर्नर पर रखें**

आपको एक बार में एक काम, परियोजना या गतिविधि को फ्रंट बर्नर पर रखने की अनुमति मिलेगी। दो या तीन नहीं, केवल एक।

बाईं ओर, सबसे ऊपर, अपने जरूरी काम या परियोजना को लिखें और उसके नीचे लाइन लगा दें। फिर उस परियोजना से जुड़े कामों की सूची तैयार करें। इसमें वे सब काम शामिल होने चाहिए, जो आपको उस परियोजना को पूरा करने के लिए प्रयोग में लाने होंगे।

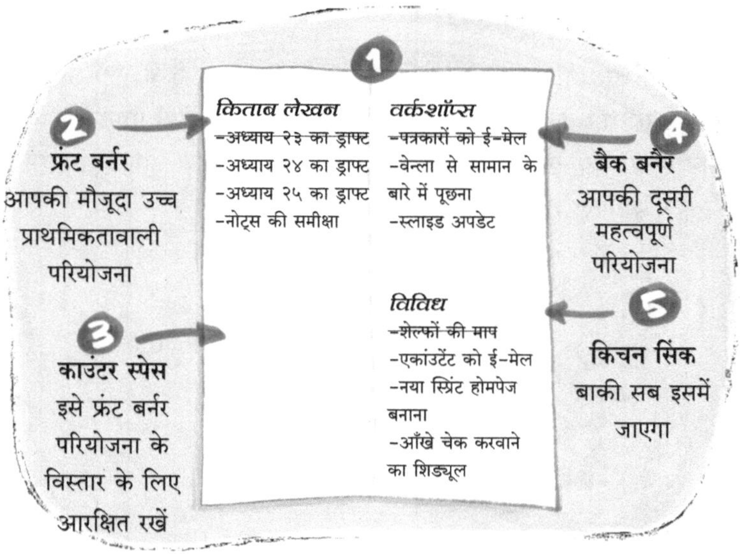


3. **थोड़ा काउंटर स्पेस छोड़ें**

पहले कॉलम में काउंटर स्पेस रखें। हो सकता है कि आपके मन में इसे रोज होनेवाले कामों से भरने की इच्छा पैदा हो पर बर्नर लिस्ट इसलिए नहीं होती कि आप पूरे कागज को भर दें। इसे जानकर खाली रखा जाता है ताकि आपके समय और एनर्जी का भरपूर और अच्छा इस्तेमाल हो सके। अगर टॉप प्रोजेक्ट के साथ कोई और जरूरी प्रोजेक्ट आ जाए तो आपके लिए जरूरी कामों पर फोकस करना आसान होगा।

4. **दूसरे जरूरी प्रोजेक्ट को बैक बनैर पर रखें**

दाएँ हाथ के कॉलम में अपना दूसरा जरूरी काम लिखकर, उसके नीचे लाइन लगा दें, फिर उससे जुड़े किए जानेवाले काम लिखें।

आपको अपने समय और ध्यान को इस तरह निर्देशित करना है जैसे आप गैस पर खाना बनाते हुए करते हैं। आपका ध्यान आगेवाले बर्नर पर ही ज्यादा होगा। बेशक आप बीच-बीच में पिछले बर्नर पर रखे बर्तन में भी चम्मच चला देंगे या पैनकेक को पलट देंगे। पर आगेवाला बर्नर ही आपके ध्यान का प्रमुख केंद्र रहेगा।

5. एक किचन सिंक तैयार करें

इसके बाद आपको उन कामों की सूची तैयार करनी है, जो पहली और दूसरी परियोजना में नहीं आते। इससे कोई अंतर नहीं पड़ता कि वे कौन से प्रोजेक्ट का हिस्सा हैं, वे बाकी कामों के साथ आपके किचन सिंक में शामिल हो सकते हैं।

बर्नर लिस्ट में हर काम की जगह नहीं होगी और इसका मतलब है कि ऐसे कई काम छोड़ने होंगे, जो जरूरी नहीं हैं और यही सबसे बड़ी बात है। मैंने एक बड़ी परियोजना, एक छोटी परियोजना और किए जानेवाले कामों की छोटी सूची तैयार कर ली है और यह सब एक बार में हो गया। अगर यह कागज में नहीं समा सकती तो मेरी जिंदगी में भी नहीं समा सकेगी।

बर्नर लिस्ट को आप कभी भी अपने अनुसार ढाल सकते हैं। मैं हर कुछ दिन के बाद लिस्ट को दोबारा बना देता हूँ। लिस्ट पर दोबारा काम करना बहुत जरूरी होता है। इस तरह उन अधूरे कामों को हटाया जा सकता है, जिनका अब कोई मोल नहीं रहा। मुझे यह विचार करने का भी समय मिल जाता है कि किन परियोजनाओं को बर्नर लिस्ट के किस हिस्से में शामिल करना हैं। कई बार यह कार्य परियोजना

प्राथमिकता लेनेवाली हो सकती है। चीज़ों में फेर-बदल होना और करना स्वाभाविक है। बस आपको इतना ध्यान रखना है कि फ्रंट बर्नर पर एक बार में एक ही बड़ा काम शामिल हो।

अब चलिए, खाना तैयार कर लें!

## 7. निजी स्प्रिंट तैयार करें

जब भी आप कोई परियोजना चालू करते हैं तो आपका दिमाग किसी कंप्यूटर की तरह काम करते हुए जरूरी सूचना जमा करता है, आपकी वर्किंग मेमोरी में उसे प्रोसेस करता है। इस 'बूट अप' में समय लगता है और आप जब भी परियोजना को हाथ में लेते हैं तो आपको कुछ काम दोबारा करना होता है।

यही वजह है कि हमारे डिजाइन स्प्रिंट में टीम एक ही प्रोजेक्ट पर पाँच दिन लगातार काम करती है। लोगों की वर्किंग मेमोरी में सूचना अगले दिन तक रहती है, जिससे वे चुनौती को और गहराई से पूरा कर पाते हैं। नतीजन, हम सामान्यत: काम के घंटों से कहीं अधिक बेहतर नतीजे हासिल कर पाते हैं।

पर इस तरह स्प्रिंट केवल टीमवर्क के लिए नहीं होते, आप इसे निजी तौर पर अपने लिए भी बना सकते हैं। चाहे आप लिविंग रूम को पेंट कर रहे हों, जगलिंग करना सीख रहे हों या फिर किसी नए ग्राहक के लिए रिपोर्ट तैयार कर रहे हों, आप बेहतर काम के साथ ज्यादा प्रगति तभी कर सकेंगे, जब आप उसे लगातार कुछ दिन तक करेंगे। बस आपको लगातार कुछ दिन तक एक ही हाइलाइट को चुनना होगा। उसे रोज पूरे होनेवाले चरणों में विभाजित करें और अपने मानसिक कंप्यूटर को चालू रखें।

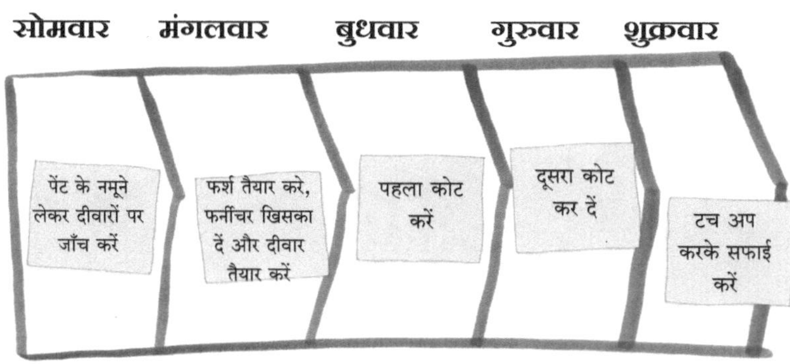

**जेक**

मैंने इसका प्रभाव अपने लेखन पर देखा है। लंबे ब्रेक के बाद पहला दिन थोड़ा मुश्किल होता है। हो सकता है कि बहुत लेखन न हो सके पर ऐसा लगने लगता है कि मैं बूट अप कर रहा हूँ। तीसरे और चौथे दिन तक मैं पूरी तरह से ज़ोन में होता हूँ – और मैं अपनी ओर से वह सब करता हूँ, जो गति बनाए रखने के लिए किया जा सकता है।

हाइलाइट युक्ति

# अपने हाइलाइट के लिए समय निकालें

8. अपने हाइलाइट को दिनचर्या में शामिल करें
9. कैलेंडर ब्लॉक करें
10. अपना कैलेंडर बुलडोज़ करें
11. इसके छोटे टुकड़े कर लें
12. ना कहना सीखें
13. अपना दिन डिज़ाइन करें
14. एक मॉर्निंग पर्सन बनें
15. रात का समय ही हाइलाइट समय है
16. जब काम हो जाए तो छोड़ दें

## 8. अपने हाइलाइट को दिनचर्या में शामिल करें

अगर आप अपने हाइलाइट के लिए समय निकालना चाहें तो कैलेंडर से शुरू करें। अपना हाइलाइट लिखें, यह बिलकुल आसान भी हो सकता है जैसे :

1. सोचें कि आपको अपने हाइलाइट के लिए कितना समय चाहिए?
2. सोचें कि आप अपने हाइलाइट पर कब काम करना चाहते हैं?
3. अपने हाइलाइट को कैलेंडर पर रखें।

जब आप किसी चीज़ को दिनचर्या में शामिल करते हैं तो आप खुद से वादा कर रहे हैं और स्वयं को संदेश दे रहे हैं कि मैं यह काम करने जा रहा हूँ। पर इसके साथ ही आपको एक और फायदा भी होता है : यह आपको अपने तरीके से समय बिताने का मौका देता है। सोचें कि आज आपको राशन लेने जाना है और परिवार के लिए खाना पकाना है। आप सोचते हैं कि डिनर सात बजे तक तैयार हो जाना चाहिए वरना बच्चे सही समय पर सोने नहीं जा सकेंगे और मुझे छह बजे रसोई में जाना होगा। इसका मतलब है कि ऑफिस से पाँच बजे निकलना होगा इसलिए मेरे पास रास्ते में स्टोर पर रुकने का समय है। आप कैलेंडर पर पाँच बजे के साथ इवेंट शामिल कर सकते हैं, 'काम बंद करो।'

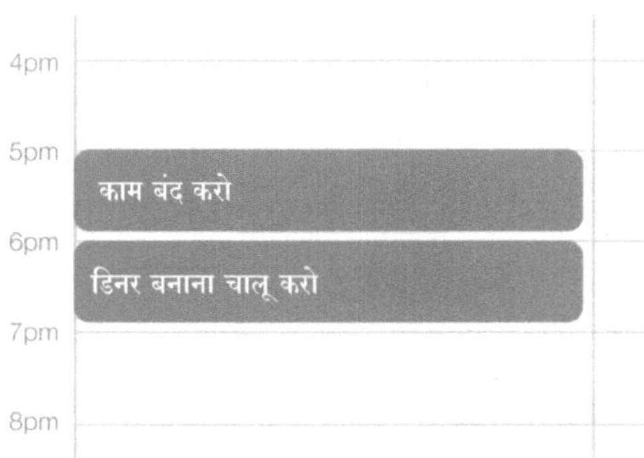


जब आपने अपना हाइलाइट तय कर लिया तो वह समय वहीं लग जाएगा। आप उस दौरान कोई और काम नहीं कर सकते। जब दूसरे काम सामने हों तो आपको देखना होगा कि आप उन्हें बचे हुए समय में कैसे पूरा कर सकते हैं या उन्हें बाद में किया जा सकता है। आप देख सकते हैं कि आपके कैलेंडर पर ही प्राथमिकता तय होने लगेगी।

**जेज़ी**

मेरे कैरियर के आरंभ में इतनी मीटिंग नहीं होती थीं इसलिए कभी कैलेंडर का प्रयोग नहीं किया। पर मेरे पास टू-डू लिस्ट होती थी। मैं रोज ऑफिस जाता और अपनी लिस्ट देखकर सोचता, 'आज क्या करना चाहिए? ओह, ये!' फिर मैं जल्दी पूरा होनेवाला आसान सा काम हाथ में लेकर पूरा कर लेता। पर दिन के आखिरी में निराशा के सिवा कुछ हाथ नहीं आता था। जरूरी काम छूट जाते थे और लिस्ट अधूरी रह जाती।

इसके बाद मैं गूगल में काम करने लगा। आप गूगल में शेयर्ड कैलेंडर के बिना काम नहीं कर सकते। इस तरह आपको अपनी मीटिंग्स का ध्यान रहता है (जो बहुत ज्यादा होती हैं) और दोस्त भी आपका कैलेंडर देखकर आपको अपनी मीटिंग्स में जोड़ सकते हैं।

यह गूगल का मीटिंग-हैवी कल्चर था और कैलेंडर के इस्तेमाल के बिना बात नहीं बनती थी। कैलेंडर की मदद से देख सकते थे कि अपना समय कैसे बिताना है और मेरे सहकर्मी भी देख सकते थे। जैसे-जैसे मेरा शिड्यूल व्यस्त होता गया? तब मुझे पता चला कि मुझे हाइलाइट के लिए समय निकालना है तो इसे शिड्यूल करना होगा।

## 9. कैलेंडर ब्लॉक करें

अगर आप खाली कैलेंडर से शुरू करें तो आदर्श समय के लिए हाइलाइटर की जगह रख सकते हैं, जब आपकी एनर्जी भरपूर होती है और आपका फोकस भी पूरी तरह से उसी पर होता है। पर हममें से अधिकतर लोगों के लिए खाली कैलेंडर से शुरू करने का यही मतलब होता है कि हमें सड़क किनारे हज़ार डॉलर पड़े मिल गए हैं। निश्चित रूप से ऐसा हो सकता है पर बेहतर होगा कि हम ऐसी कोई उम्मीद न रखें। अगर आप ऐसे ऑफिस में काम करते हैं जिसमें साथ काम करनेवाले आपको अपनी मीटिंग्स में जोड़ सकते हैं तब तो सब भूल ही जाएँ। आपको एक अलग

ही पहल अपनानी होगी : **अपने हाइलाइट के लिए जगह बनाने के लिए रोज 'डू नॉट शिड्यूल' ब्लॉक का इस्तेमाल करें।**

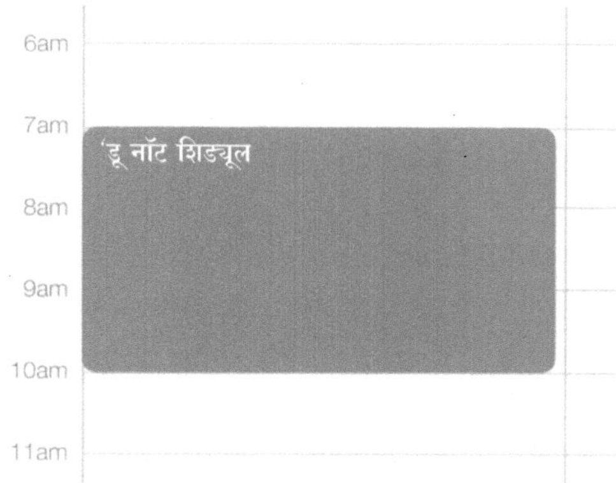


जेज़ी ने यह तकनीक अपने दोस्त ग्राहम जेनकिन से सीखी। 2007 और 2008 में ग्राहम गूगल में जेज़ी का बॉस था और जेज़ी को लगता था कि ग्राहम कुछ भी कर सकता था। वह बीस लोगों को सँभालते हुए उन्हें अपना पूरा ध्यान और सहयोग देता। उसके पास एडवर्ल्डस, गूगल्स फ्लैगशिप एडवरटाइजिंग प्रोडक्टस के रीडिजाइन भी थे। इसका मतलब था कि वह कई तरह के कामों में शामिल था जैसे यूजर इंटरफेस डिजाइन करना, ग्राहकों के साथ टेस्टिंग और स्पेसीफिकेशन रिव्यू करना और इंजीनियरों के साथ को-ऑर्डीनेट करना। सब लोग यही सोचकर हैरान होते थे कि उसे इतना समय कैसे मिल जाता था और सबका मानना था कि वह घंटों काम करता था पर वे सब गलत थे।

ग्राहम का शिड्यूल कॉर्पोरेट मैनेजर का था। वह हर दिन बहुत सारी मीटिंग्स में शामिल होता। पर उसके कैलेंडर में एक खास बात शामिल थी। उसने सुबह छह बजे से दिन के ग्यारह बजे तक का समय 'अपने लिए' रखा हुआ था।

'यह मेरा समय है। मैं सुबह जल्दी उठता हूँ। जल्दी ऑफिस आता हूँ, जिम जाता हूँ, नाश्ता करता हूँ और मीटिंग चालू होने से पहले दो घंटे काम भी कर लेता हूँ।' ग्राहम ने कहा।

'लोग ऐसा शिड्यूल क्यों नहीं करते?' जेज़ी ने पूछा।

'कई बार वे कोशिश करते हैं पर मैं उन्हें बता देता हूँ कि मेरे कुछ अपने प्लान्स हैं।'

दस साल बाद, हम आज भी अपने हाइलाइट के लिए उसी तकनीक का प्रयोग कर रहे हैं। और इसके साथ ही हमने कुछ और टिप्स भी शामिल किए हैं।

**प्ले ऑफेंस, नॉट डिफेंस।** अपने 'डू नॉट शिड्यूल ब्लॉक का प्रयोग अपने साथ काम करनेवालों से बचने या मीटिंग्स से बचने के लिए न करें। जो भी समय ब्लॉक करें, उसे अपने लिए सबसे ज्यादा एनर्जी देनेवाले समय में बदल दें।

**लालची न बनें।** आपको कैलेंडर को ब्लॉक करना चाहिए पर इसे पूरी तरह से नहीं भरना चाहिए। कुछ मौकों के लिए जगह खाली रखें और आपके साथी इस बात से खुश होंगे कि आप उनके लिए उपलब्ध हैं। जब आप इस तरह काम चालू करेंगे तो रोज एक या दो घंटे ब्लॉक करते हुए, उनमें ही एडजस्ट कर सकते हैं।

**इसे गंभीरता से लें।** अगर आप अपने वादों को गंभीरता से नहीं लेते तो लोग भी नहीं लेंगे। इन ब्लॉक्स को अहम मीटिंग्स की तरह लें ताकि लोग आपको डबल बुक करने की कोशिश न करें। जैसे ग्राहम सरल और असरदार तरीके से कह देता था, 'मेरे अपने कुछ प्लान्स हैं।'

### 10. अपना कैलेंडर बुलडोज़ करें

अगर आप अपने कैलेंडर को ब्लॉक नहीं कर सकते तो आपके लिए एक और तरीका भी है। अपने कैलेंडर को बुलडोज़ कर दें।

कल्पना करें कि एक छोटा सा बुलडोज़र आपके कैलेंडर को चलाते हुए, हर घटना को धकेल रहा है। हो सकता है कि यह एक मीटिंग को 15 मिनट और दूसरी मीटिंग को छोटा करते हुए 30 मिनट में बदल दे। यह आपकी सारी मीटिंग्स को सप्ताह के दो दिन में भी समेट सकता है ताकि आप बचे हुए दिनों में अकेले काम कर सकें।

अगर आप किसी के अधीन काम करने के बजाए खुद अपने बॉस हों तो बुलडोज़ करना और भी आसान हो जाता है[1]। हालाँकि कैलेंडर के मुकाबले आपका नियंत्रण कहीं ज्यादा होगा। लोगों से यह कहने में हर्ज नहीं है कि आपको किसी

---

[1] हालाँकि अगर आप झपकी लेने के लिए सीईओ के साथ अपने काम को रीशेड्यूल कर सकें तो कहीं बेहतर होगा। वह आपके साथ तिमाही जानकारी बाद में भी साझा कर सकता है।

जरूरी काम पर जाना है या वे आपसे एक घंटा बात करने के बजाए दस मिनट में काम निपटा लें।

हम अक्सर सारी मीटिंग्स के लिए हामी भरते हैं क्योंकि हर ऑफिस कल्चर की यही डिफॉल्ट सेटिंग है। पर यह मानकर न चलें कि हर लंबी मीटिंग की एक जायज वजह होगी या आपके लिए आया हुआ निमंत्रण बहुत ही महत्वपूर्ण होगा। ऑफिस की दिनचर्या को सोच-समझकर नहीं बनाया जाता, वह अपने-आप ही तैयार होती है, जैसे तालाब में कचरा जमा होता चला जाता है। चीज़ों को व्यवस्थित करने और टिकाने में हर्ज नहीं है।

## 11. इसके छोटे टुकड़े कर लें

कई बार ऐसे दिन और सप्ताह भी होंगे, जब आप इतने बिजी और काम के बोझ तले दबा महसूस करेंगे कि आप अपने हाइलाइट के लिए समय निकालने के बारे में सोच भी नहीं सकते।

जब आपके साथ ऐसा हो तो स्वयं से पूछें कि ऐसा क्या है, जिसे रद्द कर सकते हैं। क्या कोई मीटिंग छोड़ सकते हैं, डेडलाइन को आगे ले जा सकते हैं या किसी दोस्त के साथ बनी योजना में फेरबदल कर सकते हैं।

हमें पता है कि हम जानते हैं। यह सोच सुनने में बुरी लगती है। यहाँ तक कि न्यू यॉर्क टाइम्स ने भी आखिरी मिनट में कुछ कैंसिल करने की सोच पर शोक प्रकट किया है और इसे 'गोल्डन एज ऑफ बेलिंग' कहा है। बेशक आप सब कुछ एक साथ नहीं छोड़ सकते पर अपने कैलेंडर पर अंधाधुंध चलने और बिना सोचे-समझे काम छोड़ने के बीच एक मध्यम मार्ग है।

पूरी ईमानदारी से सोचें कि आप काम क्यों छोड़ रहे हैं और उसे छोड़ दें। हालाँकि यह लंबे समय तक चलनेवाली रणनीति नहीं है, समय के साथ आपको एहसास होगा कि आप अपने काम पर ध्यान देते हुए और कितने कामों को उसके साथ पूरा कर सकते हैं। इस दौरान बेहतर यही होगा कि अपनी प्राथमिकताओं को और उपेक्षित न करें। इसके छोटे हिस्से करते हुए, कुछ काम छोड़ दें। बुरा महसूस न करें। और अगर कुछ लोग शिकायत करें तो उन्हें बता दें कि हमने कहा है कि ऐसा करने में कोई बुराई नहीं है।

## 12. ना कहना सीखें

जो काम आपके लिए प्राथमिकता न रखते हों, उनके लिए पहले ही इंकार करना बेहतर होगा।

हम दोनों के लिए ही 'ना' कहना बहुत सहज नहीं था। हम उन लोगों में से हैं जिनके लिए 'हाँ' कहना ही डिफॉल्ट होता है। यह काफी हद तक अच्छा है। काश कि हम सबके लिए सब कुछ कर पाते और हमें सबको मदद करना पसंद है। सच कहूँ तो, इसका मतलब है कि आपमें साहस की कमी है क्योंकि हाँ कहना ज्यादा आसान होता है। किसी बुलावे या नई परियोजना के लिए इंकार करना पहले असहज लग सकता है, हमने अपने सप्ताह के बहुत सारे घंटे, दिन और हाइलाइट इसी तरह बिताए हैं क्योंकि हमारे पास सामने आनेवाले काम को नकारने का साहस नहीं था। पर हम इस बारे में काम कर रहे हैं और हमने पाया है कि जब हम ना कहना सीख लेते हैं तो हमारे लिए बहुत कुछ आसान हो जाता है। हमारे लिए इस काम को करने का आसान तरीका यह रहा कि हमारे पास हर हालात के हिसाब से कुछ बयान तैयार रहते और हम हमेशा से जानते थे कि इंकार कैसे करना है।

क्या आप अपने हाइलाइट के लिए पूरी तरह से समर्पित हैं और सच में आपके पास समय नहीं है? तो कहें, 'सॉरी, कुछ बड़ी परियोजनाओं पर काम चल रहा है और मेरे पास किसी नए काम के लिए समय नहीं है।'

क्या आपको लगता है कि कोई नई परियोजना हाथ में लेने पर आप उस पर पूरा ध्यान नहीं दे सकेंगे? तब आप कह सकते हैं, 'दुर्भाग्यवश, मेरे पास इस परियोजना पर बेहतर तरीके से काम करने का समय नहीं है।'

क्या आपको किसी ऐसी गतिविधि या निमंत्रण पर जाना है, जिसमें आपको आनंद नहीं आनेवाला है? उस समय आप कह सकते हैं, 'आपके बुलाने का धन्यवाद। पर मेरी इस काम में इतनी दिलचस्पी नहीं है।'[2]

कुल मिलाकर अच्छे और ईमानदार बनें। हमने इंकार करने, उदासीनता दिखाने और बहाने बनाने से जुड़े कई तरीके देखे और उनमें से कुछ को आज़माया। पर वे अच्छे और ईमानदार नहीं थे। उनकी वजह से यह मुश्किल फैसला आखिर तक

---

[2] किसी दोस्त को काम के लिए इंकार करते हुए मजाकिया तौर पर बात करें। इस तरह आपको इंकार करने में आसानी रहेगी।

टलता रहता और उन आधे-अधूरे मन से किए गए चुनावों के साथ कंधों पर बोझ सा महसूस होता रहता। तो आपको उन उपायों को छोड़कर सच बताना चाहिए।

आप किसी आग्रह को 'ना' कह रहे हैं, उसका मतलब यह नहीं है कि आप आगे चलकर भी हामी नहीं भरनेवाले। दिल से स्वीकार करें, 'आपके बुलाने से अच्छा लगा। फिर कभी आने की कोशिश करूँगी। आपने अपने काम में मेरी मदद चाही। मेरे लिए यह बात मायने रखती है। ध्यान रहेगा कि आगे हम दोनों मिलकर काम कर सकें।'

हमारी दोस्त क्रिस्टीन ब्रिलिएंट्स इंकार करते हुए सॉर पैच किड मैथड का इस्तेमाल करती है। कैंडी की तरह, उसके जवाब पहले खट्टे होते हैं और फिर वह उन्हें मिठास पर खत्म करती है। जैसे, 'ओह, मेरी टीम तो आपके साथ काम नहीं कर सकेगी पर आप टीम एक्स से पूछें, वे लोग इस काम को बेहतर तरीके से कर सकते हैं।'

उसका कहना है कि आपके वाक्य का अंत नकली मीठे जैसा न हो और न ही उसमें कोई झूठ शामिल हो। अगर संभव हो सके तो वह उन लोगों को ऐसे लोगों से मिलवा देती है, जो उनके काम में सहायक हो सकते हैं। अगर ऐसा न हो सके तो अपनी ओर से हौसला देती है या आभार प्रकट करती है। बस अगर इतना ही कह दिया जाए, 'आपने मुझे याद किया, आपका धन्यवाद।' तो भी आपका काम हो सकता है।

## 13. अपना दिन डिजाइन करें

जब हम अपने गूगल के कामों के लिए डिजाइन स्प्रिंट चलाते थे, तो पूरे दिन को घंटों और मिनटों के हिसाब से बाँटा जाता था। हर स्प्रिंट हमारे फार्मूले को सुधारने का एक मौका था। हम सारा दिन अपने काम के उतार और चढ़ाव का ध्यान रखते - लोग कब थकान महसूस करने लगे, कब काम तेजी से हुआ या कब काम धीमी गति से हुआ - और उसके अनुसार ही सब तय कर लेते।

अपने कैलेंडर को ब्लॉक करने और हाइलाइट तय करने से आप समय की बचत कर सकते हैं पर अगर आप हमारे स्प्रिंट और डिजाइन को अपने दिन पर लागू करना सीख लें तो आपके लिए यह सोच एक नए और अनूठे स्तर तक जाएगी। जेज़ी इसे कई बरसों से करता आ रहा है। उसका कैलेंडर कुछ ऐसा दिखाई देता है।

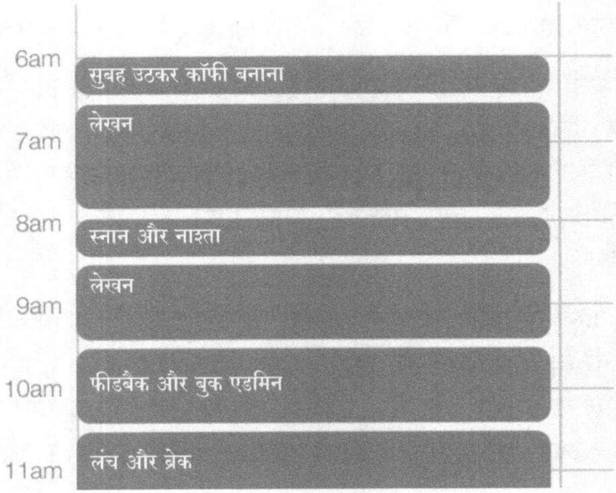


इसमें हर चीज़ को विस्तार से दिया गया है। उसने नहाने और कॉफी बनाने का समय भी रखा हुआ है। वह लगभग रोज अपने दिन को इसी तरह डिजाइन करता है। वह शाम को अपने कामों की तुलना करते हुए एक नजर में जान लेता है कि उसकी दिनचर्या कारगर रही या नहीं और फिर बीते हुए समय के साथ उसका मिलान करता है। फिर वह जो भी सीखता है, उसके हिसाब से ही आनेवाले समय की योजना पर काम करता है।

हो सकता है कि यह सब सुनने में खीझ भरा लगता हो: 'ऐसी दिनचर्या में आज़ादी और सुकून तो नहीं है?' पर असल में एक तयशुदा दिन आपको आज़ादी देता है। जब आपके पास कोई योजना नहीं होती तो आपको लगातार तय करना पड़ता है कि अब आपको क्या करना होगा और हो सकता है कि आप उन बातों के बारे में सोच-सोचकर ही परेशान हों कि क्या हो सकता है या क्या किया जाना चाहिए। पर एक पूरी तरह से नियोजित दिन आपको हर क्षण पर केंद्रित रहने की आज़ादी देता है। इसके बाद क्या करना है इसके बारे में सोचने के बजाए, आप इस बात पर केंद्रित रह सकते हैं कि आप इसे कैसे कर सकते हैं। आप पूरी तरह से प्रवाह में रहते हुए, अपने लिए तय की गई योजना पर भरोसा रख सकते हैं। दिन में ई-मेल चेक करने का समय कौन सा होना चाहिए? इसे कितना समय दिया जाना चाहिए? आप असल में प्रतिक्रिया देने के बजाए स्वयं ही उत्तर तय कर सकते हैं।

**जेक**

सारा कूपर मेरी रोल मॉडल्स में से एक है। कुछ साल पहले, उसने गूगल में अपनी नौकरी छोड़ी ताकि पूर्णकालिक लेखक और स्टैंड-अप कॉमेडियन बन सके और फिर वह तत्काल अपनी वेबसाइट द कूपर रिव्यू पर मज़ेदार पोस्ट लिखने लगी, जिसके लाखों पाठक बने और उसने तीन किताबों की डील साइन की। जब मैंने नौकरी से त्याग-पत्र दिया तो मैं सारा से सलाह लेने गया कि नौकरी छोड़ने के बाद वह अपनी दिनचर्या किस तरह बना रही थी।

सारा का रहस्य यही था कि अपने दिन को घंटे प्रति घंटे के हिसाब से ठोस और अनुमान लगाने योग्य दिनचर्या में बाँध दिया जाए। वह अपनी दिनचर्या की योजना के लिए नोटबुक का इस्तेमाल करती थी और फिर मूल्यांकन करती कि ऐसा क्या था, जो उसके लिए अनुकूल रहा या नहीं रहा। 'यह देखकर ही मुझे एहसास हुआ कि दिन में सारे काम पूरे करने के लिए भरपूर घंटे होते हैं। टू-डू लिस्ट बनाने के बजाए मैंने दिन को आधे घंटे के हिस्सों में विभाजित करना चालू किया।

मुझे यह तरीका पसंद आया और मुझे पता था कि जेज़ी भी अपने कैलेंडर पर बहुत बारीकी से चलता था इसलिए मैंने भी इसे आज़माने की सोची। मैंने अपने कैलेंडर या डायरी का प्रयोग करने के बजाए उस पहल को अपनाया, जिसके लिए कैल न्यूपोर्ट ने डीप वर्क में सलाह दी है: मैं अपनी दिनचर्या को एक खाली कागज पर लिखने लगा, फिर पूरा दिन कामों और हालात के हिसाब से उनमें बदलाव करता रहता, जैसे :

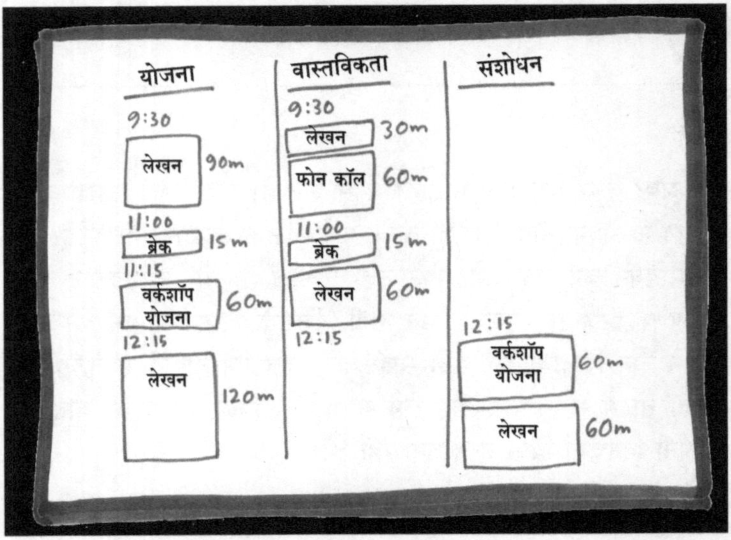


यह तरीका कारगर रहा। लगातार कामों को नए सिरे से डिजाइन करने से मेरे पास एक साधन आ गया, जिससे कि मैं जान सकूँ कि मेरा समय कैसे बीत रहा था, इसने मुझे दिखाया कि मेरे लिए लिखने का बेहतर समय क्या था और मुझे अपना रूटीन तय करने में मदद मिली। अब, जब भी काम हाथ से निकलने लगता है तो मैं समझ लेता हूँ कि अपने दिन को रीडिजाइन करने का समय हो गया है।

**युक्ति का संघर्ष – दिन बनाम रात**

अगर आप दिन के बीच अपने हाइलाइट के लिए समय नहीं निकाल सकते तो आपको सुबह जल्दी या देर रात अपना समय निकालने की कोशिश करनी चाहिए। जेज़ी रात को काम करता था और उसने खुद को मॉर्निंग पर्सन में बदल दिया। जेक ऐसा नहीं कर सका इसलिए उसने रात के समय को ही अनुकूल बना दिया। इसके लिए कुछ रणनीतियाँ दी जा रही हैं :

**14. एक मॉर्निंग पर्सन बनें**

**जेज़ी**

2012 में, मैंने तय किया कि मैं एक मॉर्निंग पर्सन बनूँगा।

ऐसा करना सहज नहीं था। मेरा पूरा जीवन इसी तरह बीता कि जब भी मुझे सुबह किसी क्लास, मीटिंग या इवेंट के लिए जल्दी उठना होता तो बड़ा ज़ोर लगाना पड़ता था। हमेशा हड़बड़ी रहती और मुझे पहुँचने में देर हो जाती और फिर सारा दिन सिर पर थकान और अनिद्रा का हैंगओवर छाया रहता।

पर मैं सुबह की संभावनाओं पर मोहित था। सुबह जल्दी मिलनेवाले वे घंटे नियामत जैसे लगते थे : अपने हाइलाइट पर काम करने के दो

घंटे, जब मैं अपने दिन के लिए तैयारी कर सकता था। इस तरह अपनी पत्नी के साथ ज्यादा समय बिता सकता था, जो ऐसी कंपनी में काम करती थी जिसमें अक्सर सुबह मीटिंग्स होती थीं। मुझे मिशेल से अलग रूटीन रखना पसंद नहीं था और इस तरह हम एक साथ समय नहीं बिता पाते थे।

रात को जागकर काम करने का आदी होने की वजह से मैं जानता था कि अगर मुझे सुबह जल्दी उठना है और सारा दिन थकान और नींद के हैंगओवर से भी बचाव करना है, तो यह देखना होगा कि दूसरे लोगों के लिए क्या तरीका आसान रहा। फिर मैंने कुछ सरल से प्रयोग किए।

वे सब कारगर रहे। एकाध आसान उपाय की मदद से, मैं आधी रात या उसके भी बाद जागकर काम करने के बजाए सुबह जल्दी उठने लगा। पहले मैं देर तक स्क्रीन को ताकता रहता, डिजाइन का काम करता, लेखन या कोडिंग करता और फिर बेवक्त सोने जाता। उसके बाद से मैंने सही समय पर सोना चालू कर दिया और सुबह जल्दी उठकर, अपना समय दैनिक हाइलाइट में बिताने लगा।

मैं उन लोगों के साथ अपने ये उपाय साझा करना चाहता हूँ, जो अक्सर रात को देर तक काम करने और जागनेवाले नाइट आउल हैं।

**लाइट, कॉफी और कुछ करने के लिए काम से शुरू करें :**

सुबह उठने के समय के साथ रोशनी की अहमियत को नज़रंदाज न करें। इंसानों को इसी तरह बनाया गया था कि वे रोशनी होने पर जागते और अंधेरा होने पर सोते। पर अगर आप सुबह का समय अपने हाइलाइट के लिए लेना चाहें तो आप सूरज उगने का इंतज़ार नहीं कर सकते क्योंकि अधिकतर दुनिया में, अधिकतर साल, आपको भोर होने से पहले उठना होगा। तो जब मैं उठता तो कमरे की हर लाइट जला देता, अगर अपनी बोट में सवार होता तो यही करता और चाहे मेरे जागने के एक या दो घंटे बाद सूरज निकलता, तो मैं सूर्योदय को जरूर देखता। आकाश को अंधेरे से रोशनी में आते देख मेरे दिमाग को समझ आ जाता कि रात से दिन हो रहा था।

मेरे लिए कॉफी भी बहुत जरूरी है। बेशक कैफीन अच्छी है पर मेरी सुबह के लिए इसे बनाने का तरीका एक अनिवार्य रूटीन है। मुझे सादी तकनीक से कॉफी तैयार करने में पंद्रह मिनट लगते हैं : पानी उबालना, बींस पीसना, फिल्टर तैयार करके पिसी कॉफी और पानी मिलाना। यह तरीका मशीन से कॉफी बनाने के बजाए कहीं ज्यादा मेहनतवाला काम है पर मैं ऐसे ही करता हूँ। कॉफी बनाने का यह धीमा तरीका मुझे अपने साथ मग्न रखता है वरना मैं इस समय में अपना ट्विटर देखने लगता या ई-मेल देखने लगता और ये दोनों ही काम बाद में मुझे अनुत्पादक होने का एहसास दे जाते। मैं किचन में खड़े होकर, धीरे-धीरे जागते हुए अपने दिन के बारे में सोचता हूँ और अपने हाइलाइट पर काम करने के लिए बैठते हुए ताजी बनी कॉफी का स्वाद लेता हूँ।

अगर आप सुबह स्वयं को करने के लिए कोई काम रखेंगे तो आपको जल्दी जागने में आसानी होगी। पर मेरे लिए यह भी जरूरी था कि मैं किसी काम के बिना भी सुबह जल्दी उठता रहूँ। जिन दिनों मैं रोज़मर्रा के हाइलाइट पर काम नहीं करता था, तब भी अलसुबह उठ जाया करता। व्यायाम एक अच्छी गतिविधि है। आप सुबह बर्तन साफ करें, कपड़े प्रेस करें या घर का सामान टिका दें, इस तरह आपकी नींद खुलेगी और दिन के शुरू होने से पहले ही उत्पादकता का एहसास होने लगेगा।

हालाँकि लाइट, कॉफी और कुछ करने के लिए काम के साथ भी सुबह जल्दी उठना मुश्किल हो सकता है, आपको अपने लिए शाम का रूटीन बनाना ही होगा।

### रातों को पहले से डिजाइन करें

इस बात के ईमानदार मूल्यांकन से शुरू करें कि आपको कितनी नींद चाहिए और आपको कितनी नींद मिली। मुझे लगता है कि मेरे लिए सात से आठ घंटे की नींद और सर्दियों में कभी-कभी नौ घंटे की नींद बहुत होती है। अधिकतर दिनों में, मैं सुबह 5.30 के आसपास जाग जाता हूँ, इसका मतलब है कि नींद पूरी करने के लिए रात को 5.30 बजे सोने

जाना जरूरी है। अगर आप भी रात को जागनेवाले नाइट आउल हैं तो आपको लग सकता है कि जल्दी सोना लगभग असंभव होगा। मुझे भी ऐसा ही लगता था। पर हममें से अधिकतर लोगों के लिए हमारे शरीरों के बजाए हमारा समाज ही हमारे लिए डिफॉल्ट बेडटाइम तय करता है। अगर आप उस डिफॉल्ट को रीसैट करना चाहें तो कुछ टिप्स आपके काम आ सकते हैं।

ध्यान दें कि खाने और पीने की वस्तुओं से आपकी नींद पर क्या असर होता है। ऐसे कई प्रमाण मिले हैं, जो आपको बताते हैं कि शराब से आपकी नींद की क्वालिटी में सुधार नहीं होता, चाहे आपको ऐसा क्यों न लगता हो। असल में यह आपकी रैम निद्रा में बाधा देती है। मुझे डिनर के बाद डार्क चॉकलेट खाना पसंद है पर मुझे बड़ी गहरी कीमत चुकाने के बाद पता चला कि इसमें कितनी कैफीन होती है।

अपने माहौल में ऐसा बदलाव करें ताकि शरीर को लगे कि अब सोने का समय हो गया है। मैं रसोई और गैलरी की लाइटें बंद कर देता हूँ, फिर बैठक और सोने के कमरे में कम रोशनीवाले लैंप जगा देता हूँ। मैं शाम को सात बजे, अपने सोने के कमरे में पर्दे लगाकर, पलंग से सजावटी कुशन हटाकर रजाई लगा देता हूँ।

मेरे लिए हमेशा सुबह 5.30 बजे उठना आसान नहीं होता पर मैंने मॉर्निंग्स को प्यार करना सीख लिया है और मैंने कमाल के नतीजे पाए। सुबह 9.30 तक दो घंटे उत्पादक काम कर लेता हूँ। नहाना और तैयार होना, दो मील की सैर करना, नाश्ता करना और दो कप कॉफी पीना; ये सारे काम पूरे हो चुके होते हैं।

हर कोई मॉर्निंग पर्सन नहीं बन सकता। कई लोग रातों को अपने अनुकूल बना सकते हैं। हालाँकि उन्हें भी अपनी ओर से मॉर्निंग पर्सन बनने की कोशिश जरूरी करनी चाहिए। जब तक मैंने कोशिश नहीं की थी, तब तक मुझे भी इसके बारे में पता नहीं था। कई बार, जब तक हम कोई काम नहीं करते, कुछ सादी रणनीतियों को नहीं अपनाते और अपने जीवन में प्रयोग नहीं करते, तब तक हमें अपनी क्षमता का पता नहीं चलता।

## 15. रात का समय ही हाइलाइट समय है

**जेक**

हम लोग जेनेटिक तौर पर रात को या दिन में जागनेवाले लोग होते हैं। यह सब किसी विज्ञान पर आधारित नहीं है, मैंने पिछले कई हज़ार दिनों में अपने बेटों के निरीक्षण से ऐसा पाया है।

मेरा बड़ा बेटा ल्यूक मॉर्निंग पर्सन है जो सुबह खुशहाल उठता है और नाश्ते की मेज पर कॉफी पिए बिना ही 2600 शब्द प्रति मिनट की रफ़्तार से बोल सकता है। इसके विपरीत, मेरा छोटा बेटा फ्लिन नाइट पर्सन है। सुबह उसे भ्रमित करती है, गुस्सा दिलाती है और अगर उससे सुबह सात बजे से पहले बात करने की कोशिश की जाए तो उसे उठकर पलटवार करने में देर नहीं लगती।

मैं समझ सकता हूँ क्योंकि मैं भी नाइट पर्सन हूँ। मैंने जेज़ी के तरीके आज़माए ताकि मॉर्निंग पर्सन बन सकूँ पर बच्चों की तरफ से अड़चनें आती रहीं। यह सब बहुत परेशान कर देनेवाला था। एक परिवार और फुल टाइम नौकरी के साथ, अक्सर दिन में ऐसा समय नहीं रहता था कि मैं अपने हाइलाइट पर काम कर पाता। अगर सुबह समय नहीं था तो मुझे अपने काम के लिए कोई तो समय निकालना ही था।

मुझे लगा कि मैं रात को बेहतर तरीके से काम कर सकता था। मुझे एहसास हुआ कि मैं रात के 9.30 बजे से 11.30 बजे के बीच काम पर केंद्रित हो सकता था क्योंकि इस दौरान मेरे बच्चे सो जाते थे। मैंने उससे पहले रात के समय को कभी गंभीरता से नहीं लिया था पर अगर मैं उन दो घंटों का सही तरह से इस्तेमाल कर पाता तो वे मेरे लिए बोनस घंटों से कम नहीं थे।

हालाँकि बड़ी चुनौती यही थी कि भले ही मैं रात को 11.30 तक जागता था पर मेरी बैटरी थकान से डाउन हो चुकी होती थी। मैं किसी

भी जरूरी काम पर मानसिक तौर पर केंद्रित नहीं हो पाता था इसलिए मैं अपने उस समय को ऐसे कामों के बीच लगाता, जिनके लिए बहुत ऊर्जा की जरूरत नहीं रहती थी जैसे ई-मेल देखना या सिएटल सी-शॉक्स के बारे में पढ़ना।

मुझे इस चुनौती को सही तरह से लेने में थोड़ा समय लगा पर आखिर में मैंने रात के समय को अपने हाइलाइट समय में बदलने के लिए तीन हिस्सोंवाली रणनीति तैयार कर ली।

**पहले रिचार्ज करें**

अगर मैं आनेवाले समय में अपनी किसी परियोजना पर काम करना चाहता था तो मैं खुद को रिचार्ज करने से शुरू करता। जब छोटा बेटा सो जाता तो मैं पत्नी या बेटे के साथ बैठकर थोड़ी देर मूवी देखता या फिर नॉवल के कुछ पन्ने पढ़ता। या फिर रसोई का सामान सहेजकर, बच्चों के खिलौने उनके कमरे में रख देता। ये काम मेरे दिमाग को बिजी मोड से हटाकर मानसिक बैटरी को जार्च कर देते, जो कि लगातार मेल देखने, क्लिकबेट अखबारी आलेख पढ़ने या टी.वी. शोज़ देखने से कहीं बेहतर था, जिन्हें देखने के बाद मैं खुद को बिंज वाचिंग के ब्लैक होल में पाता।[3]

**ऑफलाइन होना**

9.30 बजे के आसपास, मैं हाइलाइट मोड ऑन करते हुए कुछ लिखने, प्रेजेंटेशन तैयार करने या वर्कशॉप की सामग्री तैयार करने के मोड में आ जाता। हालाँकि रिचार्ज होने के बावजूद मानसिक बैटरी सौ प्रतिशत चार्ज नहीं होती थी इसलिए मैं इंटरनेट पर वेकेशन टाइमर लगाने लगा, जिससे संकल्पशक्ति कम से कम होने पर भी लेखन को समय दे पाता था।

**दिमाग शांत करना न भूलें**

मुझे यह सीखने में भी समय लगा कि अगर मैं देर रात तक काम

[3] बिंज वाचिंग और क्लिफहैंगर्स के गहरे विज्ञान को समझने के लिए एडम ऑल्टर्स की किताब, इररेजिस्टेबल देखें।

करने के बाद अपने दिमाग को शांत नहीं करता तो मेरी नींद का रूटीन पूरी तरह से बरबाद हो सकता था। लाइटें हल्की करने से मदद मिलती थी पर यह ज्यादा बेहतर होता है कि मैं पूरी तरह से किसी कद्दू की तरह पेश आने से पहले, अपने बिस्तर पर सोने आ जाऊँ और मेरे लिए वह जादुई समय 11.30 बजे का था और अगर उस समय तक सोने नहीं जाता तो अगले दिन की ऊर्जा पर असर दिखाई देता।

## 16. जब काम हो जाए तो छोड़ दें

दिन के अंत में काम करना बंद करना मुश्किल हो सकता है क्योंकि बिजी बैंडवैगन की सोच हमेशा आपको यही कहती है कि बस 'एक काम और'। 'एक और ई-मेल।' लिस्ट का एक और काम। कई लोग बुरी तरह से पस्त होने के बाद ही काम छोड़ते हैं और अक्सर यह वही बिंदु होता है, जिसके बाद वे पूरी तरह से निढाल हो जाते हैं।

हम खुद ही इस जाल में फँसते हैं। बिजी बैंडवैगन हमें यह यकीन दिलाता है कि बस वह एक काम ही हमारे लिए इकलौता जरूरी काम है, जिसके बिना गुज़ारा नहीं चलेगा और वही हमें आगे ले जा सकता है।

पर ऐसा नहीं होता। अगर हम जरूरत से ज्यादा काम करके थकान से चूर होते हैं तो इससे अगले दिन की प्राथमिकता प्रभावित होती है और हम अपना बेहतरीन काम व प्रदर्शन नहीं कर पाते। एक और काम करने का हठ कुछ ऐसा ही है, मानो आप उस कार को चलाने की कोशिश में हैं, जिसका पैट्रोल खत्म हो गया है। चाहे आप एक्सीलिरेटर पर कितना भी पैर क्यों न रखें, अगर टैंक खाली होगा तो आप कहीं नहीं जा सकेंगे। आपको रुककर कार में पैट्रोल भरवाना ही होगा।

हमने अपने डिजाइन स्प्रिंट में पाया कि अगर हम लोगों के निढाल होने से पहले दिन के काम को समाप्त करते थे तो सप्ताह की उत्पादकता पर नाटकीय असर दिखाई देता था। दिन के काम के घंटों को तीस मिनट कम करने पर भी काफी असर दिखाई दिया।

आपको काम कब छोड़ देना चाहिए? हर ई-मेल का जवाब देने (नहीं हो सकता) या हर काम को पूरा करने के बजाए (ये तो सपना है), आपको अपनी फिनिश लाइन बनानी होगी। शायद आप दिन में अपने लिए उपयुक्त समय खोज

सकें, जब आप काम को विराम देंगे।

हमारे डिजाइन स्प्रिंट में हम शाम ५ बजे को कटऑफ टाइम मानते हैं।

या फिर आप अपना हाइलाइटर इस्तेमाल कर सकते हैं। जब भी काम छोड़ने का समय हो तो सोचें कि क्या आपने अपना हाइलाइट पूरा कर लिया है। अगर ऐसा है तो आपको पता होगा कि आप अपने लिए दिन का सबसे जरूरी काम कर चुके हैं। आपने कितना काम किया, कितना नहीं किया या कितने घंटे काम किया या नहीं किया, इससे कोई अंतर नहीं पड़ता। आप उस दिन को आनंद, संतोष और उपलब्धि के साथ देख सकेंगे।

और अगर आपने हाइलाइट पूरा नहीं किया क्योंकि आपको किसी और जरूरी परियोजना में उलझना पड़ा तो फिर भी आपको संतोष होगा कि आपने एक तत्काल पूरा होनेवाला काम तो किया है। गुड जॉब! अब आपको इनबॉक्स पर ध्यान न देते हुए खुद को गुड नाइट कह देना चाहिए।

**जेज़ी**

2005 में, मैं शिकागो के टेक स्टार्ट-अप में काम करने लगा। यह मेरी पहली फुल टाइम नौकरी थी और मुझे पहली बार पता करना था कि इतने बड़े दिन में ऊर्जा का प्रबंधन कैसे किया जा सकता था। मैंने झट से सीख लिया कि मेरे लिए लंच से पहलेवाले घंटों में काम पर केंद्रित होना आसान था इसलिए जब मैं खुद को देर शाम किसी मुश्किल लगनेवाले काम के बीच पाता तो उसे वहीं छोड़ देता ताकि अगले दिन की भरपूर ऊर्जा के बीच उसे पूरा किया जा सके। यह तरीका हमेशा कारगर रहता क्योंकि पिछली रात की नींद मुझे फिर से तरोताज़ा कर देती। अंदर से हिम्मत और ताकत खत्म महसूस होने पर आराम करने के बाद दोबारा काम करने से काम पूरा होने में समय भी नहीं लगता था।

# लेज़र

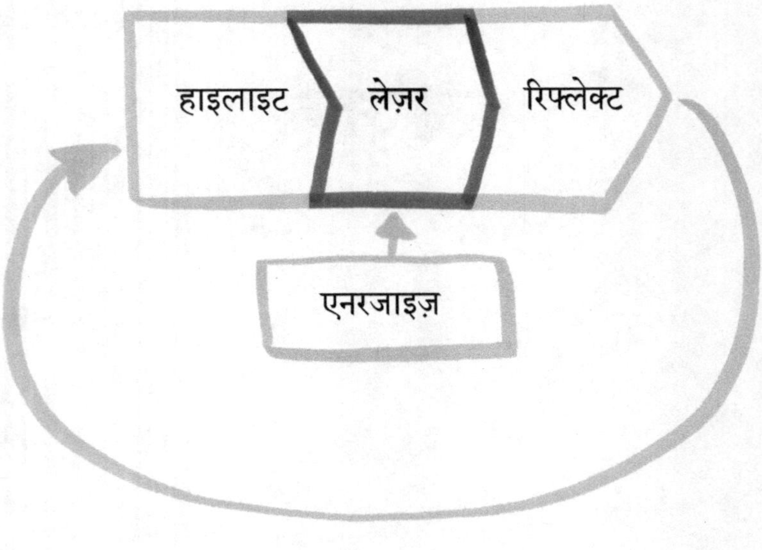
हाइलाइट
लेज़र
रिफ्लेक्ट
एनरजाइज़

पूरा ध्यान देना, यही हमारा अंतहीन और उपर्युक्त कार्य है।

- मैरी ओलिवर

ठीक है, आपने दिन के लिए हाइलाइट चुन लिया है और आपने अपनी व्यस्त दिनचर्या में से समय भी निकाल लिया है। अब समय आ गया है कि आप फोकस करें। और बेशक, यही सबसे मुश्किल काम है।

यह अध्याय आपको एक मानसिक अवस्था की जानकारी देता है, जिसे लेज़र कहते हैं। जब आप लेज़र मोड में होते हैं तो आपका ध्यान वर्तमान पर इस तरह केंद्रित होता है, मानो किसी निशाने पर लेज़र बीम केंद्रित हो। आप पूरी तरह से प्रवाह में मग्न और अपने पल में डूबे हुए होते हैं। जब आप अपने हाइलाइट पर लेज़र फोकस होते हैं तो यह बहुत अच्छा लगता है - जब आप अपने लिए महत्त्वपूर्ण चीज़ों का चुनाव करते हैं तो आपको यह अवस्था उपहार में मिलती है।

लेज़र शब्द सुनने में गहरा लग सकता है पर अगर आपने एक हाइलाइट और स्पष्ट समय चुना है तो इसमें कोई जटिलता नहीं होनी चाहिए। जब आप कुछ ऐसा करते हैं, जिसकी आपको परवाह है और आपके पास फोकस करने की एनर्जी है तो लेज़र मोड अपने-आप ही सामने आ जाता है।

जब तक ... आपका ध्यान नहीं भटकता। ध्यान का भटकना ही लेज़र मोड का दुश्मन है। मानो आपके लेज़र बीम के आगे कोई बड़ा सा डिस्को बॉल आ गया

हो : तब आपके निशाने को छोड़कर, लाइट हर दूसरी दिशा में जाती है। जब ऐसा होता है तो आप आसानी से अपने हाइलाइट को खो सकते हैं।

हम आपके बारे में तो नहीं जानते पर हम दोनों का ध्यान आसानी से भटक जाता है। बहुत ज़्यादा भटकता है। ई-मेल से ध्यान भटक जाता है। ट्विटर से ध्यान भटक जाता है। फेसबुक से ध्यान भटक जाता है। हम खेल या राजनीति की खबरों, तकनीक की खबरों या एक उपयुक्त जीआईएफ की खोज में अपने काम को भुला देते हैं। हम तो यह अध्याय लिखते हुए भी अपने काम से भटक गए थे। अंततः हमने अपना ध्यान वापस पा लिया।

हमें उम्मीद है कि आप हमें कठोरता से नहीं परखेंगे, सारी दुनिया ही हमारा ध्यान भटकाने के लिए बनी है। हमारे इनबॉक्स, वेब या फिर जेब में चमचम करते फोन में हमेशा ही कुछ नया होता है और हम खुद को बस में नहीं रख पाते : एप्पल का दावा है कि लोग औसतन दिन में अस्सी बार अपना फोन खोलते हैं और 2016 में ग्राहक शोधकर्ता फर्म डिस्काउट ने पाया कि लोग दिन में 2,617 बार अपने फोन को छूते हैं। ध्यान का भटकना ही नया डिफॉल्ट बन गया है।

इस दुनिया में, आपके फोकस को बचाने के लिए संकल्प शक्ति का होना ही बहुत नहीं है। हम ऐसा इसलिए नहीं कह रहे कि हमें आप पर विश्वास नहीं या हम अपनी ही कमजोरी को जायज़ ठहराना चाहते हैं। हम ऐसा इसलिए कह रहे हैं क्योंकि हम जानते हैं कि आप किस बात के खिलाफ हैं। याद रखें, हमने ही दो बेहतरीन इन्फिनिटी पूल बनाए हैं। हमने ध्यान भटकानेवाले इस उद्योग को अंदर से देखा है और हमें अच्छी तरह पता है कि इससे बचना मुश्किल क्यों है और आप तकनीक की मदद से अपना खोया हुआ नियंत्रण कैसे पा सकते हैं। हमारी कहानियाँ आपके सामने हैं :

## ई-मेल के साथ प्रेम प्रसंग

**जेक**

हाईस्कूल के दौरान 1992 में, मैंने इसे पहली बार देखा और लगा कि यह दुनिया की सबसे कूल चीज़ों में से थी। एक मैसेज टाइप करो, सैंड बटन दबाओ और आपके शब्द प्रकाश की भी तेज गति से तत्काल दूसरे कंप्यूटर पर जा चुके होंगे - भले ही वह कंप्यूटर सड़क के दूसरी ओर हो या दुनिया के दूसरे कोने में रखा हो। है न कमाल!

हालाँकि उस समय बहुत से लोग इससे अनजान थे, मैं इसकी मदद से लड़कियों को प्रभावित करने की कोशिश करता। मैं कहता, 'हे लेडीज! यह बातचीत करने का कमाल का साधन है। आप मुझे ई-मेल भेजें और मैं आपको उसका जवाब दूँगा!' बड़ी हैरानी की बात थी कि यह रणनीति सफल नहीं रही और लंबे समय तक मैं लड़कियों और ई-मेल के मामले में केवल संभावनाओं पर विचार करने के सिवा कुछ नहीं कर सका।

बेशक धीरे-धीरे ई-मेल लोगों में लोकप्रिय होने लगे। 2000 तक, जब मुझे मेरी पूरी फुलटाइम जॉब मिली तो यह संप्रेषण का प्रमुख साधन था। हालाँकि मैं ऑफिस के बोरिंग काम के लिए इसका इस्तेमाल कर रहा था पर फिर भी इसमें कुछ तो जादुई था जो पलभर में दुनिया की सैर कर सकता था।

जब मैं 2007 में गूगल से जुड़ा तो जीमेल टीम के साथ काम करने का मौका मिला, तब अपने नसीब पर यकीन सा नहीं आया। अगर किसी अंतरिक्ष यात्री की नौकरी मिल जाती तो भी इतना रोमांच महसूस न होता।

मैंने बहुत मन लगाकर, जीमेल को बेहतर और आसान बनाने के उपाय किए। मैंने ऑटोमेटिक रूप से मेल को व्यवस्थित करने पर काम किया पर इसके अलावा मैसेज में इमोजी डालने और विजुएल थीम्स

को शामिल करनेवाले मजेदार काम भी करता रहा ताकि यूजर्स अपने इनबॉक्स को पर्सनलाइज़ कर सकें।

हम चाहते थे कि जीमेल को सबसे बेहतर ई-मेल सेवा बना दिया जाए। और प्रगति की जाँच का तरीका यही था कि हम देखें कि कितने लोग जीमेल का कितना और कैसा इस्तेमाल करते थे। जब लोग नया एकाउंट बनाते थे तो क्या वे कुछ समय तक हमारे साथ रहते या हमें छोड़कर चल देते? क्या वे बार-बार वापस आते थे ताकि हम विश्वास कर सकें कि हम उन्हें पसंद थे? हमारे पास औसतन आँकड़ों का अंबार था, जिनसे इन बातों का पता लगाया जा सकता था।

समय के साथ, हम देख सकते थे कि जीमेल आगे जा रहा था और हम देख सकते थे कि क्या हमारे प्रयोग ऐसे उत्पाद बना रहे थे, जो लोगों को लुभा सकें। हर दिन रोमांच से भरपूर था। हर सुधार लाखों लोगों के जीवन को थोड़ा और बेहतर बनाता था। सुनने में आपको अजीब लग सकता है पर मुझे तो यही लगता था कि मैं दुनिया को बेहतर जगह बनाने में मदद कर रहा था।

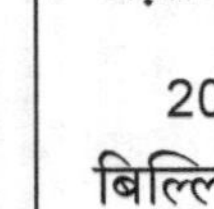

**यू ट्यूब को रीडिज़ाइन करना**

**जेज़ी**

2009 में, यू ट्यूब को मैं ऐसे मीडियम के रूप में जानता था जो बिल्लियों के मजेदार वीडियो और स्केटबोर्डिंग करते कुत्तों के वीडियो दिखाता था। और सच कहूँगा; जब मैं पहली बार इसकी डिज़ाइनर टीम के पास गया तो मेरी इसमें बहुत दिलचस्पी नहीं थी। मैं जानता था कि यह लोकप्रिय था पर यह एक चलताऊ वेबसाइट से ज्यादा नहीं लगता था।

पर इसके बारे में जितना जानता गया, मेरा उत्साह बढ़ता गया। इससे जुड़े लोगों ने अपना विज़न बताया कि वे एक ऐसा टी.वी. बनाना चाहते थे, जो हर संभव विषय पर लाखों-करोड़ों वीडियो दिखानेवाला चैनल हो। यू ट्यूब उस समय जो दिखा रहा था, केवल उसी से संतुष्ट होने के बजाए आपको ऐसे चैनल देना चाहता था, जो आपकी रुचियों से मेल खाते हों। इसके अलावा एक खास बात यह थी कि इस पर कोई भी वीडियो पोस्ट कर सकता था यानी यह फिल्म बनानेवालों, संगीतज्ञों और अन्य कलाकारों के लिए ऐसा मंच बननेवाला था जिस पर वे अपनी परियोजनाओं को दिखा सकते थे। इस पर कोई भी विषय देखा और खोजा जा सकता था।

यह एक बड़े अवसर की तरह लगा इसलिए मैंने साइन अप करने का निर्णय लिया। जनवरी 2010, मैं और मेरी पत्नी सैन फ्रांसिस्को आ गए और यू ट्यूब टीम का हिस्सा बने।

मैंने सब शुरू करने के बाद सीखा कि यू ट्यूब किस तरह एक ऐसे विजन में बदल गया, जिससे हम अपने काम को मापते थे। स्केटबोर्डिंग करनेवाले कुत्तों के जमाने में यह बड़ी बात थी कि उन वीडियोज़ को कितने लोग देख रहे थे? वे साइडबार में दिख रहे वीडियो पर कितनी बार और कब-कब क्लिक करते थे? पर जब हमने चैनलों पर फोकस किया तो हम मिनटों पर ध्यान देने लगे : लोग यू ट्यूब पर कितना समय लगा रहे थे? क्या वे चैनल के अगले वीडियो तक रुकते थे? यह एक पूरी तरह से नई सोच थी।

मैंने अपनी नई नौकरी के दौरान सीखा कि कंपनी के लिए यह काम कितना अहम था। एक बड़ा सा कार्यालय, सैंकड़ों होनहार सहकर्मी और गहराई तक गया हुआ एक्जीक्यूटिव फोकस, वाकई यू ट्यूब के बारे में जो छवि बना रखी थी, यह सब तो उससे बहुत ही अलग था। जब मेरी नई टीम ने मिलकर यू ट्यूब को रीडिजाइन किया और इसे चैनल केंद्रित बना दिया तो यह मेरे लिए बड़ी बात थी – हमें अपने सीईओ के कार्यालय को 'वार रूम' की तरह प्रयुक्त करने की अनुमति मिली। सीईओ! उसे यू ट्यूब को बेहतर बनाने की इतनी परवाह थी कि वह

अपना ऑफिस तक हमारे लिए छोड़ने को तैयार था।

हमारी कोशिशें रंग लाईं। हमने 2011 के आखिर में, अपना बड़ा रीडिजाइन पेश किया और लोग हमारे चैनल्स को सब्सक्राइब करने लगे। वे हमारे वीडियो देखने में ज्यादा समय देने लगे। 2012 के आरंभ में, प्रेस में हमारे नतीजे सामने आने लगे। मिसाल के लिए, लंदन के डेली मेल ने लिखा, 'यू ट्यूब सफलतापूर्वक एक पूरी वेब टीवी सीरिज में बदल गया है।' उन्होंने आँकड़े दिखाते हुए बताया कि पिछले साल की तुलना में वीडियो देखनेवाले पहले से अधिक समय तक वीडियो देखने लगे थे। डेली मेल के विश्लेषण देखकर हमारे दिल गा उठे : 'इस बदलाव का श्रेय यू ट्यूब के हाल ही में हुए रीलॉन्च को था, जिसने टी. वी. जैसे चैनल्स पर फोकस किया और लंबे शो दिखाने लगा।'

हम खुशी से झूम रहे थे। यू ट्यूब का विज़न अपने आपमें एक दुर्लभ परियोजना थी जिसमें विज़न, रणनीति और क्रिया एक साथ सामने आए। जेक की तरह, मुझे और सहकर्मियों को काम से प्यार था। मिनट दर मिनट, हम लोगों के दिनों को खुशहाल बनाते जा रहे थे।

## इन्फिनिटी पूल के लोभ से बचना इतना मुश्किल क्यों है

ठीक है, ये हमारी कहानियाँ हैं। आपने क्या गौर किया? बेशक ये स्टीरियोटाइप सिलीकॉन वैली के किस्से हैं : कुछ आदर्शवादी पढ़ाकू मिलकर कूल टैक्नीक पर काम करते हैं और दुनिया बदल देते हैं। पर अगर आप इन किस्सों की गहराई में उतरें तो आप देखेंगे कि इनमें एक गुप्त सामग्री है, जो इन्फिनिटी पूल के अदम्य आकर्षण को बताती है।

**पहला, इनमें तकनीक के लिए जुनून होता है।** वह नकली नहीं था। हमने उसे तब भी महसूस किया। हम अब भी महसूस करते हैं। आप हज़ारों तकनीकी कर्मचारियों के जुनून को कई गुना कर दें और आपको पता चल जाएगा कि उद्योग किस तरह तेजी से परिष्कृत गैजेट और टैक्नोलॉजी सामने ला रहा है। इन्हें बनानेवाले लोगों को अपने काम से प्यार है और वे आनेवाले कल की तकनीक सामने लाने को बेचैन हैं। उनका सच में मानना है कि उनकी तकनीक दुनिया को सुधार रही है। जब लोग अपने काम के लिए जुनून रखते हैं तो उनका काम भी बेहतरीन होता है। ईमेल जैसे

इन्फिनिटी पूल उत्पाद या ऑनलाइन वीडियो के लालच से बचना इतना मुश्किल क्यों है? इन्हें बहुत दिल से बनाया जाता है।

इसके अलावा, इनमें लगातार सुधार के लिए परिष्कृत माप और क्षमता होती है। गूगल में, हमें इस बारे में लोगों के अनुमानों पर भरोसा नहीं करना होता था कि वे क्या चाहते हैं; हम अपनी मर्जी से प्रयोग करते हुए गुणात्मक उत्तर पा सकते थे। लोग इस तरह के वीडियो देखने में ज्यादा समय दे रहे थे या दूसरी तरह के वीडियो देखने में ज्यादा समय लगा रहे थे? क्या वे रोज़ जी-मेल पर वापस आ रहे थे? अगर आँकड़े बढ़ रहे थे तो इसका मतलब था कि सुधार काम कर रहा था और हमारे ग्राहक खुश थे। अगर खुश नहीं थे तो हम कुछ और आज़मा सकते थे। असल में सॉफ्टवेयर रीडिजाइन या रीलॉन्च करना आसान नहीं होता पर यह कार का नया मॉडल बनाने से कहीं आसान है। इसलिए दूसरी गुप्त सामग्री है, विकास। तकनीकी उत्पाद नाटकीय रूप से, एक से दूसरे साल में सुधार कर सकते हैं।

हम दोनों आगे बढ़े पर हमने आसपास के माहौल पर पूरी नज़र रखी। समय के साथ प्रतियोगिता बढ़ती गई। पहले जीमेल हॉटमेल या याहू जैसे वेब बेस्ड ई-मेल सेवाओं के खिलाफ था। धीरे-धीरे, जब लोग सोशल नेटवर्क के माध्यम से संदेश देने लगे तो जीमेल ने भी फेसबुक के साथ प्रतियोगिता चालू कर दी। जब आई फोन और एंड्रॉयड फोन सामने आए तो जीमेल को स्मार्टफोन के एप्स से भी प्रतियोगिता करनी पड़ी।

यू ट्यूब के लिए तो यह मुकाबला और भी कड़ा था। यूट्यूब केवल दूसरे वीडियो वेबसाइट्स के साथ ही प्रतियोगिता नहीं करता। इसे आपके संगीत, मूवी, वीडियो गेम, ट्विटर, फेसबुक और इंस्टाग्राम से भी मुकाबला करना पड़ता है। और बेशक, यह टी.वी. से भी अपनी प्रतियोगिता लड़ता है। एक औसत अमेरिकी अब भी रोज़ 4.30 घंटे टी.वी. देखता है। टी.वी. पहले से बेहतर होता जा रहा है यह एक सबसे बेहतर बिंज-वर्दी सीरिज पाने की लगातार होनेवाली दौड़ का नतीजा है।

जीमेल और यू ट्यूब प्रतियोगिता तो नहीं जीते पर इसी सिलसिले में उन्होंने बहुत प्रगति की। 2016 में, जीमेल के एक बिलियन यूजर हो चुके थे। 2017 में यू ट्यूब ने ऐलान किया कि इसके डेढ बिलियन यूजर्स हो चुके थे और वे रोज वीडियोज़ देखने में लगभग एक घंटे का समय दे रहे थे।

इस दौरान, लोगों का समय पाने की यह प्रतियोगिता और बड़ी होती गई।

2016 में, फेसबुक ने कहा कि इसके 1.65 बिलियन यूजर्स रोज 55 मिनट इसकी सेवाओं के बीच बिता रहे थे। उसी साल, एक और नए खिलाड़ी स्नेपचैट ने कहा कि 100 मिलियन यूजर्स रोज इसके एप पर 25 से 30 मिनट का समय बिता रहे थे। दूसरे एप्स और वेबसाइट के बारे में कुछ नहीं कहा जा सकता था। कुल मिलाकर, 2017 में, अध्ययनों से पता चला कि अमेरिकी दिन में चार घंटे से ज्यादा समय दे रहे थे।

यही प्रतियोगिता तीसरी गुप्त सामग्री थी, जिसने आधुनिक तकनीक को और भी ताकतवर बना दिया। जैसे ही कोई सर्विस अपना कोई नया फीचर लाती है या सुधार करती है तो उसके प्रतियोगी भी कमर कस लेते हैं। अगर आप एक एप या गेम से संतुष्ट नहीं होते तो दूसरी बार बटन दबाते ही आपके पास और कई सारे विकल्प मौजूद होते हैं। हमेशा, हर समय, हर चीज़, एक-दूसरे के खिलाफ होती है। यही उत्तरजीवित (survival) का सिद्धांत है और उत्तरजीवी (survivors) कुछ कम उस्ताद नहीं हैं।

चौथा कारण है - इन्फिनिटी पूल लत की तरह हैं? ये सभी तकनीकें आपके दिमाग की सहज वायरिंग का लाभ उठाती हैं, जो इस दुनिया में माइक्रोचिप्स के बिना विकसित हुई है। हमारा ध्यान आसानी से भटकता है, ऐसा इसलिए है ताकि हम अपने आसपास के खतरों से अनजान न रहें। हमें रहस्य और किस्से पसंद हैं क्योंकि ये हमें कुछ सीखने और संवाद करने में सहायक होते हैं। हमें गप्पें मारना और सामाजिक स्तर की चाह रखना पसंद है क्योंकि इससे हमें अपने लिए सुरक्षात्मक कबीले बनाने में मदद मिली। और हमें अनचाहे और अनजाने मिलनेवाले इनाम पसंद है। फिर चाहे वह ब्लैकबैरी बुश या स्मार्टफोन की नोटिफिकेशन ही क्यों न हो क्योंकि इन्हीं पुरस्कारों की संभावना में ही हम शिकार और संग्रह की उम्मीद बनाए रखते थे, फिर चाहे हमें खाली हाथ घर वापस क्यों न आना पड़े। हमारे आदिमानव मस्तिष्क ही चौथी गुप्त सामग्री हैं। बेशक हमें ई-मेल, वीडियो गेम, फेसबुक, ट्विटर, इंस्टाग्राम और स्नैपचैट पसंद हैं - यह सब वाकई हमारे डीएनए का हिस्सा है।

**यह इंतज़ार न करें कि तकनीक आपका समय वापस करेगी**

देखिए, हमें तकनीक से प्यार है। पर इसके साथ ही एक गंभीर परेशानी भी जुड़ी है। अगर औसत इंसान द्वारा फोन पर बिताए जानेवाले चार घंटों में टी.वी. देखने के घंटे भी जोड़ दिए जाएँ तो वाकई यह ध्यान भटकाने के साधन उसका लगभग पूरा दिन बरबाद कर देते हैं। यहीं से हमें पाँचवीं गुप्त सामग्री का सुराग मिलता

है। जब आप इन उत्पादों का प्रयोग करते हैं तो तकनीकी कंपनियों को आमदनी होती है। वे आपको अपनी मर्जी से छोटी खुराक नहीं देंगे; वे आपको भारी खुराक देने में यकीन रखते हैं। अगर आप आज इन्फिनिटी पूल की लत से नहीं बच पा रहे तो आनेवाला कल तो और भी डरावना होगा।

हालाँकि हम साफ शब्दों में कहना चाहते हैं कि इसके पीछे कोई बुरी मंशा नहीं है। हम यह नहीं मानते कि यह 'हम बनाम उन्हें' वाला मामला है, जिसमें तकनीकी कंपनियाँ अपने असहाय ग्राहकों को अपने जाल में फँसाकर दुष्टों की तरह दाँत निकालकर हँस रही हैं। ऐसा बिलकुल नहीं है। हम स्वयं इन कंपनियों का हिस्सा रहे हैं और वे अपने लिए ऐसे पढ़ाकू कर्मचारी चाहती हैं, जो आपके जीवन और दिनों को बेहतर बना सकें। हम लोग आधुनिक तकनीक की मदद से अपना बेहतरीन देने में जुटे हैं क्योंकि यह बहुत ही उल्लेखनीय है और हमारे जीवन को रोचक और मजेदार बनाती है। जब हम फोन पर किसी अनजान शहर में जाते हैं, दोस्त को वीडियो कॉल करते हैं या कुछ ही सैकेंड में पूरी किताब डाउनलोड कर लेते हैं तो लगता है कि हमारे हाथ में सुपरपावर्स आ गईं।

पर हमें हमेशा इस आधुनिक तकनीक से बेहतरीन ही नहीं मिलता। हमें इसे संपूर्ण रूप में अपनाना पड़ता है। हमें हर स्क्रीन पर अपने लिए उल्लेखनीय सुपरपावर्स के अलावा ध्यान भटकने की लत भी उपहार में मिलती है। तकनीक जितनी बेहतर होती जाती है, हमारी सुपरपावर उतनी कूल होती जाती है और ये मशीनें हमारा उतना ही समय और ध्यान लेने लगती हैं।

हमें अब भी उन समझदार पढ़ाकू कर्मचारियों पर पूरा यकीन है कि वे बहुत कम बाधाओं के बीच और अधिक सुपरपावर देने के रचनात्मक तरीके खोज लेंगे। पर एप्पल ने आईफोन के लिए जो भी किया या गूगल ने एंड्रॉयड के लिए जो भी किया, ये हमेशा आपका ध्यान पाने के लिए कड़ी प्रतियोगिता रखेंगे। आप यह प्रतीक्षा नहीं कर सकते कि कंपनियाँ या सरकारी नियामक आपको आपका केंद्र वापस करेंगे। अगर आप अपने जीवन को नियंत्रित रखना चाहते हैं तो आपको स्वयं ही तकनीक के साथ अपने संबंध को नए सिरे से परिभाषित करना होगा।

## बाधा के लिए अवरोधक चुनें

हम जैसे उत्पाद डिजाइनर्स ने दशकों का समय दिया ताकि इन उत्पादों से जुड़े अवरोधकों को हटाकर आप तक इनकी पहुँच और पहल को आसान बनाया

जा सके। आपको अपना लेज़र मोड और फोकस फिर से वापस पाने के लिए इन अवरोधकों या बैरियर्स को फिर से वापस लाना होगा।

आगे आनेवाले पन्नों में, हम आपको कई तरह के उपाय देंगे, जिनकी मदद से आप अपने लेज़र मोड़ को आसानी से पा सकेंगे, इनमें आपके लिए बाधारहित फोन बनाने से लेकर, आपके लिविंग रूम के फर्नीचर को नए सिरे से लगाने जैसे उपाय तक शामिल हैं ताकि आपके टी.वी. देखने के घंटे कम से कम हो सकें।

ये सभी उपाय एक ही फिलॉसफी पर आधारित हैं। बाधा को दूर करने का तरीका यही है कि आप इसके लिए अपनी प्रतिक्रिया को और कड़ा कर दें। आपको कुछ बैरियर्स लगाने होंगे, जिन्हें पार करने के बाद ही आप फेसबुक चेक कर सकते हैं या टी.वी. चलाकर समाचार सुन सकते हैं। या फिर आप उस साइकिल को शॉर्ट सर्किट कर सकते हैं, जो आपके लिए इन उत्पादों को सहज बनाता है। कुछ ही दिन के बाद, आपके पास नए डिफॉल्ट सैट होंगे; आपका ध्यान भटकना बंद हो जाएगा, आप पहले से केंद्रित होंगे। आप अपनी मर्जी से प्रतिक्रिया देंगे और भावों में बहने के बजाए अपने बस में रहेंगे। बस आपको अपने लिए थोड़ी सी असुविधा रचनी होगी। जब बाधा आपके सामने होगी तो आपको संकल्पशक्ति की चिंता नहीं करनी होगी। आप चाहें तो अपनी ऊर्जा को बरबाद करने के बजाए काम में लगा सकते हैं।

जब आप स्वयं को बाधा और ध्यान के बीच गेंद की तरह भटकाने के बजाए लेज़र मोड में रहना सीख लेंगे तो न केवल समय का पूरा सदुपयोग कर सकेंगे बल्कि उच्च-गुणवत्ता से भरपूर समय बना सकेंगे। हर बाधा के लिए आपके केंद्र की गहराई कीमत अदा करती है। जब आपका दिमाग किसी संदर्भ को बदलता है यानी वह किसी संदेश का उत्तर देने के बाद अपने काम पर वापस आता है तो उसे काम बदलने की कीमत चुकानी पड़ती है। आपके दिमाग को वर्किंग मेमोरी में अलग तरह के नियम और सूचना शामिल करने पड़ते हैं। इस 'बूट-अप' में कुछ मिनट का समय लगता है और जटिल कामों में थोड़ा ज्यादा समय लग सकता है। हम दोनों ने पाया कि अगर हम पूरे दो घंटों तक बिना किसी बाधा के लेखन का काम करते हैं, तब हमारे लिए अपना बेहतरीन देना आसान होता है, कई बार अपने जोन में वापस आने में वाकई कई दिन लग जाते हैं।

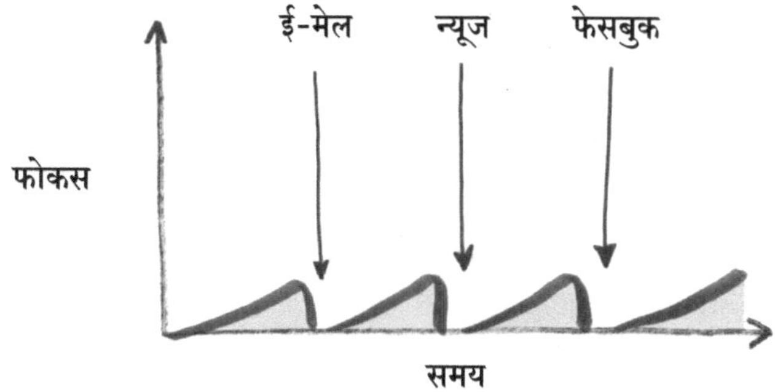


यह कंपाउंड इंट्रेस्ट की तरह है, जिसे चक्रवृद्धि ब्याज भी कहते हैं। आप अपने हाइलाइट पर जितनी देर केंद्रित रहते हैं, यह आपके लिए उतना ही गहरा होगा और आप और बेहतर काम कर सकेंगे।

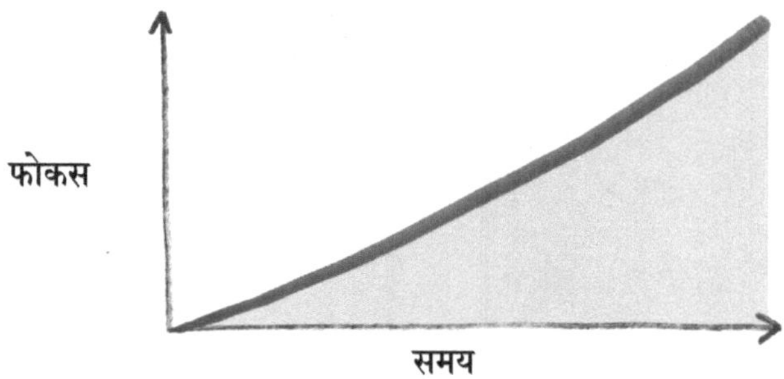


पर लेज़र मोड के फायदे बस आपके और आपके हाइलाइट के लिए नहीं हैं। हम सभी बाधाओं और अड़चनों के बीच इसलिए हैं क्योंकि बाकी सब भी यही कर रहे हैं। यह कुछ चूक जाने का डर है, जिसे फोमो कहते हैं - फियर ऑफ मिसिंग आउट और हम सभी इसके शिकार हैं। अगर नया एचबीओ सीरीज़ नहीं देखा तो हम आपस में गपशप कैसे कर सकेंगे या फिर ट्रंप के लेटेस्ट ट्वीट पढ़ने हैं और ब्रांड-न्यू आईफोन के फीचर्स तो पता होने ही चाहिए? बाकी सब भी तो यही कर रहे हैं और हम नहीं चाहते कि हम इस दौड़ में कहीं पीछे छूट जाएँ।

हम आपको प्रोत्साहित करना चाहेंगे कि आप उस परिदृश्य को एक अलग नज़र से देखें: यह आपके लिए एक अलग तरह से सामने आने का अवसर बन सकता है। अगर आप अपनी प्राथमिकताओं को बदल देंगे तो लोगों का ध्यान आपकी ओर जाएगा। आपके काम दिखाएँगे कि आपके लिए क्या अहमियत रखता है। जब आपके दोस्त, सहकर्मी, परिवार और बच्चे देखेंगे कि आप अपनी मर्जी से

अपना समय बिता रहे है। तो आप उन्हें अनुमति देंगे कि वे भी अपने डिफॉल्ट पर सवाल उठाते हुए अपने ही बनाए इन्फिनिटी पूल्स से बाहर आ सकेंगे। आप केवल अपने और अपने हाइलाइट के लिए ही समय नहीं निकाल रहे बल्कि आप अपने आसपास के लोगों के लिए भी एक अच्छी मिसाल कायम कर रहे हैं।

इसके बाद हम आपको अपने लेज़र उपाय देने जा रहे हैं: ऐसे उपाय जिनसे आप अपने फोन, एप, इनबॉक्स और टी.वी. को नियंत्रित रख सकते हैं और लेज़र मोड में आने के बाद उसमें बने रह सकते हैं ताकि आप अपने हाइलाइट का आनंद उठा सकें।

लेज़र उपाय

# अपने फोन के बॉस बनें

## 17. आपके पास बाधारहित फोन होना चाहिए

यह एक तरह से मेरे लिए सुकून ही है, अब मैं इससे परेशान नहीं रहता ...
कभी-कभी ऐसा लगता था मानो कोई आँख मुझे देख रही है ...
मैंने पाया कि अगर यह मेरी जेब में न होता तो मुझे चैन नहीं आता था।

-बिल्बो बेगिन्स

अपने समय और ध्यान को वापस पाने के लिए शायद सबसे सरल और ताकतवर उपाय यही होगा कि हम अपने फोन्स से ईमेल और दूसरे इन्फिनिटी पूल एप्स बाहर निकाल दें। हमारे पास 2012 से ही बाधारहित फोन हैं और न केवल हम आज तक जीवित हैं बल्कि हम पहले से कहीं विकसित हुए हैं - हमारे काम और अधिक असरदार हुए और अब हम अपने दिनों का और बेहतर आनंद ले सकते हैं।

**जेक**

मेरा फोन भी जेब से मुझे उसी तरह पुकारता था जैसे बिल्बो को उनका फोन याद करता था। ज्यों ही मैं हल्की सी भी ऊब महसूस करता, उसी समय किसी जादू की तरह मेरा फोन हाथ में आ जाता। अब इन्फिनिटी पूल एप्स के न होने की वजह से बेचैनी कम हो गई है। अब वे पल नहीं आते, जब मुझे मजबूरन फोन हाथ में लेना पड़ता था, मुझे ठहरना पड़ता है और फिर पता चलता है कि वे क्षण वाकई इतने नीरस या बोझिल भी नहीं थे।

**जेज़ी**

बाधा-रहित फोन पास होने से मेरा पूरा दिन शांत गुजरता है। जब मैं लेज़र मोड में जाता हूँ, केवल तभी नहीं बल्कि समय बिताने के लिए भी बाधारहित फोन मेरे काम आता है।

पर जब लोग हमारी इस जीवनशैली के बारे में जानते हैं तो उन्हें लगता है कि हमारा दिमाग घूम गया है। हम पैसा जोड़कर एक फ्लिप फोन क्यों नहीं ले लेते?

बात यह है कि भले ही चाहे आप सारे इन्फिनिटी पूल से छुटकारा पा लें पर स्मार्ट फोन फिर भी एक जादुई डिवाइस है। मैप, ड्राइविंग के निर्देश, संगीत, पॉडकास्ट, कैलेंडर और कैमरा इसमें ऐसे कई एप्स हैं, जो हमारे समय को नष्ट किए बिना कई तरह से हमारी दिनचर्या को निखारते हैं।

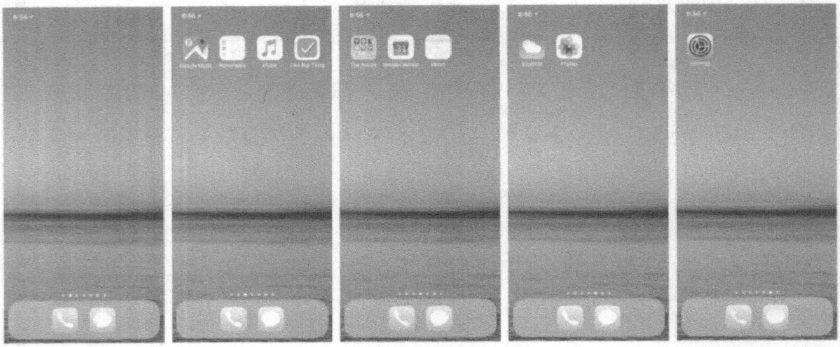

और अगर पूरी ईमानदारी से कहें तो हमें लगता है कि स्मार्टफोन कूल होते हैं। इसके अलावा, हम लोग समय की कद्र करनेवालों के अलावा गैजेट पसंद करनेवाले लोग भी हैं। 2007 में, जेज़ी ने अपने पहले आईफोन के लिए लाइन में इंतज़ार किया था। दस साल बाद, जेक ने भी रिलीज डेट पर आईफोन एक्स ऑर्डर करने का इंतज़ार किया। हमें हमारे फोन से प्यार है – बस हम यह नहीं चाहते कि हर समय, हमेशा उनका इस्तेमाल किया जाए। बाधारहित फोन के साथ हम घड़ी को थोड़ा और सरल समय की ओर ले जा सकते थे ताकि आधुनिक तकनीक का इस्तेमाल तो होता रहे पर इसके साथ ही हमारे काम में बाधा भी न आए।

बेशक, बाधारहित फोन सबके लिए नहीं हो सकता। कुछ लोगों को ईमेल, सोशल मीडिया, वेब ब्राउजर्स वगैरह के बिना आनेवाला स्मार्ट फोन एक बेवकूफी से भरा उपाय लग सकता था और हम यह मानने को तैयार हैं कि कुछ लोगों के पास हमसे बेहतर आत्म-संयम हो सकता है। हो सकता है कि आपके मन में लगातार यह बात न आती हो कि आपको जेब से फोन निकालकर देख लेना चाहिए। हो सकता है कि आप अपने ईमेल और सोशल मीडिया की न्यूजफीड को अपने बस में रखने की कला जानते हों।

वैसे भी हमारा मानना है कि हर किसी को अपनी अंगुलियों के इशारे पर मिलनेवाली इस लगातार जानकारी की कोई न कोई कीमत अदा करनी पड़ रही है। हो सकता है कि आपका ध्यान उस तरह न भटकता हो, जितना हमारा भटकता है पर फिर भी आपके फोन का डिफॉल्ट ऐसा हो सकता है, जो आपको काम पर फोकस न करने देता हो। भले ही आपका फोन आपके नियंत्रण में है पर हम आपको इस बात के लिए प्रोत्साहित करेंगे कि आपको कुछ समय तक प्रयोग की तरह बाधारहित फोन को आज़माना चाहिए। भले ही आप लंबे समय तक ऐसा न करें पर आपको अपने डिफॉल्ट पर विचार करने का समय मिल सकेगा।

संक्षेप में, आपको कुछ उपाय दिए जा रहे हैं, इन्हें आज़माकर देखें और अगर इस बारे में विस्तार से जानकारी पाना चाहते हों तो आईफोन और एंड्रॉयड के लिए स्क्रीनशॉट्स के साथ निम्नलिखित पते पर जानकारी प्राप्त करें : maketimebook.com

### 1. सोशल एप्स को हटा दें

सबसे पहले अपने फोन से फेसबुक, इंस्टाग्राम, ट्विटर, स्नैपचैट और वह सब हटा दें, जो हमारी किताब लिखे जाने तक आ चुका होगा। चिंता न करें। अगर आपने इन सबको बाद में रखने का मन बनाया तो इन्हें दोबारा आसानी से इंस्टॉल किया जा सकता है।

### 2. दूसरे इन्फिनिटी पूल एप्स भी हटा दें

ऐसा कोई भी इन्फिनिटी पूल एप हटा दें, जिसमें आपके लिए रोचक सामग्री हो सकती है। इसमें गेम्स, न्यूज एप्स और यू ट्यूब जैसे स्ट्रीमिंग वीडियो शामिल हैं। अगर आप बिना सोचे-समझे इसे रिफ्रेश करके देखते रहे तो बेशक यह आपके घंटों बरबाद कर देगा, इनसे छुटकारा पा लें।

### 3. ई-मेल हटाकर अपना एकाउंट बंद करें

ईमेल एक प्रलोभन देनेवाला इन्फिनिटी पूल है और बिज़ी बैंडवैगन का धड़कता हुआ दिल माना जा सकता है। और चूँकि फोन पर आप सही तरह से ई-मेल के जवाब नहीं दे सकते (समय सीमा और टच स्क्रीन पर टाइप से आनेवाली दिक्कतों की वजह से) इसलिए यह कई बार बेचैनी की वजह बनता है। हम अपने फोन पर ईमेल देख सकते हैं पर अक्सर यह यही याद दिलाता है कि हम किसी काम में पिछड़ गए हैं। अपने फोन से ई-मेल हटा दें और आप इसके साथ ही बहुत सारे

तनाव को भी दूर कर सकेंगे।

अक्सर ई-मेल एकांउट आपके डिवाइस में गहराई तक गए होते हैं इसलिए जब आप अपने फोन की सैटिंग्स में जाकर उसे असल में हटाना चाहेंगे तो आपका फोन आपको चेतावनी देगा, 'क्या आप सचमुच अपना एकाउंट हटाना चाहते हैं?' पर उस समय आपको पीछे नहीं हटना। अगर आगे जाकर आपने अपना मन बदल भी लिया, तो भी आप आसानी से दोबारा लॉग इन कर सकते हैं।

**4. वेब ब्राउज़र्स हटा दें**

अब आपको बाधा के स्विस आर्मी नाइफ को फोन से हटाना है : वेब ब्राउज़र्स। हो सकता है कि आपको यह बदलाव करने के लिए फिर से अपनी सैटिंग्स में जाना पड़े।

**5. बाकी सब कुछ रखें**

जैसा कि हमने पहले भी कहा, इसके अलावा और बहुत से कमाल के एप्स हैं, जिन्हें आप इन्फिनिटी पूल एप्स की श्रेणी में नहीं रख सकते। वे बेशक आपके जीवन को आसान बनाते हैं और आपके ध्यान को भटकाने का साधन नहीं बनते। जैसे आपके पास सारे शहरों के मैप हैं, जिन्हें आप ज़रूरत पड़ने पर ही खोलते हैं, शायद ही कोई ऐसा व्यक्ति होगा जो बिना वजह के सारे मैप खंगालता रहेगा। स्पॉटीफाई और एप्पल म्यूजिक जैसे एप्स भी नुकसान नहीं करते, उसमें गीतों और पॉडकास्ट की भारी संख्या मौजूद है पर आप बीटल्स के बैक कैटलॉग का छाँटने नहीं बैठनेवाले। इसी तरह लिफ्ट, उबर, फूड डिलीवरी एप्स, कैलेंडर एप्स, वैदर एप्स, प्रोडक्टिविटी एप्स और ट्रैवल एप्स भी काम के होते हैं। कुल मिलाकर यह ध्यान रहे कि अगर किसी एप को देखने की बेचैनी नहीं हो रही और वह उपयोगी है तो उसे वहीं रहने दें।

आपका बाधारहित फोन आपके लिए एक प्रयोग की तरह होगा, आपको आजीवन इसी तरह रखने की ज़रूरत नहीं है। आप इसे चौबीस घंटे, एक सप्ताह या एक महीने के लिए रख सकते हैं। हो सकता है कि कई बार आपको अपने ई-मेल या ब्राउज़र को इस्तेमाल करने की ज़रूरत महसूस हो और तब आप अपने काम के लिए अस्थायी तौर पर एप को चालू कर सकते हैं। बस आपको फोन इस्तेमाल करते हुए सजग रहना है - ध्यान देना है कि कहीं यह आपको इस्तेमाल न करने लगे।

और जब आपका काम हो जाए तो आप डिफॉल्ट को 'ऑफ' पर सैट कर दें।

हमें लगता है कि आप बाधारहित फोन के साथ अपने जीवन को और बेहतर पसंद करेंगे। हाल ही में इसे अपनानेवाले एक पाठक ने कहा, 'मेरा पिछला सप्ताह बाधारहित फोन के साथ बीता और ये वाकई कमाल था। मुझे लगा था कि मुझे इसकी बहुत याद सतानेवाली है।' एक और पाठक ने बाधारहित फोन इस्तेमाल करने से पहले और बाद के फोन प्रयोग करने के समय को पता करनेवाला एप इस्तेमाल किया और वह नतीजे देखकर दंग रह गई। अपने फोन से ईमेल और सफारी हटाने के बाद पूरे दिन में फोन का इस्तेमाल ढाई घंटे से भी कम हो गया और कई बार तो इससे भी ज्यादा हो जाता है। यह तो वाकई अद्भुत है, जरा सोचें कि इतने से बदलाव से आपके हाथ में दिन के पूरे दो घंटे आ रहे हैं।

बाधा रहितफोन का सबसे बड़ा पुरस्कार यही होता है कि इसका नियंत्रण आपके हाथ में होता है। जब आप डिफॉल्ट को नियंत्रित कर लेते हैं तो आप बॉस हैं। और यह इस तरह होना चाहिए।

### 18. लॉग आउट

आपको यूजरनेम और पासवर्ड टाइप करना उलझनभरा लगता है इसलिए वेबसाइट और एप्स यही कोशिश करते हैं कि आपको बार-बार ऐसा न करना पड़े। वे आपको उत्साहित करते हैं कि आप लॉग इन रहें ताकि आपके लिए ध्यान भटकाने के साधन हमेशा बने रहें।

पर आप चाहें तो इस डिफॉल्ट को बदल सकते हैं। फेसबुक, इंस्टाग्राम, ट्विटर, स्नैपचैट या ईमेल वगैरह, जो भी इस्तेमाल कर रहे हों, उससे लॉगआउट करें। ये आपको लॉग इन रहने को प्रोत्साहित करते हैं। हर वेबसाइट और हर एप या स्मार्टफोन में लॉगआउट करने का विकल्प होता है। यह हमेशा संभव होता है। अगली बार जब भी लिखा आए, 'मुझे इस डिवाइस पर याद दिलाएँ' तो आपको उस पर टिक का निशान नहीं लगाना।

**जेज़ी**

मेरे जल्दी से भटकनेवाले दिमाग के लिए बस लॉगआउट करना ही बहुत नहीं था इसलिए मैंने अपना पासवर्ड बदलकर बहुत ज्यादा बेहूदा और मुश्किल सा रख लिया, जिसे याद करना आसान न हो। निजी तौर पर मुझे अलग से पासवर्ड रखना पसंद है पर सबकी अपनी पसंद होती है। मैंने एक पासवर्ड मैनेजर एप्स में इन्हें स्टोर कर दिया है ताकि ज़रूरत पड़ने पर इस्तेमाल हो सके पर यह बाधा जानकर पैदा की है। याद रहे, जब भी हम अपने कामों के बीच ऐसी अड़चनें पैदा करते हैं तो इन्फिनिटी पूल एप्स से बचाव करते हुए लेज़र मोड में बने रह सकते हैं।

## 19. निक्स नोटिफिकेशंस

मुझे यह भी बहुत पसंद नहीं है। बस ये चिल्लाता ही रहता है...
चिल्लाता ही रहता है ...चिल्लाता ही रहता है....।
यह चूहे की तरह शांत है। मैं इसे घर में रखना चाहूँगा।

–डॉ. स्यूस

एप बनानेवाले नोटिफिकेशन के समय बहुत दबाव दे सकते हैं। इन्हें कौन दोष दे सकता है? सभी दूसरे एप्स यही काम कर रहे हैं। और जब बहुत कुछ आपका ध्यान अपनी ओर खींचना चाहता हो तो कोई एप अगर अपनी ओर से दबाव नहीं देगा तो आप उसे याद कैसे करेंगे? आप इसे शायद तभी इस्तेमाल करेंगे जब आपको इसकी जरूरत होगी। कितनी शर्म की बात है!

नोटिफिकेशंस आपके दोस्त नहीं हैं। ये लगातार आपका ध्यान भटकाते रहते हैं। आप बाधारहित फोन चाहते हों या न चाहते हों, बस आपको अपने लगभग सारे नोटिफिकेशन बंद करने होंगे:

1. अपने फोन की सैटिंग्स में जाएँ। नोटिफिकेशन सूची देखें और उसे एक–एक कर बंद कर दें।

2. बस वही नोटिफिकेशन ऑन रहने दें जो आपको बहुत ज़रूरी लगती हों जैसे कैलेंडर के रिमाइंडर या टैक्स्ट मैसेज।

3. यह ध्यान रहे कि आपको ई-मेल और इंस्टेंट मैसेजिंग नोटिफिकेशन भी बंद करने हैं। ये अलर्ट सुनने में जरूरी लगते हैं पर असलियत यही है कि हम इनमें से अधिकतर के बिना आसनी से जी सकते हैं। कोशिश करें कि आप ऐसे साधन न रखें जिनके इस्तेमाल से दूसरे लोग आपके समय पर हावी हो सकें।

4. जब भी कोई एप आपसे पूछे कि क्या आप अपने नोटिफिकेशन ऑन रखना चाहेंगे तो उसी समय इंकार कर दें।

5. एक सप्ताह या अड़तालीस घंटों तक ऐसा करके देखें। फिर आपको पता चल जाएगा कि आप क्या महसूस करते हैं।

जब आप अपने नोटिफिकेशन बंद कर देंगे तो आपका फोन कुछ तमीज सीख लेगा। तब आप इसे लगातार बोलनेवाले बड़बोले से एक विनम्र वक्ता में बदल देंगे जो केवल काम की बातें ही करता है - एक ऐसा दोस्त जिसे आप सच में अपनी दुनिया का हिस्सा बनाना चाहेंगे।

## 20. अपने होमस्क्रीन को साफ रखें

आपके फोन को स्पीड के लिए डिजाइन किया गया है। अपने चेहरे या अंगुलियों की छाप को स्कैन करते ही आप इसके अंदर होंगे। अधिकतर लोग अपने मनपसंद एप्स को होमस्क्रीन पर रखना पसंद करते हैं ताकि उन्हें झटपट खोला जा सके। स्कैन, टैप, एप! जब आपको कोई काम करना है तो इस तरह बिना बाधा के आगे चलना अच्छा लगता है पर अगर आप लेज़र मोड में जाना चाहते हों तो ये बातें आपकी एकाग्रता को भंग करने लगती हैं।

चीज़ों की गति कम करने के लिए, आपको अपने होमस्क्रीन को खाली करने की कोशिश करनी होगी। सारे आइकॉन अगले

स्क्रीन पर रखें, उन्हें दूसरे और तीसरे नंबर तक जाने दें। सबसे पहले आपकी सबसे सुंदर बैकग्राउंड इमेज के सिवा कुछ नहीं होना चाहिए।

एक खाली होमस्क्रीन आपको फोन के इस्तेमाल के समय एक प्यारा सा शांत क्षण देता है। यह जानकर पैदा की गई बाधा है, एक छोटा सा ठहराव - यह छोटा सा स्पीड बम्प या गति अवरोधक बाधा को दूर रखता है। अगर आप अपने फोन को बेवजह खोलते हैं तो यह खाली जगह आपसे सवाल करती है, क्या इस समय आप सचमुच कोई रूकावट चाहते हैं?

**जेक**

मैं तो हर स्क्रीन पर एप्स की एक ही कतार रखते हुए इस चीज़ को और भी अगले स्तर तक ले जाता हूँ। दरअसल ऐसी सादगी से मैं खुद को शांत और नियंत्रित महसूस करता हूँ।

## 21. एक कलाईघड़ी पहनना

1714 में अंग्रेज़ सरकार ने ऐसे इंसान को पुरस्कार देने की घोषणा की, जो ऐसी घड़ी बना सके, जिसे जहाजों पर ले जाया जा सके। 2018 के हिसाब से उस समय पुरस्कार में उस इंसान को 5 मिलियन डॉलर के बराबर धनराशि मिलती। लगभग पचास साल और दर्जनों प्रोटोटाइप्स के बाद 1761 में, जॉन हैरीसन ने पहला क्रोनोमीटर बनाया। यह एक तकनीकी चमत्कार था, जिसने दुनिया को बदल दिया। जबकि यह केवल पोर्टेबल थी, वह घड़ी एचएमएस डेप्टफोर्ड पर सवार हुई और अपनी पहली एटलांटिक ओशन यात्रा की, उसे एक खास केबिनेट में सावधानी से रखा गया था।

आज आप चाहें तो दस डॉलर में डिजीटल क्वार्टज कलाईघड़ी ले सकते हैं और यह पूरी तरह से सटीक समय बताती है। यह बहुत हल्की और जलरोधी होती है। यह आपको एक झपकी के बाद उठा सकती है या ओवन से डिनर निकालना याद दिला सकती है। यह तकनीक का अद्भुत कमाल है।

पर हम अलग कारणों से घड़ियाँ पहनना पसंद करते हैं। अगर आपको समय देखना हो तो आप फोन के बजाए घड़ी का इस्तेमाल कर सकते हैं। और अगर आप हमारी तरह हैं, तो अक्सर आप फोन हाथ में लेते ही इन्फिनिटी पूल में उलझ जाते होंगे, नोटिफिकेशन देखते ही उसे खोलने का लालच नहीं छोड़ पाते होंगे। अगर आप घड़ी पहनते हैं तो स्मार्टफोन को दूर रख सकते हैं और जब यह सामने नहीं होगा तो इसे उपेक्षित करना आसान होगा।

**जेज़ी**

2010 में, मैंने सेलिंग के दौरान पहनने के लिए स्पोर्टिंग गुड्स के रैक से एक सादी टाइमेक्स घड़ी ली। पर जब मैंने उसे पहना तो मैं उसे उतारना ही नहीं चाहता था। 17 डॉलर की वह घड़ी तो बहुत उपयोगी थी – कई मामलों में स्मार्टफोन से भी बेहतर थी क्योंकि उसका स्क्रीन कभी खराब नहीं हुआ और बैटरी भी लंबे समय तक चली।

## 22. उपकरणों को पीछे छोड़ दें

हमारा दोस्त क्रिस पलमीरी सप्ताह में दो बार अपना लैपटॉप और फोन ऑफिस में ही छोड़कर खाली हाथ घर जाता है। वह टोक्यो में एक व्यस्त सलाहकार एजेंसी चलाता है पर उन दो शामों को वह अपने ई-मेल नहीं देख सकता। वह मैसेज तक नहीं कर सकता। अगले दिन काम पर जाने तक, वह सभी चीज़ों से कटा रहता है।

असुविधा बेशक होती होगी। पर उसका कहना है कि इस अस्थायी अलगाव से उसके फोकस और नींद में सुधार हुआ है। जब उसके पास ये दोनों डिवाइस नहीं होते तो वह रात को जल्दी सोता है (रात के १ बजे के बजाए 11.30 बजे सो जाता है), गहरी नींद लेता है, आधी रात को नींद नहीं टूटती। उसे सुबह उठकर सपने तक याद रहते हैं और वह इसे अपने लिए एक अच्छी बात मानता है।

जब आप अपने लिए ऑफलाइन समय चाहते हों तो अपने उपकरण अलग रखना या छोड़ना भी अच्छा विकल्प हो सकता है। उस समय बच्चों को कुछ पढ़कर

सुनाना या अपना कोई प्रोजेक्ट पूरा करना आपके लिए हाइलाइट हो सकता है। पर अगर आपको ऑफिस में फोन छोड़ना सही न लगे, (आपको लग सकता है कि एमर्जेंसी में उसकी ज़रूरत होगी) तो आप चाहें कोई और उपाय अपना सकते हैं। घर आते ही फोन को अपने पास और साथ-साथ रखने के बजाए किसी दराज या अलमारी में रख दें या फिर उस बैग में रखकर, बैग को अलमारी में बंद कर दें।

**जेज़ी**

जब मैं घर से बाहर रहता हूँ तो फोन बैग में ही रहता है और जब मैं घर आता हूँ तो बैग को शेल्फ पर रखकर अपने जीवन में मग्न हो जाता हूँ। कई बार कुछ घंटों तक फोन याद भी नहीं आता। यह एक छोटा सा दैनिक अनुस्मारक है कि मेरे स्मार्टफोन के बिना भी जीवन चल सकता है।

लेज़र उपाय

# इन्फिनिटी पूल से दूर रहें

## 23. मॉर्निंग चेक–इन से बचें

जब आप सुबह सोकर उठते हैं तो चाहे आपने चार घंटों की नींद ली हो या आठ घंटे की, आपको इन्फिनिटी पूल और बिज़ी बैन्डवैगन से लंबा ब्रेक मिल चुका होता है। वह एक सुनहरा क्षण होता है। पूरा दिन तरोताज़ा है, आपका दिमाग आराम कर चुका है और आपके पास किसी भी तरह से ध्यान भटकाने का कोई साधन नहीं है। किसी समाचार से तनाव नहीं होगा, काम से जुड़े कोई ई मेल सिर पर नहीं नाच रहे।

इसका आनंद लें। उसी समय मेल, ट्विटर, फेसबुक या समाचार देखने से बचें। सुबह उठते ही चेक–इन करना और सारी नई खबरें पाना लोभनीय हो सकता है, भई रातों–रात दुनिया में बहुत कुछ बदल चुका होता है पर ज्यों ही आप स्क्रीन को ऑन करते हैं तो उसी समय आपके वर्तमान क्षण और इंटरनेट पर दिखाई जानेवाली हर चीज़ के बीच रस्साकशी चालू हो जाती है।

फोन को परे रख दें। आप सुबह के चेक–इन को जितना समय तक टालेंगे। सुबह नौ या दस बजे तक या फिर दोपहर के लंच तक – आपके लिए उतने समय तक शांत और केंद्रित रहते हुए अपने लेज़र मोड में रहना आसान होगा।

**जेज़ी**

मेरे सुबह के रूटीन में ज़रूरी है कि मैं खुद को मॉर्निंग चेक–इन से दूर रखूँ। सुबह का समय मेरे लिए हाइलाइट के लिए बहुत मायने रखता है। जिसमें अक्सर कंप्यूटर भी शामिल होता है। हर रात मैं अपने ब्राउज़र टैब बंद करके ट्विटर और फेसबुक से लॉगआउट कर देता हूँ। इसके बाद जब उठकर कॉफी बनाता हूँ तो मैं सुबह मार्निंग चेक–इन की बाधा से परे, अपने हाइलाइट पर काम करने के लिए पूरी तरह से तैयार होता हूँ।

## 24. बाधा देनेवाले क्रिप्टोनाइट को ब्लॉक करें

हममें से अधिकतर के पास कोई न कोई ताकतवर इन्फिनिटी पूल होता है, जिससे हम खुद को चाहकर भी बचा नहीं सकते। हम इसे 'डिस्ट्रेक्शन क्रिप्टोनाइट' कहते हैं। जिस तरह क्रिप्टोनाइट सुपरमैन को कमजोर बना देता है, उसी तरह डिस्ट्रेक्शन क्रिप्टोनाइट हमारे बचाव तंत्र को तोड़कर सारी योजनाओं पर पानी फेर देता है। हो सकता है कि आपके लिए यह फेसबुक हो या फिर अगर आप जेज़ी की तरह हैं तो यह सेलबोट के दीवानों के लिए कोई याहू ग्रुप हो सकता है। इसके लिए एक छोटा सा लिटमस टेस्ट है : अगर कुछ मिनट बिताने के बाद (या फिर कुछ मिनट घंटे में बदलें) और आपको इस वेबसाइट या एप के लिए पछतावा महसूस हो तो यह आपका 'डिस्ट्रेक्शन क्रिप्टोनाइट' ही है।

इस 'डिस्ट्रेक्शन क्रिप्टोनाइट' को ब्लॉक करने के कई उपाय हो सकते हैं, जो इस बात पर निर्भर करता है कि आप उसके साथ कितने गंभीर हैं या आपकी लत कितनी गंभीर है। अगर आपका क्रिप्टोनाइट सोशल नेटवर्क, ईमेल या कुछ ऐसा है जिसके लिए पासवर्ड की ज़रूरत होगी तो लॉगआउट करने से आपकी गति धीमी हो जाएगी। अगर आपका क्रिप्टोनाइट कोई खास वेबसाइट है तो आप इसे ब्लॉक कर सकते हैं या अपने लेज़र टाइम के दौरान इंटरनेट बंद कर सकते हैं। यदि आप चाहें तो अपने फोन से एप, एकांउट या ब्राउज़र को हटा भी सकते हैं।

हमारे एक पाठक फ्रांसिस ने हमें अपने क्रिप्टोनाइट के बारे में बताया, वह हैकर न्यूज़ नामक वेबसाइट का दीवाना था, जिस पर टेक स्टार्टअप्स के किस्से भरे हुए थे। हालाँकि उसे उस वेबसाइट की सामग्री की बहुत याद आती थी पर उसे अपने भावात्मक स्वास्थ्य के रूप में उपहार भी मिला। उसने कहा, 'अब मैं साइट को दिन में चालीस बार रिफ्रेश नहीं करता और अपनी तुलना स्टार्टअप एक्जिट की हाइलाइट रील से करता हूँ।'

हैरियट की कहानी तो और भी निराली है। उसे फेसबुक की आदत थी और यह एक गैर–सेहतमंद लत बन चुकी थी। 'मैं लगातार अपने फोन से चिपकी रहती और हर मैसेज का जवाब देना चाहती थी। मेरा क्यूबिकल लगातार खुला रहता और मैंने यह दिखावा तक करना बंद कर दिया था कि मैं कोई काम कर रही थी।'

फिर उसे एहसास हुआ कि ऐसे नहीं चल सकता था। फेसबुक उसके जीवन पर हावी हो गया था। उसने एक सप्ताह के लिए उसे त्यागने का निर्णय लिया और

उसे अपने सारे डिवाइस से हटा दिया। चुनौती तो भारी थी पर सप्ताह पूरा होने पर भी वह वापस नहीं गई। 'सोशल मीडिया पर वापस जाने के नाम से ही घिन होने लगी इसलिए मैंने एक और सप्ताह का समय बढ़ा दिया। दो सप्ताह, दो महीने और फिर दस महीने में बदल गए।'

हालाँकि उसे ऐसा करने का नुकसान भी हुआ। बहुत से दोस्त इसी मंच पर मेल-मुलाकात की बातें तय करते थे। 'मैं लूप से पूरी तरह से बाहर थी। बस पुराने दोस्तों के साथ ही मिल सकी जो लंबे समय से साथ बने हुए थे।'

पर फिर भी वह सोशल मीडिया पर वापस नहीं गई। 'नतीजों के बावजूद, मैं पहले से खुश हूँ। बहुत ज्यादा खुश हूँ। मुझे लगता था कि मैंने अपने दिमाग का नियंत्रण खो दिया था। अपने मन को वापस पाना इतनी बड़ी खुशी है, जिसका मुकाबला किसी सोशल मीडिया सुविधा से नहीं हो सकता।'

हैरियट ने पाया कि फेसबुक छोड़ने से कुछ दोस्त अलग हुए पर कुछ दोस्तियाँ पहले से भी मजबूत हुईं। जो लोग सच में उसके साथ समय बिताना चाहते थे या वह जिनसे सच में मिलना चाहती थी - उन्होंने उसे किसी दूसरी तरह से संपर्क साधा। हैरियट का कहना है, 'ऐसा नहीं कि मुझसे संपर्क साधना मुश्किल हो गया है पर मैं दोबारा किसी भी तरह के इन्फिनिटी पूल का हिस्सा बनने को राजी नहीं हूँ।'

यह तो एक मिसालभर है पर हमने और ऐसे कई किस्से सुने हैं। जब आप अपने 'डिस्ट्रेक्शन क्रिप्टोनाइट' से दूर होते हैं तो वाकई आपको आनंद, खुशी और सुकून का एहसास होता है। हमें डर लगता है कि हम लूप से बाहर हो गए पर बाहर आने के बाद पता चलता है कि यह भावना कितनी अच्छी है।

## 25. समाचार को अनदेखा करें

मैं वेदर रिपोर्ट से वह सारा समाचार जमा कर सकता हूँ जो मुझे चाहिए।

–पॉल साइमन, 'द ओनली लिविंग ब्वॉय इन न्यू यॉर्क'

ब्रेकिंग न्यूज की सारी अवधारणा बस एक मिथक पर टिकी है : आपको यह जानना होगा कि आसपास की दुनिया में क्या चल रहा है और आपको इसे अभी जानना है। स्मार्ट लोग न्यूज को फॉलो करते हैं। समझदार लोग न्यूज को फॉलो करते हैं। बड़े लोग न्यूज को फॉलो करते हैं। ऐसा ही होता है, न?

हमारे पास अपनी ही ब्रेकिंग न्यूज होती है, आपको रोज़ के समाचारों के पीछे

भागने की ज़रूरत नहीं है। प्रमुख खबरों को ध्यान से देखें और उनके बारे में विचार करें। क्या उस खबर से आपके दिन के किसी निर्णय पर असर होगा? उनमें से कितनी खबरें कल, परसों या अगले सप्ताह तक चलन से बाहर होंगी?

उनमें से कितनी खबरें आपके अंदर बेचैनी पैदा कर रही हैं? अधिकतर खबरें वाकई ऐसी ही होती हैं, जो आपको हिलाकर रख देती हैं। हम लोग लड़ाई, भ्रष्टाचार, अपराध और मानवीय कष्ट से जुड़े समाचारों को देखे बिना रह नहीं पाते, जो हमारे मूड और फोकस करने की क्षमता पर बुरा असर डालते हैं। दिन में एक बार भी ऐसे समाचार देखना और सुनना, हमें विचलित करने के लिए बहुत होता है।

हम यह नहीं कहते कि आप स्वयं को पूरी तरह से काट लें। हम आपको सलाह देंगे कि आप सप्ताह में एक बार न्यूज देखें। अगर आप बारंबार इनसे दूर रहेंगे तो आपको यही एहसास होगा, मानो आप मानवीय सभ्यता से दूर किसी समंदर किनारे हैं। अगर बारंबार यही सब देखते रहेंगे तो मन कोहरे में घिरा रहेगा और आप अपने सामने दिख रहे काम और चीज़ों पर केंद्रित नहीं हो सकेंगे। यह कोहरा या धुंध आसानी से जरूरी कामों और लोगों को आपसे दूर कर देगा, जिन्हें आप अपनी प्राथमिकता बनाना चाहेंगे।

जेज़ी 2015 से सप्ताह में एक बार न्यूजवाली नीति अपनाता आ रहा है। वह एक साप्ताहिक पत्रिका, द इकोनॉमिस्ट देखना पसंद करता है, जिसमें खास खबरों को साठ से अस्सी सूचना से भरे पृष्ठों में संजोया जाता है। अगर आप चाहें तो टाइम ले सकते हैं या किसी संडे पेपर को सब्सक्राइब कर सकते हैं। आप चाहें तो सप्ताह में एक बार समय निकालकर अपनी मनपसंद न्यूज वेबसाइट भी खंगाल सकते हैं। आपका चुनाव चाहे जो भी हो, आपको स्वयं को 24 घंटे चलनेवाले न्यूज चैनल के घेरे से दूर रखना है। हालाँकि यह आपके लिए मुश्किल चुनाव हो सकता है पर यह आपके समय को आपकी प्राथमिकताओं से जोड़ने और सही मायनों में इस्तेमाल करने के लिए बड़ा अवसर होगा।

**जेज़ी**

जब मैं रोज़ समाचार नहीं पढ़ता था तो मैं शर्मिंदगी महसूस करता। बहुत विचार के बाद मैंने तय किया मैं तीन तरह की बातों के बारे में जानना चाहता था। मैं अर्थशास्त्र, राजनीति, व्यवसाय और विज्ञान के प्रमुख चलनों के बारे में जानना चाहता था। मैं थोड़ा स्वार्थी होकर उन विषयों के बारे में जानना चाहता था, जो मुझ पर सीधा असर डाल सकते थे, जैसे हेल्थकेयर पॉलिसी में बदलाव। तीसरे, मैं दूसरों को लाभ देने के अवसरों के बारे में जानना चाहता था, जैसे एक प्राकृतिक आपदा में किसी की मदद करना। द इकोनॉमिस्ट पढ़ने और अपनी पत्नी के साथ एक साप्ताहिक न्यूज पॉडकास्ट सुनने के दौरान, मैं खुद को दुनिया से जुड़ा हुआ महसूस करता हूँ। फिर जब मुझे कोई कारवाई करनी होती है तो मैं उसी समय और शोध करके अपना काम पूरा कर सकता हूँ।

## 26. अपने खिलौने परे रखें

अपने घर को पूरी तरह से व्यवस्थित रखने के बाद ही आपका असली जीवन आरंभ होता है।

– मैरी कोंडो

ज़रा सोचें – आप अपने हाइलाइट पर काम करने को तैयार हैं। शायद आप कोई शॉर्ट स्टोरी लिखना चाहते हैं या आपको काम के लिए कोई प्रस्ताव तैयार करना है। आप अपना लैपटॉप उठाते हैं, उसे खोलते हैं और अपना पासवर्ड टाइप करते हैं ...

'मेरी ओर देखो! मेरी ओर देखो!' हर ब्राउज़र टैब आपको देखकर चिल्लाने लगता है। आपका ई-मेल स्वयं ही रिफ्रेश होकर दर्जनों नए मैसेज दिखा देता है। फेसबुक, ट्विटर, सीएनएन ... हैडलाइन चमकती हैं, हर ओर नोटिफिकेशन दिखने लगते हैं। आप अपने काम पर नहीं जा पाते और आपको उन टैब्स को खोलकर देखना पड़ता है कि वे आपसे क्या चाहते हैं। वे आपको क्या नया दिखाना चाहते हैं।

अब ज़रा सोचें - आप अपने हाइलाइट पर काम करने को तैयार हैं। शायद आप कोई शॉर्ट स्टोरी लिखना चाहते हैं या आपको काम के लिए कोई प्रस्ताव तैयार करना है। आप अपना लैपटॉप उठाते हैं, उसे खोलते हैं और अपना पासवर्ड टाइप करते हैं ...आपको अपने डेस्कटॉप पर एक सुंदर सी तस्वीर के सिवा कुछ दिखाई नहीं देता। कोई संदेश नहीं। कोई ब्राउज़र टैब नहीं। आपने कल रात ही ई-मेल से साइन आउट कर दिया था, अगर किसी को कुछ तत्काल संदेश देना होगा तो वह फोन करेगा या मैसेज कर देगा। यह मौन आपके लिए वरदान है। आप अपना काम करने को तैयार हैं!

आपके सामने जो दिख रहा है, अपनी मंशा के बजाए उस पर प्रतिक्रिया देना हमेशा आसान होता है। और जब वे आपको ताक रहे हों जैसे ई-मेल देखना, चैट का उत्तर देना या समाचार पढ़ना वगैरह तो वे आपको ज़रूरी लगने लगते हैं पर असल में ऐसा कभी नहीं होता। अगर आप तेज़ी से लेज़र मोड में जाना चाहें तो हम आपको सुझाव देंगे कि इन खिलौनों को अपने से दूर रख दें।

इसका मतलब होगा कि आपको फेसबुक, ट्विटर, सीएनएन वगैरह को बंद करना होगा और ई-मेल और चैट को भी दिन के अंत में बंद करना होगा। एक अच्छे बच्चे की तरह डेस्कटॉप को समेटना होगा। आप चाहें तो ब्राउज़र के बुकमार्क भी छिपा सकते हैं, हम जानते हैं कि आपके कुछ इन्फिनिटी पूल उसमें भी होंगे। अब आपको ब्राउज़र्स की सैटिंग ऐसी करनी होगी ताकि आपका होमपेज किसी घड़ी की तरह लगे। उस पर उन साइट्स का जमावड़ा नहीं होना चाहिए, जिन पर आप अक्सर सैर करने जाते हैं।

यह सोचकर देखें कि अगर आप दो मिनट का समय देकर इन सब चीज़ों को समेट लेंगे तो आपके पास अपने कामों को बेहतर तरीके से करने की योग्यता आ जाएगी - आप अपने समय का सदुपयोग कर सकेंगे।

## 27. वाई–फाई के बिना उड़ान भरें

चूँकि आप सच में कुर्सी से बँधे हैं, मुझे हमेशा से यही लगता रहा है कि विमान की यह कुर्सी लिखने, पढ़ने, कुछ उकेरने या सोचने के लिए कमाल की जगह होती है।

– ऑस्टिन क्लियोन

प्लेन्स हमें हवा में उड़ाकर ले जाते हैं और इसके साथ ही हमें इनकी यह खूबी भी पसंद है कि ये हमें फोकस करने के लिए मजबूर कर देते हैं। प्लेन में बैठने के बाद आपको कहीं नहीं जाना, कुछ नहीं करना और अगर आप जाना भी चाहें तो कुर्सी की पेटी लगी रहती है। प्लेन केबिन का अजीब सा समानांतर यूनीवर्स आपके लिए लिखने, पढ़ने, सोचने या फिर ऊबने का एक अच्छा तरीका हो सकता है।

प्लेन में होने पर भी आप अपने समय का पूरा उपयोग कर सकते हैं। पहला, अगर आपकी सीट पर स्क्रीन है तो उसे बैठते ही बंद कर दें। अगर आपके प्लेन में वाई–फाई की सुविधा है तो उसके लिए भुगतान न करें। बस आपको उड़ान भरने के साथ ही ये दो चुनाव करने होंगे, अपनी कुर्सी की पेटी बाँधें और 35,000 फीट पर लेज़र मोड का आनंद लें।

**जेक**

गूगल में, मेरे काम करने के एक दशक के दौरान मैंने बहुत यात्रा की पर मैंने खुद से वादा किया था कि उड़ान भरने के दौरान कोई काम नहीं होगा। वह मेरा निजी समय था और मैंने उसे लेखन के नाम करना तय किया। दस साल के अंदर, मैंने उन यात्राओं के दौरान बहुत सा रोमांच लेखन किया और वह सब बहुत ही संतोषदायक था। मेरे सहकर्मियों ने कभी शिकायत नहीं की कि मैं ऑफलाइन क्यों था। शायद उन्हें लगा होगा कि सैटेलाइट की किसी खराबी की वजह से उनका मुझसे संपर्क नहीं हो पा रहा था या फिर साथवाले यात्री ने मुझे बातों में उलझा लिया था। या फिर शायद मेरी ही तरह, वे भी उड़ान के दौरान ऑफलाइन रहने के जादू को समझ गए थे।

## 28. इंटरनेट पर टाइमर लगा दें

जब हम बड़े हो रहे थे तो हमें फोन लाइन पर इंटरनेट डायल करना पड़ता था। अजीब लगता है न? डाउनलोड की स्पीड बहुत कम थी और हम घंटों के हिसाब से भुगतान करते। वह कोई कम परेशानी नहीं थी।

पर डायल-अप का एक बड़ा फायदा भी था। उसकी वजह से हम अपनी मंशा से काम कर सकते थे। कई बार ऑनलाइन होने में आनेवाली दिक्कतें ही हमें थोड़ा ठहरने पर मजबूर कर देतीं। जब हम अंत में डायल करते तो हम काम पर पूरा ध्यान देते ताकि हमारा पैसा बरबाद न हो।

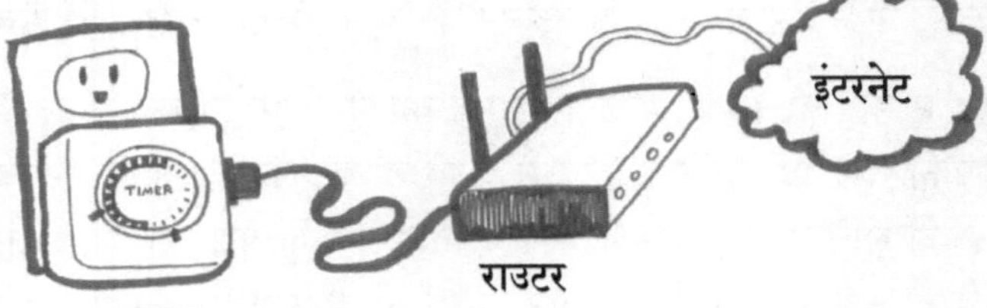


आजकल हमेशा ऑन रहनेवाला सुपरफास्ट इंटरनेट कमाल की चीज़ है पर यह दुनिया का सबसे बड़ा इन्फिनिटी पूल भी बन गया है। जब आप जानते हैं कि इंटरनेट की अंतहीन संभावनाएँ आपसे मिलीसैकेंड की दूरी पर हैं तो आपके लिए लेज़र मोड में रहना मुश्किल होता होगा।

पर इंटरनेट को हमेशा ऑन रखना जरूरी नहीं है। बस वह एक डिफॉल्ट है। जब भी लेज़र मोड में जाने का समय हो तो उस समय इंटरनेट को बंद करने की कोशिश करें। आसान उपाय तो यही होगा कि आप लैपटॉप पर वाई-फाई को बंद करके फोन को एयरप्लेन मोड पर डाल दें पर उन उपायों को अनडू करने में देर नहीं लगती इसलिए यही सही होगा कि आप स्वयं को लॉकआउट कर दें।

ऐसे कई सॉफ्टवेयर साधन उपलब्ध हैं, जिनकी मदद से आप अस्थायी तौर पर इंटरनेट को ब्लॉक कर सकते हैं। आपको ऐसे कई ब्राउज़र एक्सटेंशन और दूसरे एप मिलेंगे, जो किसी खास साइट पर आपके समय को सीमित करते हैं और आप चाहें तो कुछ समय के लिए हर चीज़ डिसएबल कर सकते हैं। इन टूल्स के नए संस्करण हमेशा आते रहते हैं, आप चाहें तो निम्नलिखित पते पर अपना मनपसंद

टूल खोज सकते हैं : maketimebook.com

आप चाहें तो वाई-फाई को उसके स्रोत से ही कट कर सकते हैं। आप अपने इंटरनेट टाइमर को वेकेशन टाइमर पर डाल सकते हैं, जैसे आप शहर से बाहर जाते हुए घर की लाइटें जला देते हैं ताकि चोरों से बचाव हो सके। फिर आप मर्जी से उस टाइमर को सैट कर सकते हैं। जब भी आपको अपने हाइलाइट पर लेज़र मोड में काम करना हो आप इंटरनेट को ओझल कर दें।

या फिर आप चाहें तो फ्लक्स कैपेसीटर ले सकते हैं या 1994 के जमाने में वापस जा कर डायल-अपवाली सुविधा ले सकते हैं पर हमारा यकीन करें, ये वेकेशन टाइमरवाला तरीका आसान है।

**जेक**

मैंने आपको पहले बताया था कि मैं रात के समय अपने हाइलाइट के लिए समय कैसे निकालता था। उसी दौरान मैंने स्प्रिंट और रोमांच लेखन का काम पूरा किया था। और मैं उसे वेकेशन टाइमर के बिना तो कर ही नहीं सकता था।

जब भी शाम को लिखने बैठता, तो इंटरनेट की बाधा सामने आ जाती। मेरे लिए न्यूज और ई-मेल ही सबसे बड़ी बाधा थे। क्या मुझे लिखना चाहिए या फिर झटपट न्यूज देख लेनी चाहिए? क्या मुझे पैराग्राफ रिवाइज़ करना चाहिए। ओह ये मुश्किल होगा ... चलो इनबॉक्स खोलते हैं। अरे वाह, लिंकेडिन से नई नोटिफिकेशन ...इसे आर्काइव कर लूँगा। क्लिक!

क्लिक बाय क्लिक! लिखने की इच्छा और समय घटते जाते। दो घंटे बीतने के बाद मैं निराश होकर बिस्तर पर जाता कि देर तक जागने के बाद भी कोई काम नहीं हो सका। अंत में, मुझे एहसास हुआ कि अगर मुझे रात को काम करना था, तो मुझे आत्म-संयम साधते हुए इंटरनेट बंद करना होगा। यही ध्यान में रखते हुए मैंने दस डॉलर में एक

वेकेशन टाइमर लिया और उसे रात को 9.30 बजे इंटरनेट बंद करने पर सैट कर दिया और अपना इंटरनेट राउटर उससे जोड़ दिया।

रात को उस समय तक बच्चे सो जाते, घर का काम पूरा हो जाता। टाइमर क्लिक करता और कोई इनबॉक्स या न्यूज सामने नहीं होते थे। नेटफ्लिक्स, ट्विटर या मैकरयूमर्स का नामोनिशान भी नहीं। मेरा लैपटॉप ऑन होता और सच में वह बहुत सुंदर दिखता था।

## 29. इंटरनेट को कैंसिल करें

एक पाठक क्रीसा ने हमें लेज़र मोड में आने के लिए एक उपाय भेजा। उसके पास घर में इंटरनेट सर्विस नहीं है। इंटरनेट है ही नहीं! वाउ! और उसके नतीजे साफ दिखाई देते हैं। उस उस दौरान लेखन किया, एक नई तरह की पिल बॉटल डिजाइन की और बहुत सारे खिलौने बनाए। वह अपने काम पर पूरी तरह से केंद्रित रही।

हालाँकि इंटरनेट कैंसिल करना इतना मुश्किल नहीं है, जितना सुनाई देता है क्योंकि आप फोन को हॉटस्पॉट बनाकर भी ऑनलाइन हो सकते हैं। पर यह तरीका थोड़ा धीमा, महंगा और अड़चन से भरा है। वह कहती है कि उसे ऐसा करने के लिए दो डिवाइस पर काम करना पड़ता है और इंटरनेट कनेक्ट करने के इस तरीके की वजह से ही 99 प्रतिशत बार तो वह यही तय करती है कि ऐसा न किया जाए।

हालाँकि आप अपनी सर्विस पूरी तरह से बंद नहीं करना चाहते तो किसी दोस्त से कहें कि वह आपका पासवर्ड बदल दे और उसे पूरे चौबीस घंटों तक आपको न बताए।

## 30. समय बरबाद करनेवालों से बचें

जब जेक छोटा था तो उसका परिवार उसे अपने साथ एरिज़ोना के मैटियोर क्रेटर में ले गया था। यह जगह एक अच्छा सा नाम नहीं बल्कि असल में रेगिस्तान के बीच एक मैटियोर क्रेटर है। हज़ारों साल पहले, 150 फुट की बड़ी सी चट्टान धरती की सतह से टकराई और एक मील के दायरे में विस्फोट हुआ। जेक ने उस जगह खड़े होकर कल्पना की कि वह प्रभाव कितना जोरदार रहा होगा। वह क्रेटर मैटियोर से तीस गुना बड़ा है। इतनी छोटी सी चीज़ से कितना बड़ा छिद्र पैदा हो गया।

यह इतना अजीब भी नहीं है। हमारे जीवन में भी तो रोज़ यही होता है। छोटी-मोटी रुकावटें हमारे जीवन में कहीं बड़े छिद्र बना देती हैं। हम इन्हें 'टाइम क्रेटर्स' कहते हैं और ये कुछ इस तरह काम करते हैं :

- जेक ने एक ट्वीट पोस्ट किया, 90 सैकेंड
- अगले दो घंटों में जेक ट्विटर पर चार बार आया ताकि देख सके कि ट्वीट का क्या हुआ। हर बार, उसने न्यूजफीड को देखा। दो बार किसी दूसरे के पोस्ट किए गए आलेख भी पढ़े, २६ मिनट
- जेक के ट्वीट को कुछ लोगों ने रीट्वीट किया, उसे अच्छा लगा और उसने तय किया कि वह एक और ट्वीट करेगा। इधर-उधर दो-तीन मिनट और लगा दिए।
- जेक ने एक और ट्वीट पोस्ट किया और फिर वही चक्र दोबारा चल पड़ा।

एक छोटा सा ट्वीट आसानी से आपके दिन के तीस मिनट का समय ले सकता है। जब भी जेक ट्विटर को छोड़कर अपने हाइलाइट पर वापस आता है तो उसे अपने लेज़र मोड में वापस आने से पहले दिमाग में सारी सामग्री दोबारा जमा करनी पड़ती है। तो इस तरह वह टाइम क्रेटर पैंतालीस मिनट या एक घंटे से भी ज़्यादा समय का हो सकता है।

पर केवल इन्फिनिटी पूल्स की वजह से ही ऐसा नहीं होता। रिकवरी टाइम भी बीच में आता है। अगर आप पंद्रह मिनट का लंच करने जा रहे हैं तो यह आपके लिए तीन घंटे के फूड कॉमा में भी बदल सकता है। अगर आप देर रात एक घंटे की नींद में कटौती करके टी.वी. देखते हैं तो अगले पूरे दिन आपकी ऊर्जा का स्तर घटा हुआ होगा। कई बार इंतजार भी इसकी वजह बनता है। जब आप हाइलाइट को इसलिए शुरू नहीं करते कि आपको अगले तीस मिनट में एक मीटिंग में जाना है, यह भी आपका समय नष्ट करता है।

जीवन में ऐसे कौन से अवसर हैं जब आपका समय नष्ट होता है? यह आपको ही पता लगाना होगा। आप उन सबसे तो नहीं बच सकते पर निश्चित तौर पर उनमें से कुछ को पछाड़ सकते हैं और जब भी आप ऐसा करेंगे, अपने लिए समय बचा सकेंगे।

## 31. असली जीत के लिए नकली जीत से समझौता

ट्विटर, फेसबुक और इंस्टाग्राम आपके लिए समय नष्ट करनेवाले हो सकते हैं पर इसके अलावा वे एक दूसरी वजह से भी खतरनाक हैं। वे आपको नकली जीत का सुख देते हैं।

अगर आप इंटरनेट पर किसी से बात करते हैं तो आपको संतोष का झूठा भाव मिलता है और हमारा दिमाग कहता है, 'हमने कुछ काम कर दिखाया!' पर अक्सर ये योगदान किसी काम का नहीं होता। और हमें इसकी कीमत चुकानी पड़ती है - हमारा ऐसा समय और ऊर्जा नष्ट हो जाते हैं, जिन्हें हम अपने हाइलाइट के लिए इस्तेमाल कर सकते थे। नकली जीत आपको इस बात पर केंद्रित नहीं होने देती कि आप असल में क्या करना चाहते हैं।

यह नकली जीत कई आकार और प्रकार में आती है। अगर आप अपने हाइलाइट के लिए चुनी गई सार्थक परियोजना पर काम करने के बजाए किसी स्प्रेडशीट को अपडेट करने बैठे हैं तो बेशक यह नकली जीत का ही सामान है। आप ऐसा इसलिए कर रहे हैं क्योंकि इसे करना आसान है। अगर आपको बच्चों के साथ समय बिताना चाहिए और आप उस दौरान रसोई की सफाई में हैं तो यह भी नकली जीत ही कहलाएगी। और ई-मेल बॉक्स तो हमेशा ही नकली जीत का साधन रहे हैं। आपको लगता है कि मेल देखकर आपने कोई बड़ा काम किया है बल्कि ऐसा कुछ नया नहीं होता। आपका दिमाग कहता है, 'बढ़िया! मैंने कुछ कर दिखाया!'

जब भी लेज़र मोड का समय आए तो स्वयं को याद दिलाएँ, 'आपका हाइलाइट ही आपकी असली जीत है।'

## 32. बाधाओं को साधनों में बदलें

फेसबुक, ट्विटर, ई-मेल और समाचार जैसे इन्फिनिटी पूल आपके लिए बाधा बनते हैं पर इसका मतलब यह नहीं है कि वे किसी काम नहीं आते। हमने किसी वजह से ही उनका इस्तेमाल चालू किया था। कहीं न कहीं वे हमारी आदत का हिस्सा बनते चले गए। पर ऑटोमेटिक रूटीन तले, कहीं न कहीं इन्फिनिटी पूल एप भी हमारे लिए उपयोगिता और मकसद रखते हैं। बस हमें अंधाधुंध तरीके से नहीं बल्कि सोच-समझकर उनका इस्तेमाल करना चाहिए।

जब आप किसी एप पर सोच-समझकर फोकस करते हैं तो आप इसके साथ अपना रिश्ता बदल सकते हैं। किसी ट्रिगर या रुकावट के लिए प्रतिक्रिया देने के

जाए, आप चाहें तो सोच-समझकर अपने मनपसंद एप प्रयोग में ला सकते हैं - उन्हें एक साधन बना सकते हैं, चाहे वे इन्फिनिटी पूल आपके समय के लिए बाधा क्यों न बनते हों। यह ऐसे संभव हो सकता है:

1. यह देखें कि आप किसी एप का प्रयोग क्यों करते हैं? क्या यह पूरी तरह से मनोरंजन के नाम है? क्या इससे आप परिवार और दोस्तों के संपर्क में रहते हैं? क्या ये ताज़ा समाचारों से जुड़ने के लिए है? अगर ऐसा है तो ये आपके जीवन में होने ज़रूरी हैं।

2. इसके बाद, यह विचार करें कि आप इस पर प्रतिदिन, प्रति सप्ताह या प्रति माह कितना समय देना चाहते हैं। और यह सोचें कि क्या यह एप इस काम के लिए बेहतरीन है। आप चाहें तो परिवार के संपर्क में रहने के लिए फेसबुक का भी प्रयोग कर सकते हैं पर क्या वह यह सब करने का सही तरीका होगा? या उन्हें कॉल करना ज्यादा बेहतर होगा?

3. इसके बाद, अंत में यह देखें कि आप अपने लक्ष्य को पाने के लिए इस एप का कैसे प्रयोग करना चाहेंगे? आपको एहसास होना चाहिए कि आप सप्ताह में एक बार समाचार देख सकते हैं या दिन में अंत में एक बार ई-मेल देख सकते हैं। आप चाहें तो बेबी की तस्वीरें डालने के सिवा फेसबुक को छोड़ सकते हैं। जब आप एक बार तय कर लेंगे तो आपके लिए ऐसे एप्स से दूर जाना आसान होगा, जो आपके समय को बरबाद करते हैं।

**जेज़ी**

मेरा बहुत सा समय ट्विटर पर बीतता था और फिर मैंने तय किया कि इस पर समय नष्ट करने के बजाए, इसे एक साधन के तौर पर इस्तेमाल करूँगा। मैंने तय किया मैं ट्विटर पर अपने काम की जानकारी देते हुए, पाठकों के प्रश्नों के उत्तर दूँगा। पर मुझे एहसास हुआ कि ऐसा करने के लिए मेरे पास बहुत सा समय नहीं था और इसके लिए मुझे सारी मेन फीड देखने की ज़रूरत भी नहीं थी। अब मैं ट्विटर को अपने लैपटॉप पर ही इस्तेमाल करता हूँ, फोन पर नहीं। मैंने इसके लिए दिन में तीस मिनट का समय तय कर लिया है। उस समय का सदुपयोग करने के लिए, मैं फीड देखने के बजाए बस नोटिफिकेशन पर ध्यान देता हूँ। फिर अपना काम पूरा होने के बाद, अगले दिन तक के लिए लॉग आउट कर देता हूँ।

**जेक**

मेरे पास जेज़ी जितना आत्म-संयम नहीं है इसलिए मैं ब्राउज़र प्लग-इन, का इस्तेमाल करते हुए, पूरे दिन में ट्विटर और न्यूज वेबसाइट के लिए चार मिनट का समय देता हूँ। इस पाबंदी ने मुझे तेज़ी से काम करना सिखाया है। सप्ताह में दो बार, मैं ब्राउज़र प्लग-इन बंद करके ज़रूरी मैसेज के जवाब दे देता हूँ ... और हाँ, कुछ ट्वीट भी पढ़ लेता हूँ। अधिक सुझावों के लिए आप हमारी वेबसाइट देख सकते हैं।

## 33. फेयर–वेदर प्रशंसक बनें

खेलों का प्रशंसक बनने में कितना समय लगता है? आपके पास कितना समय है? आजकल आप अपने कमरे के आराम के बीच बैठकर दुनिया का हर खेल और हर टीम का प्रदर्शन आसानी से देख सकते हैं। पूरा साल तरह–तरह की खबरें, अफवाहें, सौदे, ब्लॉग या प्रोजेक्शन आपके लिए तैयार रहते हैं। यह सिलसिला कहीं नहीं थमता। आप चाहें तो चौबीसों घंटे लगातार सब देखते–सुनते रहें पर फिर भी आपको यही लगेगा कि अभी अपडेट होना बाकी है।

खेलों का फैनडम समय ही नहीं लेता, यह आपकी भावात्मक ऊर्जा भी छीन लेता है। जब आपकी टीम हारती है और आप लंबे समय तक निराश और उदास महसूस करते हैं और ऐसा कई दिनों या सप्ताह तक हो सकता है। आपकी टीम जीतती है तो उससे भी आपका समय नष्ट होता है। आप फॉलो–अप विश्लेषण और हाइलाइट में ही मग्न हो जाते हैं।

खेल हमें अपनी जकड़ में रखना जानते हैं। वे हमारी आदिम इच्छा को पूरा करते हैं। हम अपने अभिभावकों, परिवारों और दोस्तों के साथ स्थानीय टीमों के खेल देखकर बड़े होते हैं। हम सहकर्मियों और अजनबियों के साथ खेल पर चर्चा करते हैं। हर खेल और सीज़न अपने आपमें एक स्टोरीलाइन है पर इनमें असल जिंदगी जैसा कुछ नहीं होता और इनमें होनेवाली सटीक हार या जीत हमें गहरा संतोष देती है।

हम आपसे सब छोड़ने को नहीं कह रहे। हमारा सुझाव केवल यही है कि आप एक फेयर–वेदर प्रशंसक बनें। कुछ खास अवसरों पर ही खेल देखें जैसे जब आपकी टीम खेल रही हो। जब वे हार रहे हों तो खबरें न देखें। आप कोई और काम करने के दौरान भी अपनी टीम से प्यार रख सकते हैं।

**जेज़ी**

मेरी दादी केटी ग्रीन बे विस्कॉन्सन में बड़ी हुईं, उस जगह हमारे डैड हाईस्कूल के फुटबॉल कोच थे जिनका नाम अर्ल 'कर्ली' लैंब्यू था। एनएफएल के प्रशंसक उन्हें जानते होंगे : ग्रीन बे पैकर्स लैंब्यू स्टेडियम में खेलते हैं और कर्ली टीम के संस्थापकों में से थे। जब फुटबॉल टी. वी. पर नहीं आता था, उससे भी बहुत पहले, मेरी दादी पैकर्स के लिए चीयरलीडर थीं - तब वे ग्रीन बे के ईस्ट हाईस्कूल की छात्रा थीं।

तो आप कह सकते हैं कि पैकर्स का फैनडम मेरे डीनएनए का हिस्सा है और इस तरह मैं चाहकर भी फेयर-वेदर प्रशंसक नहीं बन पाता। यही वजह है कि मैं थोड़ी अलग पहल अपनाता हूँ; मैं खेल के केवल उन्हीं हिस्सों पर ध्यान देता हूँ जो बहुत ही मजेदार होते हैं। मेरे लिए यह समय दोस्तों के साथ समय बिताने और खाने-पीने के लिए भी होता है और एकाध साल के बाद कभी-कभी मैदान में भी खेल देखने चला जाता हूँ।

मैं पैकर्स का खेल देखते हुए और समय बिता सकता था। मैं चाहता तो टीम की खबरें देखता, महत्त्वपूर्ण खिलाड़ियों का विश्लेषण करता और ऑफ सीजन में भी उनकी पूरी जानकारी रखता पर इससे मेरा और ज्यादा समय नष्ट होता। यही वजह है कि मैं हाइलाइट पर ही ध्यान देता हूँ और अपने बाकी समय का सदुपयोग अपने जरूरी कामों के लिए करता हूँ।

लेज़र उपाय

# अपने इनबॉक्स को स्लो करें

34. अपना ई-मेल दिन के आखिर में देखें

35. ई-मेल देखने के लिए समय तय करें

36. सप्ताह में एक बार इनबॉक्स खाली करें

37. ऐसे दिखावा करें कि मैसेज पत्र हैं

38. मेल्स का जवाब आराम से दें

39. अपेक्षाओं को नए सिरे से व्यवस्थित करें

40. केवल सैंड-ओनली मेल्स सैट-अप करें

41. औपचारिक तंत्र से विश्राम

42. स्वयं को बाहर बंद कर दें

हमें लगता था कि खाली ई-मेल बॉक्स को उच्च उत्पादकता की कसौटी माना जा सकता था। कई साल तक हम डेविड एलन और मर्लिन मान जैसे विशेषज्ञों से प्रभावित रहे, हमने यह दैनिक लक्ष्य बना रखा था कि हर मैसेज का उसी दिन उत्तर देंगे। जेक ने गूगल पर ई-मेल प्रबंधन की कक्षा चलाई ओर सैंकड़ों सहकर्मियों को सिखाया कि वे अपने इनबॉक्स को खाली कैसे कर रख सकते थे।

खाली इनबॉक्स की तकनीक अच्छे तर्क पर आधारित है: अगर आप संदेशों को निपटाते रहेंगे तो आपको काम के दौरान कोई रुकावट नहीं होगी। इनबॉक्स से बाहर, दिमाग से बाहर। और अगर प्रतिदिन थोड़े ही मेल्स आते हों तो यह तकनीक अच्छी तरह काम आ सकती है। पर अधिकतर लोगों की तरह, हमारे पास भी सारा दिन मेल और संदेशों की बाढ़ रहती है। धीरे-धीरे हमारा इनबॉक्स एक नया ही रूप ले लेता है। हमें अपने बाकी सारे कामों के साथ ही इसे भी काम का हिस्सा बनाकर पूरा करना होता था पर अधिकतर दिन ऐसे भी आते, जब हमारे लिए यही सबसे बड़ा काम हो जाता। यह किसी दुष्चक्र से कम नहीं था। हम जितनी तेज़ी से जवाब देते, उतनी तेज़ी से उनका जवाब आता और हमसे तत्काल ही जवाब देने की अपेक्षा और बढ़ती चली जाती।

जब हम अपने रोज़ के हाइलाइट के लिए समय निकालने लगे तो हमें एहसास हुआ कि हमें मेल्स की दीवानगी से भरी प्रक्रिया को रोकना होगा। पिछले कई साल से हम अपने इनबॉक्स पर ब्रेक लगाते आ रहे हैं और ऐसा करना आसान नहीं है। अगर आप अपने लेज़र मोड में आकर हाइलाइट को पूरा करना चाहते हैं तो हम आपको सुझाव देंगे कि आप इस लड़ाई का हिस्सा बनें और अपने इनबॉक्स को धीमा कर दें।

इसका लाभ लेज़र मोड से भी कहीं ज्यादा मिलेगा। अगर आप बार-बार ई-मेल नहीं देखते तो शोध के अनुसार आपको तनाव कम होता है और आप खुद को हमेशा टॉप पर पाते हैं। ब्रिटिश कोलंबिया यूनीवर्सिटी ने 2014 में एक अध्ययन किया, जिसमें यह पाया गया कि जब लोग दिन में कई बार ई-मेल देखने के बजाए, बस तीन बार ई-मेल देखते हैं तो उनके तनाव के स्तर में भारी कमी पाई जाती है। शोधकर्ता एलिजाबेथ डुन और कोस्टाडीन कुशलेव के अनुसार, 'ई-मेल पर लगनेवाले समय की कटौती से तनाव में आनेवाली कमी कुछ ऐसी ही होगी, मानो आप दिन में कई बार ट्रॉपिकल आईलैंड पर गरम पानी में तैर रहे हों।' यह भी पाया गया कि अगर आप ई-मेल कम देखते हैं तो आपके लिए बेहतर मेल और जवाब

बनाना ज्यादा आसान हो जाता है। लोगों ने बताया कि उन्होंने सप्ताहभर पूरे दिन में तीन बार ही मेल और मैसेज देखे तो उनके काम की गति भी बीस प्रतिशत तक बढ़ी। इस तरह उन्हें समय बचाने का भी अवसर मिला।

कुल मिलाकर, ई-मेल की आदतें नए सिर से बनाना आसान नहीं होता। हम दोनों ही इस लत के शिकार थे इसलिए हम आपको ऐसे कई उपाय दे सकते हैं जिससे आपके इनबॉक्स से आपका संबंध बदल जाएगा।

## 34. अपना ई-मेल दिन के आखिर में देखें

सुबह सबसे पहले अपनी ई-मेल देखने और फिर लोगों की प्राथमिकताओं के लिए प्रतिक्रिया देने के बजाए दिन के आखिर में ई-मेल्स देखें। इस तरह, आप अपने काम के असली घंटों को अपने काम के लिए इस्तेमाल कर सकते हैं और इस दौरान आपके सारे ज़रूरी काम पूरे होंगे। हो सकता है कि दिन के आखिर में आपके पास इतनी ऊर्जा न बचे पर असल में ई-मेल के लिए तो यह भी अच्छी बात ही है। आप कई पन्नों का जवाब देने के बजाए सरल शब्दों में अपनी बात कहना सीखेंगे और दूसरों के उन कामों के लिए हामी भरने के लालच से बचेंगे, जो आपके समय पर भारी हो सकते हैं।

## 35. ई-मेल देखने के लिए समय तय करें

अपना नया ई-मेल रूटीन बनाने जा रहे हैं तो इसे अपने कैलेंडर में शामिल करें। जी, हम चाहते हैं कि आप अपने कैलेंडर में ई-मेल टाइम को शामिल करें। अगर आपको पता होगा कि आपने अपने कैलेंडर में मेल के लिए समय रखा हुआ है तो आपके लिए मेल्स पर लगनेवाला समय बचाना आसान होगा। और अगर आप ई-मेल देखने का समय किसी मीटिंग के चालू होने से पहले रखेंगे तो आपके लिए अपने संकल्प पर टिकना आसान होगा, जैसे : जब ई-मेल का टाइम पूरा हो गया तो बस काम बंद। दिए गए समय में जितना काम हो जाए, उसके बाद उसे बंद करके अगला काम शुरू होगा।

## 36. सप्ताह में एक बार इनबॉक्स खाली करें

हमें अपना इनबॉक्स खाली रखना पसंद है पर हम ऐसा रोज़ करना पसंद नहीं करते। जेज़ी सप्ताह में एक बार ऐसा करता है। आप भी चाहें तो सप्ताह में एक बारवाला लक्ष्य आज़माकर देख सकते हैं। आप चाहें तो उन संदेशों को पहले ले सकते हैं, जो तुरंत जवाब चाहते हों। अगर कोई और जरूरी मामले हों तो अपने

दोस्तों और परिवार के सदस्यों से कहें कि वे आपको कॉल कर लिया करें। जो मैसेज बहुत जरूरी न हों, उनके लिए आपके सहकर्मियों को थोड़ा इंतज़ार करना सीखना चाहिए।

## 37. ऐसे दिखावा करें कि मैसेज पत्र हैं

आपको हर नए मैसेज और मेल को देखकर तुरंत जवाब देना है, यह सोच आपको काफी तनावग्रस्त कर सकती है। बेहतर होगा कि आप मेल्स को भी पुराने जमाने में मिलनेवाले पत्रों की तरह ही लें। वही जो लिफाफे और मुहर के साथ आया करते थे। आपको दिन में एक बार डाक आती थी और अधिकतर लिफाफे आपके मेज़ पर बंद ही रखे रहते और फिर आप उन्हें बाद में देखते। 99 प्रतिशत संप्रेषण आराम से ही पूरा होता था। अगर हो सके तो ई-मेल्स को भी उसी गति में लाने की कोशिश करें। यह पुरानी डाक का नया, सुंदर और हाई-टैक संस्करण होगा।

## 38. मेल्स का जवाब आराम से दें

सबसे पहले, आपको अपनी सोच में बदलाव लाना होगा। हर काम को झटपट निपटाने के बजाए आराम और तसल्ली से काम करना सीखना होगा। अपने ई-मेल, चैट्स, मैसेज और अन्य संदेशों का जवाब आराम से दें। लोगों को जवाब देना है तो आप आसानी से कुछ घंटों, दिनों या सप्ताह का समय ले सकते हैं। हो सकता है कि आपको यह अटपटा सा लगे पर यह ऐसा बिल्कुल नहीं है।

असल जीवन में, आप लोगों से तभी बात करते हैं जब आप आमने-सामने होते हैं। अगर कोई सहकर्मी कहता है, 'आज की मीटिंग कैसी रही?' तब आप ऐसा दिखावा नहीं करते कि आप कहीं और देख रहे हैं और आपने कुछ सुना ही नहीं। बेशक वह देखने में बुरा लगता। तब आपको उनको जवाब देना ही पड़ता है। उसी समय जवाब देना एक डिफॉल्ट है और वह एक अच्छा डिफॉल्ट होगा। पर अगर आप इसका पालन डिजीटल दुनिया में भी करेंगे तो यह आपके लिए सही नहीं होगा।

आपसे ऑनलाइन कोई भी संपर्क कर सकता है, वे आपके आसपास के दायरे के ज़रूरी लोग हों, ऐसा भी जरूरी नहीं है। उनके पास आपकी नहीं, उनकी अपनी प्राथमिकताओं से जुड़े सवाल हैं - वे आपकी नहीं अपनी सुविधा से उनका तुरंत जवाब चाहते हैं। जब भी अपना मेल या मैसेज बॉक्स देखकर किसी ऐसे व्यक्ति को तुरंत जवाब देते हैं तो आप उसे यह संदेश दे रहे हैं, 'चाहे किसी को कोई भी काम

क्यों न हो, मैं अपने हाथ का काम रोककर उसकी प्राथमिकता पूरी करूँगा।'

यह सुनने में पागलपन लगता है पर तत्काल उत्तर देना हमारी संस्कृति का हिस्सा बन गया है। यही बिज़ी बैंडवैगन का आधार है।

आप चाहें तो इस अजीब लगनेवाले डिफॉल्ट को बदल सकते हैं। अपने इनबॉक्स को बार-बार न देखें और कुछ मैसेज जमा हो जाने के बाद ही जवाब दे। आप चाहें तो धीरे-धीरे समय निकालकर जवाब दे सकते हैं ताकि अपने लेज़र मोड के लिए समय बचा रहे और अगर आपको लगता है कि ऐसा करने पर आप मूर्ख कहलानेवाले हैं तो आपको याद दिला दें कि केंद्रित और वर्तमान में उपस्थित रहने से आप एक सहकर्मी और मित्र के नाते और मूल्यवान हो जाते हैं।

बिज़ी बैंडवैगन की तत्काल जवाब देनेवाली संस्कृति ताकतवर है, आपको इससे उबरने के लिए स्वयं पर भरोसा करना होगा ताकि आपकी सोच बदली जा सके। अपने हाइलाइट पर भरोसा रखें: यह किसी भी बाधा से परे, अपनी प्राथमिकता रखता है। लेज़र मोड पर भरोसा रखें : अपने इनबॉक्स की ज़रूरतों को पूरा करने के बजाए केंद्रित भाव से काम करना कहीं बेहतर होगा। दूसरे लोगों पर भी भरोसा रखें: अगर किसी का कोई काम बहुत जरूरी है तो वे आपको निजी रूप से मिलेंगे या फोन पर बात कर लेंगे।

## 39. अपेक्षाओं को नए सिरे से व्यवस्थित करें

बेशक, जब आप अपने ई-मेल समय को सीमित करेंगे या जवाब देने का समय बढ़ाते हैं तो आपको अन्य लोगों और सहकर्मियों की अपेक्षाओं का प्रबंधन करना होगा। आप कुछ ऐसा कह सकते हैं :

> मैं बहुत जल्दी जवाब नहीं दे पाता, मुझे कुछ अहम परियोजनाओं पर काम पूरा करना है। अगर आपका काम बहुत जरूरी है तो कृपया मैसेज करें।

यह मैसेज निजी रूप से, ईमेल या ऑटो-रिस्पॉन्स में भी दे सकते हैं। ये शब्द हमने सोच-समझकर चुने हैं। आप सामनेवाले को बता रहे हैं कि आपको कुछ अहम परियोजनाओं पर काम पूरा करना है और यह बात पूरी तरह से जायज़ और उचित है। इसके बाद आप यह भी कह रहे हैं कि अगर कोई जरूरी काम हो तो आपको मैसेज कर दिया जाए। इस तरह लोगों को संदेश जाएगा कि आप उनके काम को टाल नहीं रहे, केवल जरूरी कामों पर पहले ध्यान दिया जा रहा है। उम्मीद है कि वे आपको समझेंगे और आपके लिए बाधाओं का स्तर पहले से काफी कम हो जाएगा।

हो सकता है कि आपको मैसेज भी न करना पड़े, आपके बर्ताव से ही यह बात स्पष्ट हो जाए। जैसे गूगल वेंचर्स के दौरान, सभी जानते थे कि हम दोनों जल्दी से मेल का जवाब नहीं देते। अगर उन्हें कोई काम जल्दी करवाना होता तो वे हमें ऑफिस में मिलते या संदेश भेजते। पर हमें हमारी इस नीति के लिए कभी मेमो जारी नहीं किया गया। हमारी गति थोड़ी धीमी थी और लोगों को समझ आ गया था। वे हमें हमारे डिजाइन स्प्रिंट के लिए ज्यादा समय देते थे और लेखन के लिए उससे भी ज्यादा। दूसरे शब्दों में, हमारे पास लेज़र मोड और हाइलाइट के लिए और ज्यादा समय बच जाया करता।

कुछ काम – जैसे सेल्स और ग्राहक सहयोग, इनके लिए तत्काल जवाब देना होता है। पर अधिकतर नौकरियों में, अगर आप जवाब देने की गति धीमी रखते हुए, काम करने की गति बढ़ा पाते हैं और सार्थक काम कर पाते हैं तो यह आपके लिए और बेहतर ही होगा।

## 40. केवल सैंड–ओनली मेल्स सैट–अप करें

हालाँकि फोन पर मेल न आना ही बढ़िया रहेगा पर कई बार मेल भेजने के योग्य भी होना जरूरी होता है। अच्छी खबर: आप चाहें तो इस्तेमाल करें या फिर न करें।

**जेज़ी**

२०१४ में, जब मैंने तय किया कि अपने लिए बाधारहित फोन रखना है तो मुझे यह देखकर हैरानी हुई कि मुझे मेल न भेज पाना कितना खल रहा था। शायद मुझे याद नहीं था कि मैं खुद को कुछ याद दिलाने या अपनों को तस्वीरें भेजने के लिए मेल का कितना प्रयोग किया करता था या फिर फाइलें शेयर करता था। मैंने ट्वीटर पर पता किया कि क्या कोई ऐसा आईफोन एप है, जो सेंड ओनली ई–मेल की सुविधा दे सके। लेकिन इस पर लोग मेरा मज़ाक उड़ाने लगे।

तब मैंने अपने सॉफ्टवेयर इंजीनियर दोस्त से बात की और उसने मुझे

कुछ सादा तकनीकें बताते हुए कहा :

1. ऐसा मेल एकाउंट बना लो, जिस पर तुम केवल मेल भेज सको। इसे कहीं भी बना सकते हो पर लोकप्रिय वेबमेल पर बनाने से फोन पर शामिल करने में आसानी होगी।

2. ई-मेल फॉरवर्ड भी सेट कर लो ताकि नए एकाउंट के रिप्लाई सामान्य एकाउंट में भेजे जा सकें। इस तरह नए एकाउंट का इनबॉक्स हमेशा खाली रहेगा।

3. नए एकाउंट को नियमित एकाउंट से जोड़ने के बजाए अपने फोन में ही रखो।

टेलर का सुझाव कारगर रहा। कुछ महीने बाद, मेरे एक और दोस्त रिज़वान सत्तार को सैंड-ओनली मेल एप का ख्याल आया। उसने यह आईफोन एप बनाया और इसे नाम दिया - कंपोज़। फिर, जब मैंने एंड्रॉयड लिया तो ऐसे कई सारे एप्स उपलब्ध थे, कुछ के लिए तो नया एकांउट बनाने की भी जरूरत नहीं थी। आप चाहें तो हमारी वेबसाइट से इनके बारे में जानकारी ले सकते हैं।

## 41. औपचारिक तंत्र से विश्राम

क्या आपको भी कभी 'आउट ऑफ ऑफिस' जैसा ई-मेल जवाब मिला है :

> इस सप्ताह मैं अवकाश पर हूँ और मेल नहीं देख सकूँगा।
> पर वापस आते ही आपके मेल्स के जवाब अवश्य दूँगा।'

इस वाक्य को पढ़कर लगता है, मानो आप किसी रोमाचंक सफर, सुनसान वीरान पड़े जंगल-पहाड़ या बर्फीले इलाकों में निकल गए हैं। पर असल में यह कहीं नहीं लिखा कि वह आदमी ऐसी जगह है, जिस जगह पर इंटरनेट की सुविधा ही नहीं है। उसने केवल इतना कहा है कि वह पूरे एक सप्ताह तक इंटरनेट पर नहीं होगा।

आप भी अवकाश लेते हुए ऐसा ही कह सकते हैं, चाहे आप कहीं भी क्यों न जा रहे हों। आप चाहें तो मर्जी से ऑफ द ग्रिड हो जाएँ। थोड़ा मुश्किल लगेगा पर कई ऑफिस में ऐसा करने की अनुमति होती है और कुछ ऑफिसवाले चाहते

हैं कि आप अवकाश में भी मेल्स देखेंगे पर आप चाहें तो अपनी ओर से कोशिश कर ही सकते हैं।

और अवकाश के दौरान भी आपका लेज़र मोड मायने रखता है। यह अवकाश का समय सीमित और कीमती होता हैं। इस दौरान आप वर्क मेल एप को डिलीट करें और लैपटॉप को भी घर पर छोड़ दें। आप चाहें तो कभी भी ऑफ द ग्रिड जाकर अपने लिए अवकाश का आनंद ले सकते हैं।

## 42. स्वयं को बाहर बंद कर दें

कई लोगों के लिए स्वयं को मेल्स से दूर रखना मुश्किल होता है जैसे आप जेक को ही लें। आप चाहें तो इन रणनीतियों को देखकर लागू कर सकते हैं पर अगर आपके पास ऐसा करने की संकल्पशक्ति नहीं है तो उम्मीद न हारें। आप चाहें तो स्वयं को इनबॉक्स से बाहर बंद कर दें।

**जेक**

इतने बरसों के दौरान, इतना बेहतर जानने के बाद भी, मुझे मेल्स से बेहद प्रेम है। मैं अब भी कुछ नया और रोचक देखने के लिए इनबॉक्स में बार-बार जाता रहता हूँ। मेरे लिए खुद को रोकना मुश्किल होता है।

जी, मेरे पास संकल्पशक्ति न के बराबर है। पर मैं अपने ईमेल के सीमित प्रयोग के लिए भी कड़ाई बरतता हूँ। मेरे पास फ्रीडम नामक एप है और यही मेरा राज़ है। इसकी मदद से मैं खुद को ईमेल से आउट कर देता हूँ। इस तरह मैं डिजाइन यूअर डे तकनीक को लागू करता हूँ। इस तरह मुझे योजना बनाने में आसानी होती है कि मैं अपना समय कैसे बिताना चाहता हूँ। फिर मैं इस योजना में बदलाव करने के बजाए उस पर टिका रहना बेहतर समझता हूँ।

एक समुचित ई-मेल टाइमटेबल बनाने के लिए मैंने स्वयं से कुछ प्रश्न किए :

1. सुबह के समय खुद को कब तक ई-मेल देखना रोका जा सकता है?

   सुबह 10.30 बजे तक। मैं यूरोप के लोगों के साथ काम करता हूँ, अगर मेल उसके बाद देखे तो उनके जवाब देने में पूरे एक दिन की देरी हो सकती है।

2. मुझे पहला मेल सत्र देखने के लिए कितना समय चाहिए?

   30 मिनट। इससे ज्यादा समय लिया तो वह मेरी बाधा बनेगा। अगर इससे कम समय दिया तो जरूरी और तत्काल मेल्स के जवाब पूरे नहीं होंगे।

3. हर दिन दूसरे मेल सत्र का समय क्या होना चाहिए?

   दोपहर को 3.00 बजे। इस तरह मुझे यू.एस. में रहनेवाले लोगों के मेल्स का जवाब देने का मौका मिल जाता है। इसके अलावा मैं अपने उन कामों पर ध्यान दे सकता हूँ, जो मेरे लिए ज्यादा जरूरी हैं।

इस अभ्यास को पूरा करने के बाद, मैं अगले दिन 10.30 बजे तक इंटरनेट से बाहर आ जाता हूँ। अगले दिन सुबह आधे घंटे का समय होता है, जिसमें केवल मेल्स ही देखता हूँ। फिर 3.00 बजे तक इंटरनेट से बाहर हो जाता हूँ। तब तक मेरा हाइलाइट काम पूरा हो चुका होता है और मेरे पास इतना समय बच जाता है कि मैं दिन पूरा होने से पहले लोगों के मेल्स के जवाब दे सकूँ।

सबसे अच्छी बात यह है कि मुझे रोज़ इसी हिसाब से चलने के लिए खुद को विवश नहीं करना पड़ता। मैंने बस एक बार अपना डिफॉल्ट बदला है और एप मेरी ओर से अपनी संकल्पशक्ति दिखाता है।

अगर आप भी ई-मेल की लत या लगाव की आदत से जूझ रहे हैं तो बेहतर होगा कि आप भी यही तरीका अपना लें। असल में आपको इन्फिनिटी पूल से बचने के लिए भी कुछ ऐसा ही करना चाहिए। आप चाहें तो हमारी वेबसाइट से इस बारे में विस्तार से जान सकते हैं।

लेज़र उपाय

# टी.वी. को कभी-कभी मिलनेवाली ट्रीट में बदलें

43. समाचार न देखें
44. अपने टी.वी. को एक कोने में रखें
45. टी.वी. के बजाए प्रोजेक्टर रखकर देखें
46. टी.वी. से जुड़े नए विकल्प आज़माएँ, सब कुछ देखना ज़रूरी नहीं
47. किसी चीज़ से प्रेम है तो उसे आज़ाद कर दें

मैंने तकनीक का जो सबसे विनाशक रूप देखा, वह टी.वी. है – पर यह भी कहना होगा कि टी.वी. कुल मिलाकर किसी कमाल से कम नहीं।

– स्टीव जॉब्स

टी.वी, हम तुमसे बहुत प्यार करते हैं। तुमने हमें दूसरे लोगों के जीवन के अनुभव पाने के लिए समय और स्थान दिया। और जब हमारे दिमाग पूरी तरह से थक जाते हैं तो तुम उन्हें तरोताजा कर देते हो। पर इस जगह हम बात करेंगे कि तुम्हें नियंत्रण में कैसे रखा जाए। हमने आपको बताया था कि अमेरिकी एक दिन में ४.३ घंटे टी.वी. देखते हैं। नंबर सुनकर हैरानी हो रही है न? सॉरी टी.वी! यह सच है कि तुम हमारा बहुत सा समय बरबाद कर रहे हो।

जैसा कि हमने देखा कि टी.वी. देखने के दौरान आप अपना वह कीमती समय बरबाद कर देते हैं, जिसे और कामों के लिए प्रयोग में ला सकते थे। ऐसी दशा में हमेशा की तरह बस आपको अपना डिफॉल्ट बदलना है। आपको अपना टी.वी. उठाकर नहीं फेंकना है। बस रोज़ देखने के बजाए इसे विशेष अवसर में बदलें। या फिर जेक और उसकी पत्नी का कहा वाक्य अपना लें। वे अपने बच्चों से कहते हैं कि वे लोग रोज आईसक्रीम इसलिए नहीं खाते ताकि यह कभी-कभी मिलनेवाला ट्रीट बना रहे।

यह बदलाव आसान नहीं होगा। रोज टी.वी. देखना एक ताकतवर डिफॉल्ट है और आपकी इसे देखने की आदतें ऑटोपायलट पर हैं तो आप अकेले नहीं हैं। अधिकतर बैठकों में एक टी.वी. रहता है। हमारी शामें भी टी.वी. के आसपास ही घूमती हैं। काम के समय में टी.वी. की बातें भी हमारा डिफॉल्ट हैं। हम सभी इसके साथ ही पले-बढ़े हैं इसलिए हमें पता ही नहीं चलता कि इसने हमारे जीवन का कितना सारा हिस्सा ले रखा है।

पर अगर आप इस सांस्कृतिक सामान्यीकरण से उठ सकें तो अपने बहुत सारे घंटे बचा सकते हैं। पूरे दिन में एक भी घंटा कम होगा तो एक बड़ा बदलाव आ सकता है। और केवल समय की बात नहीं है – आप चाहें तो अपने हाइलाइट को पूरा करने के लिए रचनात्मक ऊर्जा भी प्राप्त कर सकते हैं। जेक ने अपनी लेखन परियोजना के दौरान पाया कि अगर आप लगातार दूसरों के विचारों के बीच रहते हैं तो आपके लिए अपनी बातों के बारे में सोचना थोड़ा मुश्किल हो जाता है। इस जगह आपके लिए कुछ प्रयोग दिए जा रहे हैं, इन्हें अपनाकर आप टी.वी. देखने के समय को नियंत्रित कर सकते हैं :

## 43. समाचार न देखें

अगर आप टी.वी. देखने की आदतों में बदलाव लाना चाहें तो बस एक आदत बदल दें। इस पर समाचार न देखें। टी.वी. की खबरें बिलकुल काम की नहीं होतीं, यह लगातार बोलनेवाले लोगों, बार-बार दोहराई जानेवाली कहानियों, विज्ञापनों और खाली साउंड बाइट्स का अंतहीन लूप है। पूरे दिन की खास खबरों को संक्षेप में सुनाने के बजाए ज्यादातर टी.वी. खबरों को इस तरह चुना जाता है कि आप परेशान और बेचैन हों और उनके साथ जुड़े रहें। दिन में एक बार या फिर सप्ताह में एक बार समाचार पढ़ने की आदत डालें।

## 44. अपने टी.वी. को एक कोने में रखें

अक्सर बैठक को टी.वी. के आसपास व्यवस्थित किया जाता है, इस तरह टी.वी. देखना एक डिफॉल्ट बन जाता है।

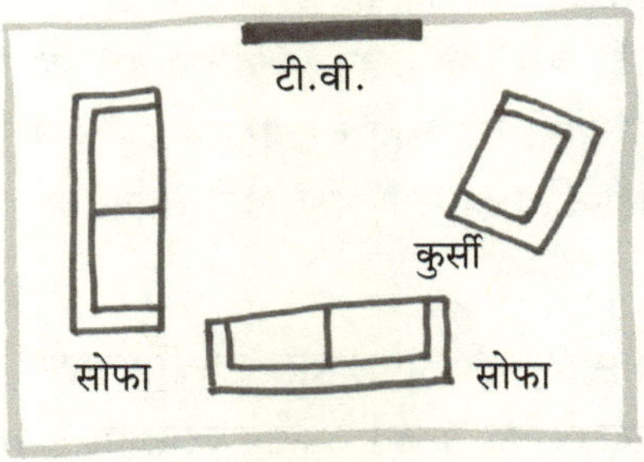


अपना फर्नीचर कुछ इस तरह रखें कि आपके लिए टी.वी. देखना थोड़ा सा कठिन और असुविधाजनक हो जाए। इस तरह आपस में बातचीत करना आपकी डिफॉल्ट गतिविधि हो जाएगी।

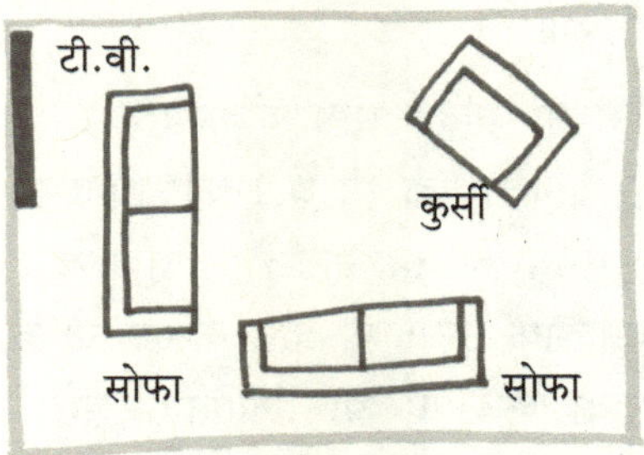


यह विचार जेक की दोस्त सिंडी और स्टीव का था। जिनके तीन बेटे हैं। 'हम अब भी एक साथ मिलकर शो देख सकते हैं पर नई व्यवस्था ने हमारे बीच बातचीत

को आसान कर दिया है।' और इस तरह वह काला बक्सा सारे कमरे का ध्यान अपनी ओर नहीं खींच रहा। सिंडी की बात में दम है। बंद स्क्रीन चाहता है कि आप उसे ऑन कर दें। अगर आप उसे अपनी नज़रों से दूर रखेंगे तो शायद आपके लिए खुद पर काबू पाना आसान होगा।

## 45. टी.वी. के बजाए प्रोजेक्टर रखकर देखें

अगली बार, जब भी बाज़ार से टी.वी. लेना हो तो इसके बजाए फोल्ड स्क्रीनवाला प्रोजेक्टर लेने के बारे में विचार करें। इस तरह आपको कम पैसों में सिनेमावाला डिस्प्ले मिलेगा। हर बार उसे सैट करना होगा ताकि कुछ देखा जा सके। बेशक यह बाधा अच्छी बात होगी क्योंकि इस तरह आप बहुत आसानी से स्क्रीन के आगे नहीं होंगे। आप केवल खास मौकों पर प्रोजेक्टर ऑन करेंगे। और जब आप ऐसा करेंगे तो आपको कुछ आलीशान और भव्य देखने का मौका मिलेगा। यह दोनों तरह से सही होगा : देखने का नया अनुभव और बचे हुए समय में और बेहतर काम करने का मौका।

## 46. टी.वी. से जुड़े नए विकल्प आजमाएँ, सब कुछ देखना ज़रूरी नहीं

दरअसल सब्सक्रिप्शन की वजह से मुसीबत यह हो गई है कि हमेशा कुछ न कुछ ऑन ही रहता है। मानो आपकी बैठक में हमेशा बुफे लगा हुआ है, आप अपनी मर्जी से कभी भी, कुछ भी खा सकते हैं। कोशिश करें कि आप केबल, नेटफ्लिक्स, एचबीओ, हुलू वगैरह के पैसे न भरें और मूवी या एपीसोड किराए पर लेकर देखते रहें। इस तरह आपका डिफॉल्ट इन दो वाक्यों के बीच बदल जाएगा – 'आज क्या देखा जाए?' – 'क्या मैं सच में कुछ देखना चाहता हूँ?' यह सुनने में अजीब लगता है पर आप इस अस्थायी प्रयोग को दोहरा सकते हैं। अगर आप दोबारा अपने डिफॉल्ट में जाना चाहें तो साइन अप करने में देर नहीं लगती।

## 47. किसी चीज़ से प्रेम है तो उसे आज़ाद कर दें

आपको अपना टी.वी. देखना छोड़ने की जरूरत नहीं है पर अगर आपको देखने के घंटे कम करना मुश्किल लगता हो तो पूरे एक महीने के लिए इसे बंद कर दें। अलमारी में रखें या फिर दस मील दूर स्टोरेज लॉकर में रखकर चाबी छिपा दें। जो भी कर सकते हों, वहीं करें बस इससे पूरे एक महीने तक दूर रहें। जब महीना पूरा हो तो सोचें कि उस सारे अतिरिक्त समय में आपने क्या-क्या किया और फिर यह तय करें कि आपको टी.वी. को वापस लाना है या नहीं।

**जेक**

मेरी टी.वी. देखने की आदतें अचानक ही बदलीं, जब मेरा परिवार 2008 में स्विटज़रलैंड आ गया। हमने तय किया कि अपना पुराना सैट वहीं छोड़ देंगे और फिर पूरे अठारह महीने इसी तरह बीत गए। हम सभ्यता से पूरी तरह से कटे नहीं थे। सप्ताह में एक बार 99 सेंट देकर द कॉलबर्ट रिपोर्ट का एपीसोड डाउनलोड करते और उसे कंप्यूटर पर देखते। पर अधिकतर समय, हमारे पास देखने के लिए कुछ नहीं होता था।

मैं टी.वी. के साथ ही बढ़ा हुआ और मुझे ऐसा कोई समय याद नहीं आता, जब ये मेरे जीवन का हिस्सा नहीं था। मुझे यह देखकर हैरानी हुई थी कि मुझे उसकी याद नहीं आई। मेरे पास करने के लिए हमेशा कुछ न कुछ था: परिवार के साथ खाना खाना, अपने बेटे के साथ लेगो ब्रिक्स से खेलना, सैर पर जाना या पढ़ना। अगर हम सच में मूवी देखने जाना चाहते थे तो डीवीडी लेकर कंप्यूटर पर टी.वी. देख लेते। हालाँकि कभी-कभी मूवी देखने भी जाते पर वह किसी खास अवसर पर ही होता।

जब हम यूएस वापस आए तो कुछ समय बाद जाकर एहसास हुआ कि हमारे पास टी.वी. नहीं था। जब हमें याद आया तो हम इसे जीवन में वापस नहीं लाना चाह रहे थे। हमें दूसरे कामों के लिए समय निकालने की आदत हो गई थी। हम जानते थे कि इसके आने के बाद, हम फिर से टी.वी. ऑन रखने के डिफॉल्ट पर आ जाएँगे।

मेरे जीवन में अब पिछले एक दशक से टी.वी. कभी-कभार मिलनेवाली दावत जैसा हो गया है और यह अच्छी बात है। मुझे अब भी फिल्में और सीरीज़ देखना पसंद है पर जब मैं ऐसा करता हूँ तो पूरी तरह से नियंत्रण में रहता हूँ। और अब मैं अपने लेखन और बच्चों को ज्यादा समय देने लगा हूँ। पूरा दिन आइसक्रीम खाने के बजाए कभी-कभार खाने में जो आनंद आता है, वही आनंद कभी-कभार टी.वी. देखने में आने लगा है।

लेज़र उपाय

# प्रवाह में रहें

48. दरवाजा बंद करें
49. डेडलाइन तय करें
50. अपने हाइलाइट के टुकड़े करें
51. एक लेज़र साउंड ट्रेक चलाएँ
52. दिखने योग्य टाइमर सैट करें
53. सुंदर साधनों के प्रलोभन से बचें
54. कागज पर शुरुआत करें

## 48. दरवाजा बंद करें

आपका बंद दरवाजा दुनिया और खुद को यह दिखाने का तरीका है कि आपको अपने काम से मतलब है।

– स्टीफन किंग, ऑन राइटिंग

स्टीव सही कह रहे हैं। अगर आपका हाइलाइट मनोयोग से काम करना चाहता है तो दरवाजा बंद करके खुद पर एहसान करें। अगर आपके कमरे में दरवाजा न हो तो किसी ऐसे कमरे में बैठें, जिसमें कुछ देर दरवाजा बंद हो सके। और अगर ऐसा कोई दरवाजा न मिले तो हैडफोन पहन लें – भले ही आप कोई संगीत न सुन रहे हों।

हैडफोन और बंद दरवाजे हर किसी को सिग्नल देते हैं कि आपके काम में बाधा न दी जाए और इनसे आपको भी संकेत मिलता है। आप स्वयं से कह रहे हैं, 'मुझे इस जगह यहीं ध्यान देना है। आप स्वयं को कह रहे हैं कि यह लेज़र मोड में जाने का समय है।'

## 49. डेडलाइन तय करें

फोकस के लिए एक डेडलाइन से बेहतर कुछ नहीं होता। जब कोई दूसरा नतीजों के इंतजार में हो तो लेज़र मोड में जाना आसान होता है।

मुश्किल यह है कि अक्सर डेडलाइन उन कामों के लिए होती है, जिनसे हमें डर लगता है जैसे टैक्स भरना। ये उन कामों के लिए नहीं होती, जिन्हें हम करना चाहते हैं जैसे गिटार बजाने का अभ्यास। पर इस समस्या को हल कर सकते हैं। आप एक डेडलाइन बना सकते हैं।

हमारे डिजाइन स्प्रिंट्स में डेडलाइन की खोज एक गुप्त सामग्री थी। टीम हर स्प्रिंट सप्ताह में शुक्रवार को ग्राहकों का इंटरव्यू करती ताकि सोमवार आते ही सबको याद आ जाए कि सुई की घड़ी आगे बढ़ रही है। उन्हें अपनी चुनौती को हल करके, गुरुवार रात से पहले प्रोटोटाइप तैयार करना होता था। 'सब लोग शुक्रवार को देखने आनेवाले हैं।' डेडलाइन असली नहीं होती थी पर टीम को पूरे पाँच दिन तक लेज़र मोड में रहने में आसानी होती।

आप भी चाहें तो डेडलाइन की मदद से जरूरी कामों को करने का समय निकाल सकते हैं। दोस्तों को पास्ता डिनर पर बुलाएँ। पिक्चर पेंट करने से पहले

किसी प्रदर्शनी में अपना नाम लिखवा दें। अपने दोस्त को बता दें कि आज आपका हाइलाइट क्या है, उसे कहें कि वह आपको आपका काम आज ही पूरा करने के लिए विवश करे।

**जेज़ी**

मैं स्कूल में क्रॉस-कंट्री और ट्रैक पर दौड़ता था पर कॉलेज के चार साल के दौरान, कैंपस के आसपास जॉग तक नहीं करने जा सका। बेशक मैं व्यस्त था पर पिज्जा और बीयर जीवनशैली में ज्यादा ध्यान था। जब तक मैं ग्रेजुएट होकर शिकागो आया, मैं दोबारा दौड़ का हिस्सा बनने का मौका खोज रहा था। बस मेरे लिए समय निकालने में परेशानी हो रही थी।

पहली गर्मियों में मेरे दोस्त मैट शोब ने पूछा कि क्या मैं शिकागो बेस्टीले डे 5 के दौड़ का हिस्सा बनना चाहता था। मेरा पहला जवाब यही था कि मैं तैयार नहीं था। अभी वह दिन एक महीने की दूरी पर था। मेरे पास प्रशिक्षण के लिए बहुत समय था और मैं तो कोई बहाना ही खोज रहा था। मैंने उसी इवेंट को अपने लिए प्रेरणा बना लिया।

जब मेरे पास डेडलाइन आ गई तो मैंने खुद को प्रशिक्षण पर डाल दिया और काम करने लगा। पता चला कि प्रशिक्षण में बड़ा मजा आया और मैंने दौड़ भी बीस मिनट में पूरी कर ली। तब से मुझे डेडलाइन तय करने का बड़ा ही शौक रहने लगा।

## 50. अपने हाइलाइट के टुकड़े करें

जब आप यकीन से न कह सकें कि कहाँ से शुरू करना है तो अपने हाइलाइट को आसानी से पूरे होनेवाले कामों में बाँट दें। मिसाल के लिए अगर अवकाश की योजना बनाना ही आपका हाइलाइट है तो आप इसे इस तरह टुकड़ों में बाँट सकते हैं :

- अवकाश के दिनों के लिए कैलेंडर देखें
- संभावित जगहों की सूची तैयार करें
- परिवार के साथ चर्चा करते हुए, मनपसंद जगह चुनें
- ऑनलाइन हवाई उड़ान का शोध करें

ध्यान रहे कि आपके हर काम को छोटा और आसान होना चाहिए। हमने यह तकनीक उत्पादकता विशेषज्ञ डेविड एलन से सीखी है, जो इसे परियोजनाओं को भौतिक कार्यों में बदलना कहते हैं :

*अपने फोकस को किसी ऐसे काम पर लगा दें, जिसे देखकर मन को लगे कि उसे किया जा सकता है, काम को पूरा करने से सकारात्मक एनर्जी बढ़ेगी, दिशा और प्रेरणा भी मिलेंगे।*

मेक टाइम की शब्दावली में, छोटे किए जाने योग्य कामों से आपको अपनी गति बनाने में मदद मिलेगी और आप लेज़र मोड में आ सकेंगे इसलिए अगर आपको अपना हाइलाइट बहुत बड़ा लग रहा हो तो उसमें थोड़ा बारूद लगाकर विस्फोट कर दें।

## 51. एक लेज़र साउंड ट्रेक चलाएँ

अगर लेज़र मोड में आने में दिक्कत हो रही हो तो इसे आज़माएँ।

कोई संकेत ऐसा ट्रिगर होता है, जिसकी वजह से आप चेतन या अवचेतन तौर पर काम करते हैं। यह हैबिट लूप का पहला चरण है। चार्ल्स डुहिग ने द पावर ऑफ हैबिट में इसके बारे में बताया है : पहला, एक संकेत शब्द आपके दिमाग को शुरुआत करने के लिए प्रेरित करता है। यह संकेत आपको ट्रिगर करता है कि आप बिना सोचे-समझे, ऑटोपायलट पर रूटीन बर्ताव करें। अंत, में आपको पुरस्कार मिलता है। कोई ऐसा नतीजा जो आपके दिमाग को अच्छाई का एहसास देता है और प्रोत्साहित करता है कि आप बार-बार उसी रूटीन को दोहराएँ।

बहुत सारे संकेत सूत्र तो हमारे जीवन में ही मौजूद हैं, जैसे फ्रैंच फ्राइज़ की महक जो हमें दो चीज़बर्गर खाने पर मजबूर कर देती है। पर आप चाहें तो एक अच्छी आदत बनाने के लिए अपने संकेत सूत्र स्वयं बना सकते हैं, जैसे लेज़र मोड।

हम आपको लेज़र मोड के लिए संगीत का चुनाव करने की सलाह देंगे। जब

भी अपने हाइलाइट को शुरू करें तो कोशिश करें कि आप हर हाइलाइट के लिए अलग तरह का अलबम और गीत चुनेंगे। जैसे जेक को अपना शॉर्ट वर्कआउट चालू करना हो तो वह माइकल जैक्सन के गाने चला देता है – बिली जीन और बीट इट। जब भी उसे अपने रोमांचक उपन्यास पर काम करना हो तो वह हरी अप, वी आर ड्रीमिंग अलबम चला देता है। और जब भी अपने बेटे के साथ खेलने लगता है तो एक अलग गाना चलाता है। ये गाने उसके मनपसंद हैं और उसने उन्हें अपने कामों के साथ निर्धारित कर रखा है। कुछ गाने सुनने के बाद उसका पूरा ध्यान अपने काम पर आ जाता है। संगीत उसके दिमाग को याद दिलाता है कि उसे कौन से रूटीन पर आना है।

वह बाकी समय में गाने नहीं चलाता – उन्हें खास मौकों के लिए रखा जाता है। कुछ दोहरावों के बाद, संगीत उसके हैबिट लूप का हिस्सा बन जाता है, उसके दिमाग को लेज़र मोड से जोड़ने में मदद करता है।

अगर आपको भी अपना साउंड ट्रैक खोजना हो तो ऐसे गाने सुनें, जो बहुत कम सुनते हों पर आपको पसंद हों। जब आप अपना साउंड ट्रैक चुन लें तो यह ध्यान रहे कि अपने लेज़र मोड में आने के लिए आपको उसे ही चलाना है। यह ध्यान रहे कि लेज़र साउंड ट्रैक आपकी पसंद का हो, इस तरह इसे सुनना आपका संकेत सूत्र होगा और आपको इसका पुरस्कार मिलेगा।

जो लोग रॉक करने को तैयार हैं, हम उन्हें सलाम करते हैं।

### 52. दिखने योग्य टाइमर सैट करें

समय अदृश्य है परंतु इसे ऐसा नहीं होना चाहिए।

हम आपको टाइम टाइमर से मिलवाना चाहेंगे। और हम यह भी कहना चाहेंगे कि हमें टाइम टाइमर सेल्स से कोई कमीशन नहीं आया क्योंकि शायद आपको लग सकता है कि हम यह माल बेचने के लिए यह सब कह रहे हैं।

हमें टाइम टाइमर पसंद है। हमें यह नाम पसंद है और हम अपने हर डिजाइन स्प्रिंट में इसे इस्तेमाल करते हैं। जेक के पास घर में ऐसे पाँच टाइमर हैं। यह एक कमाल की चीज़ है।

यह एक खास तरह की घड़ी है, जिसे बच्चों के लिए तैयार किया गया है। आपको एक से साठ मिनट के अंतराल पर इसे सैट करना है और समय बीतने पर

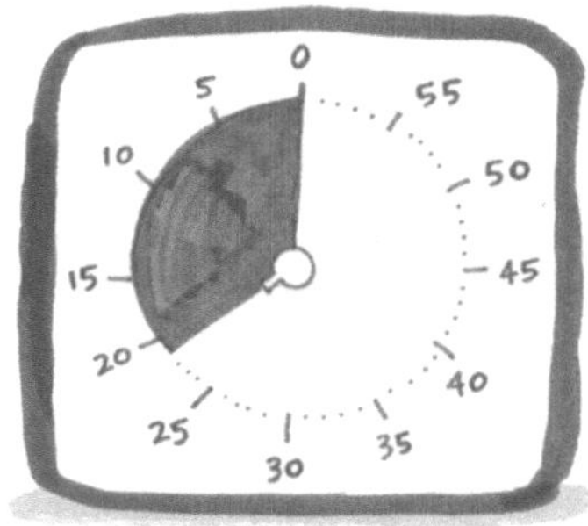


लाल डिस्क धीरे-धीरे ओझल हो जाएगा। जब ये ज़ीरो पर आएगा तो टाइमर बीप करेगा। यह बहुत आसान है। यह कमाल है - यह समय को अदृश्य करता है।

अगर आप लेज़र मोड में आने से पहले टाइम टाइमर देखते हैं तो आपको लगेगा कि समय बीत रहा है, अब तत्काल काम पूरा करना होगा। समय को ओझल होते हुए देखने से आप अपने हाथ में लिए गए काम पर फोकस कर सकेंगे।

**जेक**

मैं अक्सर अपने छोटे बेटे के साथ खेलते हुए टाइमर लगा देता हूँ। यह सुनने में अजीब लगता है - आप चाहें तो मेरे बारे में कुछ भी सोच सकते हैं पर इस तरह उसे भी स्पष्ट हो जाता है कि हमारे पास कितना समय है। यह कीमती है, समय आगे बढ़ रहा है और मुझे इन क्षणों का भरपूर आनंद लेना चाहिए।

## 53. सुंदर साधनों के प्रलोभन से बचें

सबसे बेहतर टू-डू लिस्ट एप कौन से हैं? नोट्स लेने और स्कैच बनाने के लिए नोटपैड और पेन। सबसे बेहतरीन स्मार्टवाच?

हर किसी का कुछ न कुछ मनपसंद होता है। इंटरनेट पर एक से एक उपयोगी और प्रभावी साधन भरे हुए हैं (कूल न्यू वे टू डू दैट) पर ये सभी साधन आपको गुमराह भी कर सकते हैं। अगर आप कोई बढ़ई, मैकेनिक या सर्जन नहीं है तो ऐसा कोई भी साधन आपके लिए बाधा बनेगा। आप अपने किए जानेवाले काम को करने के बजाए उसमें ही व्यस्त हो जाएँगे।

जिस स्क्रीनप्ले को लिखने का सपना देख रहे हों, उसके बजाए अपने लैपटॉप पर एक अच्छा सा राइटिंग सॉफ्टवेयर इंस्टॉल करना आसान होगा। स्केचिंग शुरू करने के बजाए अपने लिए जापानी नोटपैड और इटेलियन पेन लेना आसान है। और फेसबुक देखने के बजाए (जो कि सबको पता है कि उत्पादक नहीं है) सुंदर साधनों से उलझना और शोध करना काम जैसा लगता है पर असल में ऐसा नहीं होता।

जब आप आसानी से मिलनेवाले साधनों का इस्तेमाल करते हैं तो आपके लिए लेज़र मोड में आना आसान होता है। इस तरह, जब कुछ टूटता है या आपकी बैटरी खत्म हो जाती है, आप अपना गैजेट घर में भूल आते हैं तो आपका काम नहीं रुकता।

**जेज़ी**

मैं ऐसे टूल्स की मार झेल चुका हूँ। 2006 में, मैंने एक बहुत ही उत्पादक सॉफ्टवेयर पाया। यह मोरी नामक सरल और ताकतवर एप था जिससे कस्टमाइज नोट्स लेने के अलावा फाइलिंग की जी सकती थी।

मैं बहुत खुश था, लैपटॉप पर मोरी को लगाने और अपने सारे प्रोजेक्ट्स उसमें डालने के लिए घंटों का समय दिया। और मैं ठीक था – मोरी वाकई बढ़िया था। वह तो जैसे मेरे ही दिमाग का विस्तार बन गया।

पर कुछ ही महीनों के बाद सब गड़बड़ होने लगी। मैंने कंप्यूटर का ऑपरेटिंग सिस्टम अपग्रेड किया तो पता चला कि मोरी इस नए वर्जिन के लिए नहीं बना था। मैं घर में अपने नोट्स देखना चाहता तो पता चलता कि लैपटॉप घर पर ही रह गया। और फिर डेवलपर ने मोरी को बंद कर दिया। मैं बुरी तरह से बिखर गया।

दूसरे फैंसी साधनों के साथ भी यही परेशानी थी: वे बहुत नाजुक थे। मेरी ओर से कोई भी तकनीकी कमी मुझे लेज़र मोड में नहीं आने देती थी और मेरा हाइलाइट समय कम हो जाता।

मोरी के जाने के बाद, मैंने अपना काम संभालने के लिए आसान और सरल साधन इस्तेमाल करने शुरू कर दिए : मेरे कंप्यूटर की फाइलें, फोन के नोट्स, पोस्ट-इट्स, होटलों से मिलनेवाले मुफ्त पेन वगैरह। तब से दस साल से ज्यादा हो गए, मेरे ये टूल्स लगभग वही हैं। और जब भी मैं किसी नए टूल की ओर आकर्षित होता हूँ तो खुद को मोरी के बारे में याद दिला देता हूँ।

## 54. कागज पर शुरुआत करें

हमारे डिजाइन स्प्रिंट, हमने पाया कि हम अपने लैपटॉप बंद करके, हाथ में पेन और पेपर लेकर बेहतर काम कर पाते थे। और यही आपकी निजी परियोजनाओं के लिए सही है।

कागज पर काम करने से आपका फोकस निखरता है क्योंकि आप अपने हाइलाइट पर काम करने के लिए कोई सही फोंट खोजने या वेब सर्च करने में समय नहीं लगा रहे। पेपर पर काम करना आसान है, अगर किसी सॉफ्टवेयर का प्रयोग करते हैं तो आपको बहुत सारे चरणों का पालन करना होगा जो आपको तैयार उत्पाद तक ले जाएँगे, पेपर की मदद से आप आसानी से अपने विचार को कागज पर उतार सकते हैं। कागज संभावनाओं को खोलता है, वर्ड को टैक्स्ट की लाइनों और पावर प्वाइंट को ग्राफ और बुलेट प्वाइंट्स के लिए तैयार किया गया है। जबकि कागज पर आप कोई भी काम कर सकते हैं।

अगली बार जब भी लेज़र मोड में आने में दिक्कत हो रही हो तो अपना कंप्यूटर या टैब परे रखते हुए पेन उठा लें।

लेज़र उपाय

# ज़ोन में ही रहें

55. एक 'रैंडम प्रश्न' सूची तैयार करें

56. अपनी एक साँस पर गौर करें

57. बोर होना सीखें

58. काम पर टिके रहें

59. एक दिन का अवकाश लें

60. दिल से करें काम

लेज़र मोड में आना तो आधी जंग जीतने की तरह है- इसके बाद आपको अपने ज़ोन में रहते हुए अपने हाइलाइट पर पूरा ध्यान देना है। फोकस कड़ी मेहनत का काम है और बेशक आपका ध्यान बाधाओं की ओर जाएगा। इस जगह मैं आपको प्रलोभन से दूर रहने और असली काम पर फोकस करने के मनपसंद उपाय दे रहा हूँ।

### 55. एक 'रैंडम प्रश्न' सूची तैयार करें

अपने फोन या ब्राउजर की याद सताना लाज़मी है। आपको लग रहा होगा कि कहीं कोई नया मेल तो नहीं आया? आप जानना चाहते होंगे कि फलाँ मूवी में अभिनेता कौन था?

मन में उठनेवाली हर बात या जिज्ञासा को कागज पर लिखें (जैसे एमेज़ॉन पर ऊनी जुराबों का क्या दाम है? फेसबुक पर नया क्या आया है?)। फिर आप आसानी से लेज़र मोड में रह सकते हैं क्योंकि आपने वे सब बातें कहीं लिख दी हैं, जिनके बारे में आप कुछ समय बाद जान लेंगे।

### 56. अपनी एक साँस पर गौर करें

एक इकलौती साँस की संवेदना पर गौर करें

1. अपने नाक से श्वास अंदर लें। यह देखें कि आपकी छाती में हवा भर रही है।
2. मुँह से हवा बाहर निकालें। अपने शरीर में आ रही कोमलता को देखें।

आप चाहें तो इसे दोहरा भी सकते हैं, पर एक ही साँस आपके ध्यान को वापस लाने में काफी होगी। आपके शरीर पर ध्यान देने से, दिमाग में चल रहा शोर बंद हो जाता है। और उस एक साँस का ठहराव ही आपके ध्यान को वहीं ले जाएगा, जिस जगह आप ले जाना चाहते हैं - आपका हाइलाइट।

### 57. बोर होना सीखें

जब आपको कोई अड़चन नहीं होगी तो आप बोर होने लगेंगे पर बोरडम या नीरसता अच्छी चीज़ है। बोरडम से आपके मन को भटकने और मज़ेदार जगहों पर जाने का मौका मिलता है। पैन स्टेट और यूनीवर्सिटी ऑफ सेंट्रल लैंकशायर ने पाया कि बोरियत के शिकार पात्रों ने उन पात्रों की तुलना में रचनात्मक समस्या समाधान में अच्छे नतीजे दिए, जो बोर नहीं थे। तो अगली बार जब भी बोर हों तो कुछ देर उसी उदासी के बीच बैठें। आप बोर हो रहे हैं! लकी हैं आप!

## 58. काम पर उलझे रहें

काम पर उलझना, बोर होने से थोड़ा अलग होता है। जब आप बोर होते हैं, तो आपके पास करने को कुछ नहीं होता पर जब आप किसी काम पर अटकते हैं तो आपको अच्छी तरह पता होता है कि आपको क्या चाहिए – आपका दिमाग यह नहीं जान पाता कि उसे आगे कैसे बढ़ना है। शायद आप यह नहीं जान पाते कि आगे क्या लिखना है या कोई नई परियोजना किस जगह से चालू करनी है।

आपको लगेगा कि इससे निकलने का यही तरीका होगा कि आप कोई और काम कर लें। अपना फोन या टी.वी देख सकते हैं पर ये चीज़ें आसानी से आपके हाइलाइट समय को बरबाद कर देंगी। बेहतर होगा कि वहीं अटके रहें। हार न मानें। खाली स्क्रीन को ताकें। कागज पर कुछ लिखें। सैर करें पर अपना फोकस हाथ में लिए गए काम पर ही रखें। चाहे आपका चेतन मन परेशान होगा पर आपके दिमाग का कुछ शांत हिस्सा अपना काम कर रहा है। धीरे–धीरे आप उस स्थिति से बाहर होंगे और आपको खुशी होगी कि आपने काम बीच में नहीं छोड़ा।

## 59. एक दिन का अवकाश लें

अगर आप इन तकनीकों से थक गए हैं और अब भी अपने लेज़र मोड में नहीं आ सके तो निराश न हों। शायद आपको अपने लिए एक अवकाश चाहिए। ऊर्जा – रचनात्मक ऊर्जा – इसमें उतार–चढ़ाव आ सकता है और कई बार आपको इसे भरपूर भी करना पड़ता है। हममें से अधिकतर लोग चाहकर भी अवकाश नहीं ले सकते पर आप चाहें तो सब कुछ थोड़ा आसान बना सकते हैं। दिन में कई बार ब्रेक लें और कोई ऐसा आनंददायक हाइलाइट चुनें, जो आपको ऊर्जा से भरपूर होने में मदद कर सके।

## 60. दिल से करें काम

हम सभी आराम में विश्वास रखते हैं पर इसका भी एक विकल्प है। इस जगह आपको एक ईमानदारी और अच्छाई से भरपूर आधुनिक संन्यासी की ओर से एक विचार दिया जा रहा है :

> आप जानते हैं कि थकान का एंटीडोट हमेशा आराम ही नहीं होता ...। थकान का एंटीडोट होगा, पूरी तरह से अपने को रमा देना।
>
> – ब्रदर डेविड स्टेंडल–रास्ट

ठीक है, आइए मन रमानेवाले विचार पर बात करते हैं। यह पूरी तरह से वचनबद्ध होने की तरह है, आपको कुछ भी कसर नहीं छोड़नी। आपको अपने काम, संबंध या परियोजना आदि पर पूरा ध्यान देना है। खुद को पूरे उत्साह और गंभीरता के साथ वर्तमान पल में डुबो देना है।

हमारा मानना है कि किसी भी काम में मन रमाना ही बड़ी बात है और यह किताब इसी विषय पर है : मौजूदगी, ध्यान और जरूरी व सार्थक कामों के लिए समय निकालना। और ब्रदर डेविड का तरीका भी लेज़र मोड तक पहुँचने में कमाल का रहा, कम से कम हम तो ऐसा कह ही सकते हैं।

बेशक, मानसिक और शारीरिक विश्राम मायने रखते हैं पर अगर आप इतनी बुरी तरह से बिखरे हुए हैं और फोकस नहीं कर पा रहे तो ब्रदर डेविड कहते हैं कि आपको हमेशा ब्रेक नहीं लेना चाहिए। कई बार, आप पूरे दिल से हाथ में लिए गए काम को अपना लें तो हो सकता है कि आपके लिए फोकस करना आसान हो जाए। हो सकता है वह एनर्जी पहले से ही आपके पास हो।

यह सुनने में थोड़ा अलग लग सकता है पर हमने देखा है कि ऐसा होता है। हमने देखा है कि किसी डिजाइन स्प्रिंट में अगर पूरी टीम किसी काम पर मन लगाकर जुट जाती तो हाथ में ली गई परियोजना को आसानी से पूरा कर लेती और एनर्जी से भरपूर हो जाती। हमने स्वयं भी इसे महसूस किया है।

**जेक**

मैंने उस शाम यही महसूस किया, जब मैंने अपने फोन पर सब कुछ डिलीट कर दिया। इससे पहले मेरा ध्यान अपने फोन और बच्चे के खेल की ओर था। मैं अपनी ओर से एनर्जी बचाने की कोशिश में था और अपने फोन पर काम कर रहा था। फिर फोन को सामने से हटाने के बाद मैंने पूरे दिल से अपने बेटे के साथ लकड़ी की रेलगाड़ी की पटरी के हिस्से जोड़ने का काम किया और छक-छक की आवाज़ सुनकर मेरी सारी थकान दूर हो गई।

**जेज़ी**

मैं जब कभी सेलिंग के लिए निकलता हूँ तो यही महसूस होता है। बिलकुल सजग रहना, हिलती हुई नाव में टहलना, दो-तीन घंटों की पाली में नींद लेना, यह अनुभव पूरा मन लगाकर मिलता है। चाहे मैं समंदर की ओर जाते हुए चाहे जो भी महसूस कर रहा हूँ, मैं चुनौती को दिल से पूरा करता हूँ। बेचैनी, तनाव और थकान झट से दूर हो जाते हैं।

मन लगाकर काम करना आसान नहीं होता। खासतौर पर तब, जब आप बिजी बैंडवैगन में हों। हो सकता है कि आपको इसके लिए थोड़ा अभ्यास करना पड़े पर अगर आप सफल रहे तो यह आपके लिए बहुत कारगर हो सकता है।

शायद सबसे बड़ी बाधा तब होती है जब आप असल में काम नहीं करना चाहते जैसे जब आप कोई ऐसा काम कर रहे हैं, जो आपके लिए सही नहीं है। असल में ब्रदर डेविड की कही बात का यही संदर्भ है : वे एक ऐसे दोस्त को सलाह दे रहे थे जो काम से थका हुआ था, वे उसे कह रहे थे कि वह अपने जुनून पर ध्यान दे। हम आपको अपना काम छोड़ने का सुझाव नहीं दे रहे, हम आपको याद दिला रहे हैं कि आपको उन क्षणों को खोजना चाहिए जब आप अपने काम से जुड़े जुनून को महसूस कर सकें। अगर आप समय बिताने के उत्साहवर्धक तरीके सीख सके तो मन लगाकर कुछ करना इतना मुश्किल भी नहीं है।

# एनरजाइज़

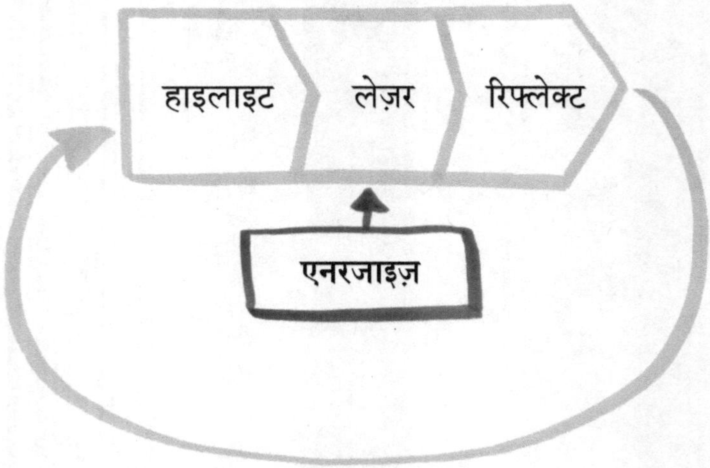
हाइलाइट
लेज़र
रिफ्लेक्ट
एनरजाइज़

मुझे यूनीवर्सिटी के प्रोफेसर पसंद है, पर आप तो जानते हैं ...
वे अपने शरीर को दिमाग तक जाने का साधन मानते हैं,
है न? वे इस तरह अपने दिमाग को मीटिंग्स तक ले जाते हैं।
- सर केन रॉबिन्सन

हमने इस किताब में अब तक आपसे उन तरीकों की बात की, जिनसे आप यह चुनाव कर सकते हैं कि आप अपने कैलेंडर पर काम करके, कई साधनों को अपनाते हुए बाधाओं को स्वयं से कैसे दूर कर सकते हैं ताकि सामने रखे काम पर ध्यान लगाया जा सके। परंतु समय की बचत का एक और उपाय भी है। अगर आप रोज़ अपनी एनर्जी या ऊर्जा को बढ़ा सकें तो आप मानसिक और शारीरिक थकान से भरे पलों को अपने हाइलाइट के काम आनेवाले पलों में बदल सकते हैं।

**आप एक दिमाग से कहीं ज्यादा हैं**

कल्पना करें कि आपके अंदर एक बैटरी है। आपकी सारी एनर्जी उसी बैटरी में है और आपके फोन और लैपटॉप की बैटरी की तरह, इसे भी सौ प्रतिशत तक चार्ज कर सकते हैं या फिर यह ज़ीरो तक आ सकती है।

जब आपकी बैटरी खाली होती है, तो आप बुरी तरह से थक जाते हैं- आप बहुत निचुड़े हुए या कुंठित भी महसूस कर सकते हैं। ऐसे में ही आप फेसबुक या ई-मेल जैसे इन्फिनिटी पूल के शिकार होते हैं। फिर आपको और भी बुरा लगने लगता है क्योंकि आप थके हुए हैं और आपको अपना समय नष्ट करने के नाम पर चिढ़ होती है। यह ज़ीरो प्रतिशत है और यह बहुत बुरा लगता है।

अब कल्पना करें कि जब आपकी बैटरी पूरी तरह से भरी हो तो आपको कैसा महसूस होता है। आपकी चाल में एक ताज़गी आ जाती है। आपको लगता है कि आपने पूरा आराम कर लिया है, आपका दिमाग तेज़ चल रहा है, शरीर सजग और सचेत है। आप किसी भी परियोजना पर काम करने को तैयार हैं – न केवल तैयार बल्कि पूरी तरह से उत्साहित हैं। क्या आप इस भावना का मानसिक चित्रण कर सकते हैं? बिलकुल कर सकते हैं, है न? यही सौ प्रतिशत है।

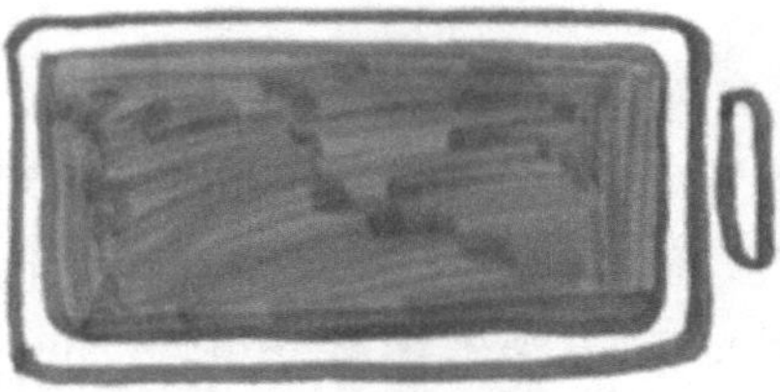

एक हाइलाइट चुनकर लेज़र मोड में आना ही मेक टाइम का सार है पर एनर्जी से भरपूर होने को इसकी गोपनीय सामग्री कहा जा सकता है। हम तो सरल शब्दों में यही कह सकते हैं : अगर आपके पास एनर्जी होगी तो आपके लिए अपने केंद्र और प्राथमिकता को बनाए रखना आसान होगा। फिर आप बाधाओं और माँगों से स्वयं को दूर रख सकेंगे। अगर आपकी बैटरी पूरी तरह से भरी होगी, तो आपके पास वर्तमान में रहने, स्पष्ट रूप सोचने और उन बातों पर समय बिताने के लिए समय होगा जो आपके लिए सार्थक हैं, आप उन कामों पर समय नहीं देंगे जो एक डिफॉल्ट के तौर पर आपके सामने हैं।

आपको फोकस बनाए रखने के लिए जो एनर्जी चाहिए, दिमाग की उत्पादक क्षमता बढ़ाने के लिए जो एनर्जी चाहिए, वह आपको अपने शरीर की देखरेख करने से ही मिलेगी। बेशक हर कोई जानता है कि हमारा दिमाग और शरीर आपस में संबंध रखते हैं। पर इन दिनों लोगों को यह समझना अच्छा लगने लगा है कि केवल

दिमाग ही हमारे काम आता है। जब हम किसी कॉन्फ्रेन्स कक्ष में बैठते हैं, कार चलाते हैं, कंप्यूटर चलाते हैं, फोन पर बात करते हुए कुछ पीते हैं तो हम अपने दिमाग में जी रहे होते हैं। बेशक हम सीट पर टिके हैं और हाथ काम कर रहे हैं पर शरीर उस समय दिमाग का गुलाम बना हुआ है, यह उसके लिए सेगवेज स्कूटर की तरह है, जिसे यातायात का अटपटा सा साधन ही कहा जाएगा।

शरीर और दिमाग के पूरी तरह से दो अलग चीज़ें होने का भाव बचपन में ही आ जाता है और पूरा जीवन इसी पर बल दिया जाता है। जब हम दोनों बड़े हो रहे थे (जेक वाशिंग्टन के देहाती हिस्से में और जेज़ी विस्कॉनसिन के देहाती इलाके में), तो हमारा दिमाग गणित, अंग्रेजी और सामाजिक विज्ञान सीख रहा था और हम जिम क्लास व खेल की टीमों के साथ शरीर का व्यायाम कर रहे थे। दो अलग दुनिया। दिमाग इस जगह, शरीर उस जगह।

कॉलेज में दिमाग पर ज्यादा बोझ आया और व्यायाम हमारे कोर्स में शामिल नहीं रहा। जब हम ऑफिस की पूर्णकालिक नौकरी पर आए तो हमारे दिमाग व्यस्त थे पर कैलेंडर भरे हुए थे और अपने शरीर की देखरेख करना और भी कम सुविधाजनक हो गया था। हमने वही किया जो अधिकतर लोग करते हैं : तो हम दिमाग को चुस्त बनाने के लिए हर संभव तकनीक आज़माने लगे – हमने अपने शरीर एक ओर कर दिए। दो अलग दुनिया। दिमाग इस जगह काम कर रहा था, शरीर उस जगह काम कर रहा था।

आज की दुनिया का डिफॉल्ट यही मानता है कि दिमाग ही गाड़ी चला रहा है पर ऐसा असल में नहीं होता। जब आप शरीर का ध्यान नहीं रखते तो दिमाग भी अपना काम नहीं कर सकता। अगर आप आलस में हैं या लंच के बाद काम नहीं कर पा रहे या व्यायाम के बाद दिमाग से शांत और एनर्जी से भरपूर महसूस कर चुके हैं तो शायद आप हमारी बात समझ लेंगे। **अगर आप दिमाग के लिए एनर्जी चाहते हैं तो आपको अपने शरीर का ध्यान रखना होगा।**

पर कैसे? असंख्य वैज्ञानिक अध्ययन, ब्लॉग पोस्ट और टॉक शो गेस्ट आपको बताने को तैयार हैं कि आप अपनी एनर्जी कैसे बढ़ा सकते हैं। यह बड़ा भ्रामक हो सकता है। क्या आपको और नींद लेनी चाहिए या कम नींद लेने का प्रशिक्षण लेना चाहिए? एरोबिक व्यायाम ठीक रहेगा या स्ट्रैंथ ट्रेनिंग करनी चाहिए? और जब वैज्ञानिक चेतावनी आम सहमति से बदले – जैसे जब आपको वसा लेने से मना करने के बाद वसा का सेवन करने को कहा जाए – तो आपको क्या करना चाहिए?

हमने इन सब सलाहों को समझने में बरसों का समय दिया है, खासतौर पर हमने दिमाग को एनर्जी देने के उपाय खोजे ताकि अपना हाइलाइट पूरा करने के लिए समय बचाया जा सके। फिर धीरे-धीरे हमें एहसास हुआ कि आपको एनर्जी बढ़ाने के लिए क्या करना होगा? इसका जवाब 99 प्रतिशत तो मानव जीवन के इतिहास में ही छिपा है। बस आपको समय में पीछे जाकर इसे देखना होगा।

**आप सेबर टूथ टाइगर की दहाड़ के साथ जागते हैं**

आप अपनी आँखें मलते हुए अंगड़ाई लेते हैं। आप घने जंगल में घास पर लेटे हैं, भोर होते ही हल्की रोशनी पेड़ों पर दिख रही है। आपके पास एक नोट पड़ा है, इस पर लिखा है :

> हाय! आपको 50,000 साल पीछे भेज दिया गया है।

आपके पेट में खलबली होती है और सिर चकराने लगता है। आप चाहते तो कॉफी और क्रोसोन ले सकते थे पर अभी इटली और फ्रांस की खोज होने में सदियाँ लगेंगी। कहीं दूरी पर पहाड़ियों पर गरजने की आवाज़ सुनाई देती है। आपको लगता है कि आज तो गए काम से।

पर तभी ... आपको एक साथी मिल जाता है।

पहले आप उर्क नामक एक स्थानीय शिकारी-संग्राहक से मिलते हैं। वह एक गुहा मानव जैसा लगता है। वह पहाड़ी बाघ की खाल से बना चोगा पहनता है, दाढ़ी ऐसी है कि कोई हिप्स्टर भी देखकर शरमा जाए।

उर्क आपको देखकर भौंचक्का रह जाता है। वह अपनी पत्थर की कुल्हाड़ी लहराता है। पर आपके अजीब कपड़े और बाल देखकर, उसे समझ आ जाता है कि आपसे कोई खतरा नहीं हो सकता। उर्क हँसता है, आप मुस्कुराते हैं और दोनों के बीच जान-पहचान हो जाती है।

उर्क की पहनी हुई खाल मैली है और धोनेवाली हो रही है। उसे कोई तमीज नहीं है पर बंदा तो सही निकला। वह आपको अपने कबीलेवालों से मिलवाता है और वे आपको अपने साथ बेर चुनने ले जाते हैं। मीलों-मील पैदल चलना होता है और दिन ढलने तक आप थकान से पस्त हो जाते हैं। आप उनके साथ रात का खाना खाते हैं और तारों भरे आसमान को देखते हुए सो जाते हैं। आपको जाने कब से इतनी गहरी नींद नही आई थी।

अगले कुछ सप्ताहों में वे आपको बुनियादी बातें सिखा देते हैं: अपने लिए पत्थर की कुल्हाड़ी कैसे बनानी है, जहरीले पौधों को कैसे पहचानना है और कैसे अपने हाथ हिलाकर हिरणों को भाले चलानेवालों की ओर खदेड़ना है।

आप रोज मीलों-मील चलते हैं। रोज आपको दूसरों के साथ खाना खाने, अपने हथियारों की धार तेज करने और दिन में सपने देखने का समय भी मिल जाता है। शरीर मजबूत और मन शांत होता जा रहा है। एक शाम, जब आप लोग एक गुफा में होते हैं तो अचानक आपको एक प्रेरणा मिलती है। 'क्यों न इस गुफा में पेंटिंग्स बना दी जाएँ।'

बेशक, वे जवाब नहीं देते क्योंकि उन्हें अंग्रेज़ी नहीं आती। पर आपको परवाह नहीं है। आप हमेशा खुद से कहते थे कि आप किसी दिन पेंट करना सीखेंगे और

आज आपके पास वह करने का समय आ गया है।

इक्कीसवीं सदी में आपका फिर से स्वागत है। चिंता न करें, हम आपको पैलियो (प्राचीन युग में) के लिए जाने, केवल काजू की डाइट लेने या बाघ की खाल पहनकर जॉग करने को नहीं कह रहे। हमने एक खास वजह से आपको उर्क से मिलवाया है। हमारा मानना है कि हम उससे बहुत कुछ सीख सकते हैं - वह हमें हमारे शरीर और दिमाग के बारे में बहुत कुछ सिखा सकता है- पूर्व ऐतिहासिक मनुष्य। जब आधुनिक दुनिया दीवानी हो रही है तो यह याद करना सहायक होगा कि होमो सेपियंस शिकारी-संग्राहक बने, वे स्क्रीन घिसनेवाले या पेंसिल घसीटनेवाले नहीं थे।

पूर्व ऐतिहासिक मनुष्य सारा दिन कई तरह का आहार लेते थे और समुचित भोजन करने के लिए पूरा दिन इंतज़ार करते थे। वे लगातार चलते, दौड़ते और बीच-बीच में कड़ी मेहनत करते। हालाँकि उनके पास अपने और परिवारवालों के लिए भी पूरा समय रहता। मानवविज्ञानी मानते हैं कि प्राचीन मनुष्य सप्ताह में केवल तीस घंटे काम करते थे। वे ऐसे कबीलों में रहते थे, जिनमें संप्रेषण के सिवा कोई दूसरा विकल्प नहीं था। और बेशक वे भरपूर नींद लेते, अंधेरा होने पर सोते और सूरज उगने पर जाग जाते।

हम उन्हीं प्राचीन मनुष्यों के वंशज हैं, पर हमारी जाति, हमारी आसपास की दुनिया उतनी विकसित नहीं हुई। इसका मतलब है कि हम अब भी एक ऐसी जीवनशैली के लिए तैयार है, जिसमें लगातार गतिविधि, विविध पर हल्का आहार, शांत माहौल, एक-दूसरे से आमने-सामने मिलना और चैन की नींद सोना ही हमारे दिन की रूपरेखा से मेल खाता है।

हमारी आधुनिक दुनिया, अच्छी तो है पर अलग ही तरह की जीवनशैली के लिए डिफॉल्ट में है। भौतिक गतिविधि का डिफॉल्ट बैठने में बदल गया है। मानवीय संप्रेषण स्क्रीन में बदल गया है। खाना प्लास्टिक में लिपटा आता है और अक्सर नींद नाममात्र की आती है। हम इस हाल में कैसे आ गए?

**आधुनिक जीवनशैली एक दुर्घटना है**

होमो सेपियंस, लगभग दो लाख साल पहले अफ्रीका में आए। अगले 1,88,000 साल में सबके पास एक ही काम था, वे शिकारी-संग्राहक थे और हमारे दिन उर्क के दिनों की तरह लगते थे। फिर लगभग 12,000 वर्ष पूर्व, इंसान

खेती-बाड़ी करने लगे और हममें से अधिकतर लोग बंजारों का जीवन छोड़कर कहीं न कहीं बस गए। इसे कृषि क्रांति का नाम दिया गया, यह सुनने में अच्छा लगता है पर ये बदलाव एक संयोग था और कई पीढ़ियों के दौरान धीरे-धीरे आया। एक शिकारी-संग्राहक के जीवन की तुलना करें तो गाँव का जीवन उतना बेहतर नहीं है। हिंसा और रोग बढ़ते ही जा रहे हैं। बड़े खेद से कहना पड़ता है कि अब वापसी की कोई राह नहीं बची।

हम लगातार आगे जा रहे हैं। सदियों के दौरान हम लकड़ी से फॉसिल ईंधन पर आ गए। हमने भाप और बिजली का आविष्कार किया। फिर पिछली दो सदियों में तो सब बदल गया। हमने कारखाने बना लिए। हमने टी.वी. बनाया, इसकी लत के शिकार हुए और फिर रोज टी.वी. देखने के लिए नींद के ढाँचे बदल दिए। हमने होम कंप्यूटर, इंटरनेट और स्मार्टफोन तैयार कर लिए। हर बार, हमने अपने जीवन को नए आविष्कार के पास केंद्रित किया। हर बार, हमारे पास वापसी की राह नहीं बची।

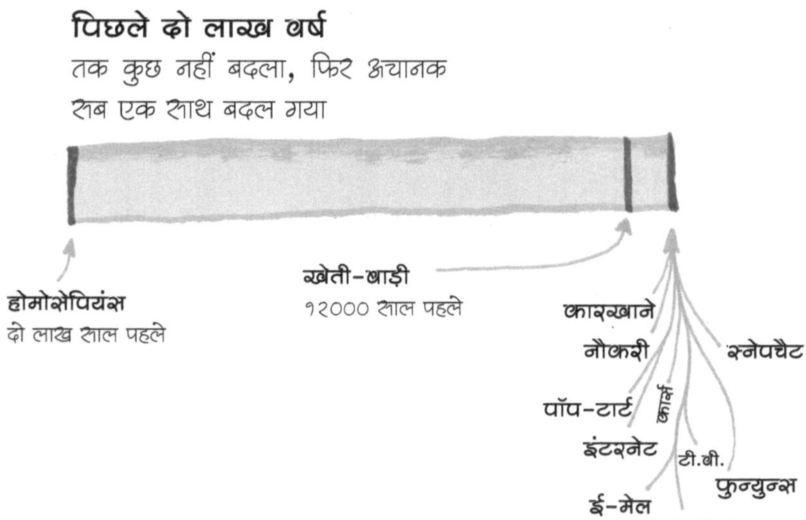


आज की दुनिया ऐसा आदर्श नहीं, जिसकी योजना हमारे जीनियस लोगों ने बनाई थी। यह पिछली कुछ सदियों, दशकों और वर्षों के दौरान हमारी बनाई तकनीकों के हाथों अचानक रातों-रात बदल गई है। हम एक ही दुनिया के लिए बने हैं पर हम दूसरी ही दुनिया में रहते हैं। हम अपनी स्मार्टवॉच, सुंदर हेयरकट और कारखानों में बनी डिजाइनर जींस तले उर्क ही तो है।

तो हम अपने आदिमानववाले दिमाग और शरीर को ऐसी एनर्जी कैसे दे सकते हैं कि वह आधुनिक दुनिया के काम कर सके? वैज्ञानिकों, हेल्थ गुरुओं और तथाकथित लेखकों (ऊँह-ऊँह) से मिलनेवाली विरोधाभासी और उलझन से भरी सलाहों के बीच उर्क ही आपका मददगार होगा। आप उर्क की तरह जीते हुए अपनी बुनियादी जिंदगी फिर से पा सकते हैं। उस जीवनशैली के थोड़ा पास जा सकते हैं, जिसके लिए इंसान को बनाया गया था पर इसके साथ ही आपको इस आधुनिक दुनिया से भी कुछ नहीं खोना होगा।

हमें गलत न समझें; पूर्व ऐतिहासिक समय में बहुत मस्ती या खेल नहीं थे। उर्क के पास एंटीबायोटिक या चॉकलेट नहीं थे और वह दाँतों को दातुन से साफ करता था। पर अगर आप उर्क जैसी कुछ गतिविधियों को जीवन में शामिल करेंगे तो आप इक्कीसवीं सदी की बेहतरीन चीज़ें पाने के अलावा अपने पुराने होमो सेपियंस से भी कुछ अनमोल मोती ले सकते हैं।

**एनर्जी बनाने के लिए आदिमानव की तरह पेश आएँ**

उस बुनियादी जीवनशैली के पास जाने का विचार इसलिए दिया जा रहा है क्योंकि यह आपको एक बड़ा अवसर दे सकता है। सबसे ज्यादा लाभ देनेवाले विचार वही होते हैं, जिनमें एक छोटा सा बदलाव भी बड़ा फायदा दे जाता है – इन नियमों का पालन करें :

1. **लगातार गतिशील रहें**

   उर्क लगातार चलने, चीज़ें उठाने, काम करने और दौड़ने का काम कर रहा था। हमारे दिमाग और शरीर गतिशील होने पर बेहतर काम करते हैं। अपनी बैटरी को चार्ज करने के लिए आपको किसी मैराथन के लिए प्रशिक्षण नहीं लेना है। बस बीस से तीस मिनट का सत्र मूड को सुधार देगा और आपके लिए नींद बेहतर होगी, अगले दिन के लिए बेहतर एनर्जी मिलेगी – एक प्यारा और मीठा सा सकारात्मक फीडबैक लूप। हम आपके दिन को और गतिशील बनाने के लिए कई दूसरे उपाय भी देंगे।

2. **असली भोजन करें**

   उर्क वही खाता था जो वह पकड़ सकता था : फल, सब्जी, मेवे और जानवर। आजकल हमारे पास तैयार भोजन है। हम आपको पूरी तरह से डाइट बदलने

को नहीं कह रहे, पर आपको कुछ बदलाव करने होंगे ताकि आप नकली भोजन से परे होकर उर्क की तरह असली खाना खा सकें।

3. **कैफीन की आदर्श मात्रा लें**

ठीक है, हम सब जानते हैं : उर्क के जमाने में कॉफी शॉप नहीं थे। पर जब हम शरीर और दिमाग की बात करते हैं तो कॉफी की बात करना जरूरी हो जाता है। यह एक ऐसी चीज़ है, जो आपके एनर्जी के स्तर में सुधार के काम आ सकती है।

4. **अवकाश पर जाएँ**

उर्क की दुनिया में लगभग कुछ घटता ही नहीं था। बस कभी-कभी किसी जानवर के पीछे भागने के सिवा कोई ब्रेकिंग न्यूज नहीं थी। लोग शांत रहते थे बल्कि अपने मौन को उत्पादक विचारों या केंद्रित कामों के लिए इस्तेमाल करते थे। आज के लगातार शोर और हुड़दंग के बीच, आपकी एनर्जी और ध्यान की अवधि को भारी नुकसान हुआ है। हम आपको ऐसे आसान उपाय देंगे, जिनसे आप शांत भाव से, कंप्यूटर पर काम करने के घंटों के बीच ब्रेक ले सकते हैं और अपने हैडफोन घर छोड़कर आ सकते हैं।

5. **इसे निजी बना लें**

उर्क एक सामाजिक प्राणी था, वह दोस्तों से आमने-सामने मिलता था। आज हम लोग स्क्रीन पर ही मिल लेते हैं पर आप चाहें तो पुराने दोस्तों से मिलकर बैटरी चार्ज कर सकते हैं और एक साथ मिलकर बैठ सकते हैं। यह एक आसान पैलियोलीथिक (पाषाण काल) मूड बूस्ट होगा।

6. **गुफा में नींद**

अमेरिका की मिशीगन यूनीवर्सिटी के 2016 में हुए एक अध्ययन के अनुसार अमेरिका, ब्रिटेन, कनाडा और फ्रांस के लोग रात को आठ घंटे बिस्तर में रहते हैं। पर इतना समय बिस्तर पर होने के बाद भी पूरी नींद नहीं ले पाते। ये क्या बकवास है? नींद की मात्रा से उसकी गुणवत्ता ज्यादा मायने रखती है और हमारी दुनिया अवरोधकों से भरी है - स्क्रीन, दिनचर्या और कॉफी- ये आपको पूरी नींद नहीं लेने देते। उर्क की शामें एक लय से बंधी थीं, वह अंधेरे में सो जाता था और आधी रात तक ई-मेल से सिर नहीं खपाता था। हम बात

करेंगे कि आप उसका अनुकरण करते हुए बेहतर आराम और अनुभव के साथ बेहतर कैसे सोच सकते हैं।

देखिए, हमें पता चल गया। इस तरह की सलाह देना आसान है। व्यायाम की अवधि बढ़ाओ! सेहतमंद भोजन करो और आदिमानव की तरह नींद लो। इस सलाह पर अमल करना मुश्किल होता है। यही वजह है कि हम आपको उच्चस्तरीय दर्शन देने के बजाए सुनिश्चित तौर पर बताना चाहेंगे कि इन विचारों को चरण-दर-चरण व्यवहार में कैसे उतार सकते हैं। आइए, अब अपनी बैटरी चार्ज करें।

एनरजाइज़ युक्ति

# इसे लगातार गतिशील रखें

61. रोज व्यायाम करें पर हीरो न बनें

62. पैदल चलें

63. खुद को असुविधाजनक हालात में डालें

64. सुपर शॉट वर्कआउट करें

## 61. रोज व्यायाम करें पर हीरो न बनें

कभी–कभी किए जानेवाले काम के बजाए यह ज्यादा मायने रखता है कि आप रोज क्या करते हैं।

– ग्रेचन रुबिन

बैटरी को चार्ज करने का तरीका यही होगा कि आप अपने शरीर को गतिशील रखें। पर आपको लंबे और मुश्किल वर्कआउट नहीं करने। हीरो न बनें। हमारा आदर्श बहुत सरल है :

**बीस मिनट तक व्यायाम करें...**

शोध बताते हैं कि बीस मिनट के व्यायाम से ही आप इससे दिल, दिमाग और शरीर से मिलनेवाले सारे लाभ पा सकते हैं।

**...प्रतिदिन ...**

व्यायाम से मिली एनर्जी और मूड का बूस्ट एक दिन तक चलता है इसलिए रोज बेहतर महसूस करने के लिए रोज व्यायाम करना होगा। इसके अलावा दैनिक आदतें, कभी–कभार अपनानेवाली आदतों से आसान होती हैं।

**और खुद को आंशिक श्रेय दें**

संपूर्णता की चाह न रखें। अगर आप इस सप्ताह सात में से चार दिन ही व्यायाम कर सके। चार तीन से बेहतर होता है। अगर आप आज बीस मिनट वर्कआउट नहीं कर सकते तो दस मिनट तक कर लें। कभी–कभी दस मिनट की सैर या तैराकी भी बीस मिनट के व्यायाम के बराबर हो सकती है। कई बार कुछ करते हुए इतना अच्छा लगता है कि आप मिनट की सीमा भी भूल जाते हैं। कई बार दस मिनट ही बहुत होते हैं। वे जीरो से बेहतर हैं और आपको एनर्जी बूस्टर मिल रहा है।

इसके अलावा, वर्कआउट गीयर पहनने से भी आपकी व्यायाम करने की आदत मजबूत होगी। आपको आनेवाले समय में खुद को लंबे वर्कआउट के लिए तैयार करना आसान होगा।

'इतना ही बहुत है', इस पहल के लिए सोच में बदलाव चाहिए क्योंकि हम सभी पहले से अपने मन में तयशुदा धारणाएँ रखते हैं। अकसर ये हमारे अहं से जुड़ी

होती हैं। चाहे हम बास्केटबॉल खिलाड़ी हों या पर्वतारोही, योगी हों या धावक, साइकलिस्ट हों या तैराक या फिर भी जो भी हों; हम सभी इस बारे में अपने ही पूर्वाग्रह रखते हैं कि कौन सी गतिविधि असली व्यायाम होती है। उससे कम कोई भी गतिवधि हमें आदर्श नहीं लगती। वह हमारे जीवन में पूरी तरह से फिट नहीं आती।

आधुनिक संस्कृति हमें प्रोत्साहित करती है कि व्यायाम के बारे में हमारी झूठी अपेक्षाओं को बढ़ावा मिलता रहे। जूता कंपनी आपको और बेहतर व तेज व्यायाम करने को कहती है। पत्रिका के पन्नों पर विज्ञापन आते हैं कि आप सिक्स पैक एब्स कैसे बना सकते हैं? लोग कारों पर '26.2' के स्टिकर लगाकर अपने मैराथन दौड़ने का हल्ला मचाते हैं और इसी मामले में '50' और '100' स्टिकर लगाकर दिखावा करनेवाले मैराथन धावकों की भी कमी नहीं है।

हम आम लोगों को कैसा महसूस होना चाहिए? क्या व्यायाम तभी मायने रखता है जब हम कोई भारी रेस करें या फिर अपने दाँतो से चेन पकड़कर कोई वाहन खींचें? इसका उत्तर होगा, 'नहीं'। मैराथन धावकों को शुभकामनाएँ देने के बाद अनदेखा करें। थोड़ा व्यायाम करें पर रोज करें या लगभग रोज करें।

वर्कआउट इतना ज्यादा भी न हो कि वह किए जानेवाले कामों पर हावी हो जाए। आपको हर काम में संपूर्ण नहीं होना। व्यायाम के अलावा दूसरी गतिविधियों से भी काम चलाया जा सकता है।

**जेक**

मैं खुद को बास्केटबॉल का अच्छा खिलाड़ी मानता था। वह तब तक असली नहीं था, जब तक मैं सप्ताह में चार दिन तक तीन घंटे नहीं खेल लेता था। पर इस तरह की नौकरी और बच्चों के साथ ऐसा हमेशा करना संभव नहीं था। कई बार मैं कई दिन तक लगातार खेल में शामिल होता, बुरी तरह से थक जाता, चोटिल होता और काम पीछे छूट जाता। इसके बाद कुछ दिन, सप्ताह और महीनों तक व्यायाम का नामोनिशान नहीं रहता था। या तो सब कुछ होता था या कुछ भी नहीं।

मुझे याद है जब मैंने व्यायाम से जुड़ी सोच बदल दी थी। मैं ऑफिस के बाद तीन घंटे के बास्केटबॉल सेशन के बाद घर वापस आया था। मैं पैर से लंगड़ा रहा था। मानसिक और शारीरिक थकान से चूर होकर वहीं मेज पर निढाल हो गया। काम करने की जान ही नहीं बची थी। मानो मेरे कंप्यूटर के माउस का वजन ही सौ पाउंड हो गया था।

फिर अचानक ही मेरे आगे वह नज़ारा आ गया जब मैं पिछली सुबह दस मिनट की जॉग के बाद अपने छोटे बच्चे को स्ट्रॉलर में घुमाया था ताकि उसे थोड़ी ताजी हवा मिल सके। मैं सोचने लगा कि तब मुझे कैसा महसूस हुआ था। मेरे एथलीट अहं को इस तरह का हल्का व्यायाम अधूरा लगता था, वह किसी गिनती में ही नहीं आता था। फिर भी उस जॉग के बाद मैंने पूरा दिन दिल लगाकर काम किया और एक जरूरी डिजाइन परियोजना पर काम भी पूरा कर लिया था।

मैंने सोचा, 'ओह गॉड, मुझे अपनी पहल बदलनी होगी। बेशक बास्केटबॉल में मजा आता था। यह एक अच्छा वर्कआउट था पर मैं हर बार खेल में अति कर जाता था और वह मेरे लिए थकान और चोट-चपेट की वजह बनती।

मैंने उसी समय तय किया कि मुझे अपने वर्कआउट के मापदंड को कम करना होगा और चाहे कितना छोटा ही क्यों न हो, उसी व्यायाम का श्रेय खुद को देना होगा। बास्केटबॉल न खेला जा सके तो दौड़ना ठीक था और जब वह भी न हो सके तो टहलना भी बुरा नहीं था।

मेरा यह अनुभव विज्ञान से भी मेल खाता था। कम व्यायाम के साथ मैं बेहतर महसूस करता था। तनाव कम होता था, एनर्जी भरपूर रहती थी और मैं खुश रहता था। यह उचित आकार का व्यायाम का दैनिक रूटीन बनाए रखा जा सकता था। धीरे-धीरे दौड़ना और चलना असली आदत में बदल गए और ऑटोपायलट बन गए। मैं अब भी कभी-कभार बास्केटबॉल खेलता हूँ पर अब यह व्यायाम नहीं रहा। और मैंने खुद को रोज थोड़ा-थोड़ा करने की अनुमति देकर अच्छा ही किया, अब मैं बहुत खुश रहने लगा हूँ।

## 62. पैदल चलें

हम पैदल चलने के लिए जन्मे थे। मानव विकास के इतिहास में पैदल चलने की योग्यता हमारे बड़े और सोचनेवाले दिमागों से पहले आई थी। पर आधुनिक दुनिया में, हमारा डिफॉल्ट मोटरवाले वाहन हो गए हैं। हममें से अधिकतर को हमेशा कार, बस या गाड़ी की सुविधा रहती है, जिसकी वजह से पैदल चलने का मौका ही नहीं बचता, इसी डिफॉल्ट ने हमसे एनर्जी से भरपूर रहने का मौका छीन लिया है।

अगर तकनीकी शब्दों में कहें तो पैदल चलना आपके लिए बहुत-बहुत अच्छा है। हार्वर्ड और मेयो क्लीनिक से आई रिपोर्टस् के मुताबिक पैदल चलने से आपका वजन कम होता है, दिल के रोगों से बचाव होता है, कैंसर का खतरा कम होता है, रक्तचाप घटता है, हड्डियों में मजबूती आती है और पीड़ानिवारक एंडोरफिन रिलीज़ होने से मूड में भी सुधार होता है। पैदल चलना अपने-आपमें किसी वंडर ड्रग से कम नहीं है।

पैदल चलने से आपको सोचने, सपने देखने या ध्यान करने का समय मिलता है। जेज़ी अक्सर पैदल चलने के दौरान अपने हाइलाइट पर विचार करता है। कई बार वह कोई नया चैप्टर शुरू करने के बारे में सोचता है या उसके दिमाग में कोई ब्लॉग स्पॉट या कहानी होती है। पैदल चलने के लिए कोई ज़ेन टाइम (विशिष्ट समय) ही होना चाहिए, ऐसा जरूरी नहीं है। पैदल चलते समय आप चाहें तो पॉडकास्ट या ऑडियोबुक्स भी सुन सकते हैं। आप चाहें तो फोन पर बात कर सकते हैं जो इस बात पर निर्भर करेगा कि आप किस जगह चल रहे हैं, उस जगह शोर तो नहीं है। हालाँकि ऐसा होने पर भी अपनी माँ को फोन पर हाय तो कहा ही जा सकता है।

रोज़मर्रा की सैर को करनेवाला एक और काम नहीं होना चाहिए। आप अपने आने-जाने के साधन के इस्तेमाल के बजाए पैदल चलने को शामिल कर सकते हैं। अगर आपको बहुत दूर जाना हो तो थोड़ा रास्ता पैदल तय हो सकता है। बस या गाड़ी से एक स्टॉप पहले उतरें और बाकी यात्रा पैदल कर लें। अगली बार पार्किंग लॉट में गाड़ी ऐसी जगह पार्क करें, जिसके लिए आपको पैदल चलकर वापिस आना पड़े। अगर आप 'जब संभव हो गाड़ी से चलें' के डिफॉल्ट को 'जब संभव हो पैदल चलें' से बदल देंगे तो आपको हर ओर अवसर दिखेंगे।

कुल मिलाकर, सैर दुनिया की सबसे सरल और सुविधाजनक कसरत है पर इसके आसान होने के बाजवूद यह आपकी बैटरी को शक्तिशाली तौर पर चार्ज

करती है। नैंसी सिनात्रा की बात को दोहराना चाहेंगे कि आपके पैर पैदल चलने के लिए बने थे और उन्हें यही करना भी चाहिए।

**जेजी**

2013 में, मेरा ऑफिस शहर में ही आ गया, जो मेरे घर से दो मील की दूरी पर था। मैंने तय किया पैदल ही ऑफिस जाया करूँगा। और क्यों नहीं? सैन फ्रांसिस्को का मौसम अच्छा होता है, बसों में भीड़ होती है और मैं पार्किंग डाउनटाउन के लिए पैसे देने को तैयार नहीं था।

जब पैदल चलना मेरा रूटीन हो गया तो मैंने एक हैरतंगेज़ चीज़ देखी : ऐसा लगने लगा कि पैदल चलने से मेरे पास ज्यादा समय रहने लगा। तकनीकी तौर पर तो कार या बस से जाने के बजाए पैदल चलने में ज्यादा समय लगता था पर ऐसा लगता नहीं था क्योंकि मैं उस दौरान कुछ सोच सकता था या मानसिक तौर पर अपने हाइलाइट पर काम कर सकता था।

## 63. **खुद को असुविधाजनक हालात में डालें**

ठीक है, जैसा कि हम सभी जानते हैं कि हमने आपको पैदल चलने की सलाह दी है और यह हमेशा बहुत सुविधाजनक भी नहीं होता। पर हमने ऐसा जानकर किया है। हमें लगता है कि जब आप असुविधा को चुनते हैं तो आपके लिए बहुत सारे अवसर सामने होते हैं। बस आपको अपने डिफॉल्ट को 'सुविधा' से 'ऊर्जा' की ओर लाना होगा।

**खाना पकाना**

सामान लाना, रसोई में उठा-पटक करना, सामान उठाना, काटना, पकाना - इन सभी कामों में आपका शरीर हिलता है। कुछ लोगों के लिए यह भी किसी ध्यान से कम नहीं है। इस तरह उन्हें सोचने और मनन करने का समय मिलता है। कई लोग इसका आनंद लेते हैं और उन्हें दोस्तों और परिवार के सदस्यों के साथ समय बिताने का मौका मिल जाता है। इसके अलावा, आप घर में जो खाना तैयार करेंगे,

वह रेस्त्रां के खाने से सेहतमंद और एनर्जी से भरपूर होगा।

**सीढ़ियों का प्रयोग करें**

लिफ्ट सुविधाजनक है पर थोड़ा अजीब भी लगता है। आपको एकाउंट्स में काम करनेवाले बंदे से हैलो-हाय करना होगा या फिर फोन में घुसे रहना होगा? खुद को ऐसे तनाव से भरे फैसलों से दूर रखें, सीढ़ियों का इस्तेमाल करें और दोहरा लाभ लें।

**बिना पहियों का सूटकेस लें**

अपना सामान सूटकेस में रखने के बजाए खुद उठाएँ। यह आपके लिए मिनिएचर स्ट्रैंथ वर्कआउट का काम करेगा और आप ये व्यायाम जिम के बजाए एयरपोर्ट पर कर सकेंगे। समझ आ गया। आपके पास असुविधाजनक होने के मौके तो हर जगह मौजूद हैं।

**जेक**

एक मिनट रुकें। आग के बाद से अब तक पहियोंवाला सूटकेस सबसे बड़ा आविष्कार रहा। मैं अपना सूटकेस नहीं छोड़नेवाला!

बेशक, हमें बता देना चाहिए कि हम भी पाखंडी हैं। हमें सुविधा से प्रेम है। डिलीवरी एप, कारें और लिफ्ट। हम यह नहीं कहते कि आप आधुनिक दुनिया की हर सुविधा का त्याग कर दें, बस आपसे यह कह रहे हैं कि समय-समय पर उन सुविधाओं को जीवन का डिफॉल्ट मानने के बजाए सजग निर्णय के तौर पर लें।

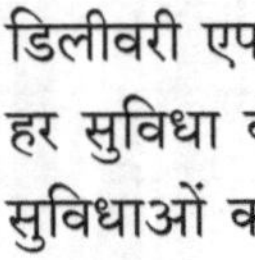

**जेज़ी**

याद रखें, हर किसी को हर उपाय पर काम नहीं करना। हम भी ऐसा नहीं करते।

## 64. सुपर शॉट वर्कआउट करें

कई बार कुछ चीज़ें ऐसी होती हैं, जो इतनी अच्छी होती हैं कि उनकी अच्छाई पर विश्वास ही नहीं होता पर वे सच्ची और अच्छी दोनों ही होती हैं। यही वजह है कि हम दोनों ही उच्चस्तरीय इंटरवल ट्रेनिंग के समर्थक है। यह एक ऐसा व्यायाम है जिसमें गुणवत्ता के बजाए मात्रा पर ध्यान दिया जाता है। हाई इंटेन्सिटी इंटरवल ट्रेनिंग - या फिर जैसा कि हम इसे कहते हैं, 'सुपर शॉर्ट वर्कआउट' - आप गहराई से भरी गतिविधियों को थोड़े-थोड़े समय के लिए करते हैं। आप चाहें तो बॉडी वेट व्यायामों से चालू कर सकते हैं, जैसे पुश-आप, पुल-अप और स्क्वैट्स। आप स्प्रिंट कर सकते हैं। वजन उठा सकते हैं। आप चाहें तो एक उपयुक्त वर्कआउट ज्यादा से ज्यादा दस मिनट के अंदर पूरा हो सकता है।

खास बात यह है कि ये सुपर शॉट वर्कआउट सचमुच एनर्जी से भरपूर कर देनेवाले माने जा सकते हैं। और यह किसी असली व्यायाम का समय बचानेवाला विकल्प नहीं है। असल में, इस बात का सुबूत है कि हमारा सुपर शॉट वर्कआउट लंबी इंटेन्सिटी की इंटरवल ट्रेनिंग से कहीं बेहतर है, जो मीडियम इंटेन्सिटी की इंटरवल ट्रेनिंग से बड़ा होता है, जिसे हम जरूरी मानते हैं। कई नए वैज्ञानिक अध्ययनों का सार प्रस्तुत करते हए न्यू यॉर्क टाइम्स का कहना है : **'एक घंटे के हल्के व्यायाम की तुलना में सात मिनट का कड़ा व्यायाम उससे कहीं ज्यादा लाभ दे सकता है।'** कम समय में, बिना पैसों के, बिना उपकरणों के ज्यादा लाभ।

यह बहुत अच्छा और सच्चा वर्कआउट उर्क की दुनिया के संदर्भ में समझ आता है। आप आसनी से उसे चीज़ों को उठाते, रखते, धकेलते और खींचते हुए कल्पना कर सकते हैं और इसके साथ ही वह अपने सफल शिकारी दौरे से लौट आता है या पहाड़ पर चढ़कर बेहतर नज़ारा देख चुका होता है। एक सुपर शॉट वर्कआउट ही आपका व्यायाम नहीं होना चाहिए - पर ये आपकी बैटरी चार्ज करनेवाला तेज और सुविधाजनक तरीका है।

अगर आप भी इसे आज़माना चाहें तो इस जगह दो विकल्प मौजूद हैं:

### 7 मिनट का वर्कआउट

न्यू यॉर्क टाइम्स में, 2013 में अमेरिकी कॉलेज ऑफ स्पोर्ट्स मैडीसिन के हेल्थ और फिटनेस जर्नल का एक आलेख छपा - 7 मिनट वर्कआउट। इसमें बारह सरल, तेज और वैज्ञानिक रूप से प्रमाणित तरीके दिए गए हैं, जो केवल सात मिनट

में पूरे हो जाते हैं। तीस-तीस सैकेंड के सत्रों के बीच दस-दस सैकेंड के सत्र हैं। आपको इन्हें करने के दौरान कुछ नहीं सोचना - ऐसे कई एप्स हैं जिनकी मदद से आप इन्हें कर सकते हैं। इसके लिए आप हमारी वेबसाइट की मदद भी ले सकते हैं।

कीप इट मूविंग

**जेज़ी 3×3 वर्कआउट**

या फिर आप जेज़ी की तरह और भी आसान तरीके अपना सकते हैं। सप्ताह में तीन बार, निम्नलिखित तीनों चरण पूरे करें:

1. एक सैट में जितने पुश-अप हो सकें उन्हें पूरा करें और फिर एक मिनट का विश्राम लें।
2. एक सैट में जितने स्क्वैट हो सकें उन्हें करें और एक मिनट का विश्राम लें।
3. एक सैट में जितने पुल-अप, कर्ल्स हो सकें उन्हें करें और एक मिनट का आराम लें।

**जेज़ी**

अगर मेरे पास पार्क में जाकर पुल-अप बार इस्तेमाल करने का समय नहीं होता तो मैं घर में ही सामान उठा लेता हूँ। जैसे कोई कुर्सी, किताबों से भरा बैग या फिर वह मेज़ जो हमने पेड़ के तने से बनाई है। यह बहुत परिष्कृत तरीका नहीं पर मेरा वर्कआउट छोटा और सरल हो जाता है। इसके अलावा सामान उठाने का तरीका वही है, जो हमारे पूर्वज असली दुनिया में इस्तेमाल करते थे और सुडौल बने रहते थे।

अगर आप बोरियत से बचना चाहते हैं या ये व्यायाम आपको पहले बहुत कड़े लगते हों तो विविधता से प्रयोग करें। मिसाल के लिए, अगर रेगुलर पुश-अप सही न लगें तो एक ओर झुकाववाले पुश-अप करें। या फिर एक वन-लेग स्क्वैट कर सकते हैं, ये स्टैंडर्ड संस्करण से आसान होते हैं। आप चाहें तो ये सभी तरीके ऑनलाइन देख सकते हैं, बस आपको कीवर्ड डालना होगा।

एनरजाइज़ युक्ति

# असली भोजन करें

65. शिकारी–संग्राहक की तरह भोजन करें

66. अपनी प्लेट सेंट्रल पार्क करें

67. भूखे रहें

68. किसी छोटे बच्चे की तरह स्नैक लें

69. डार्क चॉकलेट प्लान

## 65. शिकारी–संग्राहक की तरह भोजन करें

हमारा यह उपाय हमारे हीरो दोस्त माइकल पोलन के नाम है, जो भोजन के लिए बहुत उत्साही और एक लेखक है। इन डिफेंस ऑफ फूड में पोलन ने बहुत ही कठिन और जटिल प्रश्न को हल किया है कि हम इंसानों को सेहतमंद रहने के लिए क्या खाना चाहिए?

*भोजन करें। बहुत अधिक न करें। अधिकतर पादप * आधारित भोजन हो*

हमने पोलन की किताबें पढ़ीं और सलाह पर अमल करना चाहा। हमने देखा कि उर्क की तरह वनस्पती पर आधारित भोजन जैसे पौधे, मेवे, मछली और मांस वगैरह लेने से हमारी एनर्जी के स्तर में बहुत बदलाव आया। इंसानी शरीर असली भोजन के लिए ही बना है इसलिए इसमें हैरानी की कोई बात नहीं कि जब आपको अपेक्षित ईंधन दिया जाता है तो आपका इंजन सही तरह से काम करता है।

---

* पादप (plant) जीवजगत का एक बड़ी श्रेणी है, जिसके अधिकांश सदस्य प्रकाश संश्लेषण द्वारा शर्कराजातीय खाद्य बनाने में समर्थ होते हैं।

**जेज़ी**

मेक टाइम के शुरुआती दिनों पर मैं घर में खाना बनाने के लिए समय निकालना चाहता था। मुझे लगता था कि इसमें दोहरा लाभ था : एक एनर्जी देनेवाली असुविधा और रोज़मर्रा के आहार में असली भोजन को शामिल करना। मैंने पाया कि सादी सामग्री से बना भोजन किसी भी लंबी सामग्री से कहीं बेहतर था जैसे भुने मीट के साथ सलाद। मेरे लिए, किसी शिकारी संग्राहक की तरह रोज के खाने का रूटीन बनाने का यही बेहतर तरीका था।

**जेक**

अपने डिफॉल्ट को शिकारी–संग्राहक के भोजन की तरह सैट करने के लिए मुझे यह ध्यान देना था कि मेरे आसपास हमेशा ऐसे स्नैक हों, जो न केवल स्वादिष्ट हों बल्कि असली भोजन भी हो। मैंने बहुत सारे बादाम, अखरोट, फल और पीनट बटर खरीद लिए। फिर जब भी भूख लगती तो मनपसंद स्नैक बना लेता – एक केले या सेब के स्लाइस पर मेवे और पीनट बटर। हमने आगे स्नैक्स के बारे में और ज्यादा बात की है।

## 66. अपनी प्लेट सेंट्रल पार्क करें

भोजन को हल्का और एनर्जी से भरपूर रखने का यही तरीका होगा कि आप अपनी प्लेट में पहले सलाद रखें और बाकी खाना उसके आसपास हो। यह न्यू यॉर्क के सेंट्रल पार्क की तरह होगा। आपको अपनी प्लेट में सबसे ज्यादा जगह हरे-भरे सलाद के लिए रखनी है। इस तरह आप भारी भोजन की मात्रा कम लेंगे और खाने के बाद एनर्जी भी भरपूर होगी।

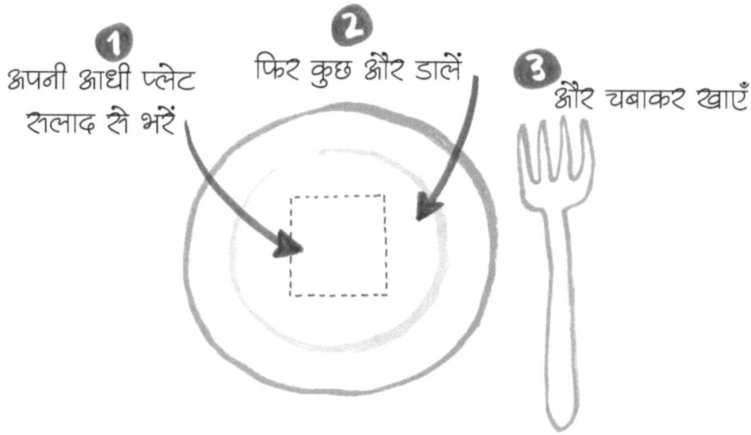

### उपवास बनाम नाश्ता

जेज़ी के लिए उपवास रखना फोकस को बढ़ाता है, जिससे याददाश्त तेज़ होती है। जेक को लगता है कि लंच और डिनर के बीच स्नैक्स नहीं होगा तो उससे बेचैनी बढ़ेगी।

## 67. भूखे रहें

**जेज़ी**

लगातार खाना भी आधुनिक डिफॉल्ट है। अगर आप दिन में तीन बार खाना और नाश्ता लेते हैं तो आपको भूख नहीं लगती। पर याद रहे, उर्क शिकारी–संग्राहक था। वह तब तक नहीं खाता था, जब तक अपने भोजन को पकड़कर मार नहीं लेता था या जमा नहीं करता था। क्या आप कल्पना कर सकते हैं कि दिन में जितनी बार भूख लगेगी, आप बेर चुनेंगे या जानवर मारकर पेट भरेंगे और फिर जब भी ब्लड शुगर का स्तर कम होगा तो खाने के लिए कुछ खोजेंगे।

हम यह कहना चाहते हैं कि हालाँकि हम जब चाहे खा सकते हैं, इसका अर्थ यह नहीं हमें खाना चाहिए। हालाँकि हम किस्मतवाले हैं, हम ऐसी दुनिया में रहते हैं, जिनमें हमारे शरीर आज भी उर्क के शरीर की तरह हैं। हम उस दुनिया से निकलकर ऐसी दुनिया में आ गए हैं, जिसमें भोजन की कमी नहीं है।

इंटरमिटन फास्टिंग फैड है पर ऐसी बहुत सी वजहें हैं कि आपको इन्हें आजमाना चाहिए। जब आप भूखें हो तो भोजन करने का स्वाद आता है और उपवास करने से सेहत को भी लाभ होता है : कार्डियोवास्कुलर फिटनेस, लंबी उम्र, मांसपेशियों का विकास और कैंसर का जोखिम कम होता है।

पर जब समय बचाने और एनर्जी लेने की बात आती है तो सबसे ज्यादा लाभ मिलता है : उपवास करने से आपका मन और मस्तिष्क शांत और स्पष्ट हाते हैं। मस्तिष्क तेज़ होता है जिससे आपको अपनी प्राथमिकताओं पर काम करना आसान लगने लगता है।

मैं इंटरमिटन फास्टिंग का अभ्यास करता रहा हूँ जो इस बात का ही सुंदर नाम है – कभी–कभी भोजन न करना। मुझे ऐसा करते हुए दो

साल हो गए हैं। पहले भूख सहन नहीं होती थी पर धीरे-धीरे मैंने पाया कि इस तरह मुझे मानसिक ऊर्जा के नए भंडार को संजोने में मदद मिल रही थी। यह मेरे सुबह के रूटीन के लिए अच्छा रहा, जिसमें मैं उठकर चार से पाँच घंटे काम करता था (न कुछ खाना-पीना और न ही कोई बाधा)। इस तरह हाइलाइट पर काम करना और आसान होगा।

चिंता न करें, मैं आपको यह नहीं कह रहा कि आपको कई दिन कुछ नहीं खाना। बस एकाध बार का खाना या नाश्ता छोड़ना होगा। बेशक, ऐसा कोई नहीं चाहेगा कि वह बिज़नेस लंच या बर्थडे डिनर पर जाए और वहाँ केवल लाइम सोडा ही ले। पर मेरे दोस्त केविन ने मुझे उपवास का जो तरीका बताया, वह सामान्य जीवन में अच्छी तरह फिट होता है। वह रात का खाना जल्दी खा लेता और फिर नाश्ता न करते हुए, दोपहर का खाना ही खाता। इस तरह उसे सोलह घंटे की फास्टिंग मिल जाती। आप भी कभी-कभी ऐसा कर सकते हैं और कोई आपको अजीब भी नहीं कहेगा।

## 68. किसी छोटे बच्चे की तरह स्नैक लें

**जेक**

छोटे बच्चे भूख लगने पर खीझने लगते हैं। अभिभावक होने के नाते मैंने ऐसा कई बार देखा है। सच में कई बार!

पर यह उनकी गलती नहीं है। तीन साल का बच्चा लंच के बाद सीधा डिनर तक खाने का इंतजार नहीं कर सकता। असल में, बड़ों के लिए भी ऐसा करना मुश्किल है। सच कहूँ तो मैं भी अनजाने में ही भूख लगने पर थोड़ा खीझ जाता हूँ। जेज़ी को लगता है कि स्नैक न लेना बेहतर है पर मैं ऐसा नहीं कर पाता। असल में, मैं तो नाश्ते का दीवाना हूँ। मेरे पास हमेशा बैकपैक में ग्रेनोला बार रहते हैं। मैंने डिजाइन स्प्रिंट रूटीन में भी बदलाव किए ताकि स्नैक के लिए ब्रेक मिल सके।

जब स्नैक लेने की बात आती है तो शायद दो चीज़ें मायने रखती हैं: अच्छी क्वालिटी का स्नैक चुनना और उसे तभी खाना जब दिल और दिमाग को उसकी जरूरत हो। बस यूँ ही समय बिताने को न खाएँ।

अपनी बैटरी चार्ज रखनी है तो इस तरह दिखावा करें कि आप तीन साल के बच्चे हैं या ऐसे बच्चे के अभिभावक हैं। यह देखें कि खीझ और कुढ़न को पौष्टिक स्नैक से कैसे दूर कर सकेंगे। जब सुबह घर से निकलें तो आपके पास सेब और ट्रेल मिक्स हो। अगर भूख लगे तो असली भोजन करें जैसे केले या मेवे। उस समय खुद को कैंडी या चिप्स जैसे जंक फूड से दूर रखें। आप तीन साल के बच्चे को लंच से थोड़ा पहले चिप्स खाने को नहीं देंगे। अपने साथ भी इसी तरह पेश आएँ। बड़े लोग भी लोग होते हैं।

## 69. डार्क चॉकलेट प्लान

शुगर की वजह से शुगर हाई होता है और शुगर हाई के बाद शुगर क्रैश आता है। अधिकतर लोग जानते हैं कि खुद को शुगर से दूर रख एनर्जी को बनाए रख सकते हैं पर यह भी तो सच है कि कुछ मीठा देखने के बाद रहा भी नहीं जाता।

तो आपको रुकने की ज़रूरत नहीं है। बस अपना डिफॉल्ट बदल दें। अगर वह डार्क चॉकलेट है तो आपको थोड़ा मीठा ले लेना चाहिए।

डार्क चॉकलेट में दूसरे मीठे पदार्थों की तुलना में मिठास कम होती है इसलिए क्रैश भी कम होगा। कई अध्ययन कहते हैं कि इससे सेहत को फायदे भी होते हैं। यह स्वादिष्ट और बेहतर है। इसकी थोड़ी सी मात्रा भी आपकी जरूरत पूरी कर देगी। यह कमाल की चीज़ है और आपको कभी-कभार इसे खाना चाहिए।

**जेक**

मुझे मीठा बेहद पसंद है पर 2002 से मैं केवल डार्क चॉकलेट ही ले रहा हूँ। यह सब सिएटल से पोर्टलैंड के रोड ट्रिप में चालू हुआ। मेरी पत्नी हॉली मेरे साथ थी। हम एक गैस स्टेशन पर रुके और मैंने बड़ी कोक बॉटल, कैप्स कैंडी और जॉली रेंचर लॉलीपॉप खरीदा। शुगर हाई के प्रभाव में आकर, मैंने सुपर मारियो वीडियो गेम की पाँच मिनट तक नकल भी उतारी और वह भी पूरी आवाजों के साथ।

इसके बाद जब मैं निढ़ाल पड़ा तो सारा रास्ता सिर में दर्द की शिकायत करता रहा और हॉली हँसती रही।

यह घटना और मेरा सिर दर्द, ये दोनों ही मुझे भूले नहीं और मुझे समझ में आ गया कि बहुत सारी शुगर एक साथ लेने के बाद शरीर एकदम कैसे निढाल होता है। उन्हीं दिनों डार्क चॉकलेट के लाभ सुनने में आ रहे थे इसलिए मैंने सोचा कि क्यों न इसे अपने मीठे व्यंजनों में शामिल किया जाए। पहले तो कड़वे स्वाद की आदत डालने में समय लगा। पर जब एक बार जीभ को स्वाद की आदत हो गई तो बाकी मीठे पदार्थ बहुत ज्यादा मीठे लगने लगे।

मैं अब भी सप्ताह में दो बार आइसक्रीम या कुकीज़ खाता हूँ पर वे मर्जी से लिए जानेवाले ट्रीट हैं। बाइ डिफॉल्ट डार्क चॉकलेट लेता हूँ, एनर्जी बनी रहती है और मेरी पत्नी मेरा मज़ाक नहीं उड़ाती ... कम से कम उस घटना को तो याद नहीं करती।

एनरजाइज़ युक्ति

# कैफिन की आदर्श मात्रा लें

70. कैफीन लेने से पहले जागें
71. क्रैश होने से पहले कैफीन लें
72. एक कैफीन झपकी लें
73. ग्रीन टी के साथ तालमेल
74. अपने हाइलाइट के साथ करें तालमेल
75. कॉफी के आखिरी कप का समय जानें
76. शुगर से बचें

डिफॉल्ट कैफीन की आदत में फँसना आसान है यानी जब भी आपको काम के दौरान आराम चाहिए, आप अपने लिए कैफीन कप में डाल सकते हैं। कैफीन की हल्की सी लत लग जाती है इसलिए न चाहने पर भी आपको आदत हो जाती है कि आप डेस्क से उठते ही अपने लिए कॉफी बना लेते हैं और फिर इसे रसायनिक तौर पर बार-बार होनेवाली आदत में बदलते देर नहीं लगती। हम किसी की परख नहीं कर रहें। हम भी इंसान हैं और हम भी कैफीन लेते हैं पर यह बहुत ताकतवर चीज़ है, जिसका आपकी एनर्जी के स्तर पर गहरा असर होता है। आपको इसे अनजाने में ही ऑटोपायलट पर पीने के बजाए अपनी मर्जी से पीना चाहिए।

हमने रयान ब्राउन से मिलने के बाद कैफीन के बारे में और ज्यादा सोचना चालू किया। रयान कॉफी के लिए बहुत गंभीर है। उसने पूरी दुनिया में सबसे अच्छे बींस की तलाश में अपनी कॉफी डिलीवरी कंपनी चालू की और कंपनी के लिए हर संभव कोशिशों के साथ अच्छे नतीजे पाने के बाद, कॉफी के बारे में एक किताब भी लिखी।

रयान जिस तरह कॉफी पीता है, वह उसके लिए भी बहुत गंभीर है। कई बरसों तक उसने कैफीन के बारे में हर नए अध्ययन पर आलेख जमा किए और कैफीन लेने के लिए बेहतरीन समय का सर्वे करते हुए यह देखा कि किस समय कॉफी पीने से एनर्जी का स्तर कई गुना बढ़ाया जा सकता है। जैसा कि आप कल्पना कर सकते हैं, जब वह हमें अपनी खोज के बारे में बताने लगा तो हम सबने अच्छी तरह से ध्यान से सुना।

रयान का कहना है कि उसके लिए एनर्जी बढ़ाने का काम इस बात से चालू हुआ कि कैफीन कैसे काम करती है। दिमाग के लिए कैफीन के मॉलीक्यूल एडेनोसिन का काम करते हैं, जो दिमाग को यह बताने का काम करता है कि अब उसे नींद आ रही है या उसे काम रोक देना चाहिए। एडेनोसिन शाम या रात के समय काम आता है, जब आप सोने के लिए तैयार हों। पर जब यह दिन या दोपहर में अपना कमाल दिखाता है तो हम अक्सर कॉफी पीने की सोचते हैं।

जब कैफीन दिखती है तो दिमाग उसे हैलो कहता है और कॉफी का असर एडेनोसिन जैसा असर करता है। असली एडेनोसिन रिसेप्टर आसपास ही तैरते रहते हैं और कॉफी दिमाग को विश्रांत होने का संकेत दे देती है।

इस जगह दिलचस्प बात यह है कि कैफीन तकनीकी तौर पर आपको एनर्जी

बूस्ट नहीं देती। यह आपको एनर्जी डिप लेने से रोक देती है क्योंकि दिमाग को आराम करने का संकेत मिल जाता है। पर जब कैफीन का असर समाप्त होता है तो एडेनोसिन अपना असर दिखा देता है। अगर आप उस समय फिर से कैफीन नहीं लेते तो आप क्रैश कर जाते हैं। और समय के साथ आपका शरीर बार-बार और ज्यादा कैफीन की मात्रा लेने का आदी होता जाता है। यही वजह है कि जब आप सामान्य तौर पर कई बार कॉफी पीते हैं तो उसे न पीने पर आपको नींद आने लगती है और सिर में दर्द होता है।

यह सब जानने के बाद रयान ने एक सिस्टम बनाया, जिसके हिसाब से वह अपनी कैफीन का पूरा आनंद ले सकता था, एनर्जी के स्तर को बनाए रख सकता था और इसके साथ ही उसकी नींद पर भी असर नहीं होता था। उसका यह निजी फार्मूला, जो कि विज्ञान पर आधारित था, बहुत ही सरल है और अनुभव की कसौटी पर खरा उतरा है:

- सुबह उठकर पहले नाश्ता करें। कॉफी के बिना ही अपने दिन की शुरुआत करे।
- आपका पहला कप साढ़े नौ से साढ़े दस के बीच होना चाहिए।
- आपका आखिरी कप डेढ़ से ढाई बजे के बीच होना चाहिए।

अधिकतर दिनों में रयान दिन में दो या तीन कप कॉफी ही पीता है। इस व्यक्ति ने कॉफी पर किताब लिखी है - उसे कॉफी से प्यार है। पर उसे यह भी पता है कि अगर उसने थोड़ा पहले या देर से कॉफी पी तो उसे उतनी एनर्जी नहीं मिल सकेगी इसलिए उसने कॉफी की मात्रा कम कर दी और हर घूंट का आनंद लेने लगा।

अगर रयान पहले ही इतनी मेहनत कर चुका था तो हम उसके रूटीन के हिसाब से चल सकते हैं, है न? बहुत जल्दबाजी नहीं करनी। उसने सावधान किया कि सबके लिए कोई एक फार्मूला नहीं होता। हर इंसान कैफीन को अपने तरीके से लेता है, जो उसके मेटाबॉलिज्म, शरीर के आकार, सहनशीलता और डीनएन पर निर्भर करता है।

बेशक, हमने अपने-आप प्रयोग करने का निर्णय लिया। यह जरूरी नहीं था कि जो जेक के लिए सही रहा, वही जेज़ी के लिए भी सही हो और जो जेज़ी के लिए सही था, वह जेक को भी अच्छा लगा हो। हमें अपने फार्मूले बनाने थे ताकि हमें सारा दिन बनी रहनेवाली एनर्जी मिल सके।

हम आपको सलाह देंगे कि आप भी निम्नलिखित उपायों की मदद से कोशिश करके देखें। आपको इस दौरान तीन से दस दिन का समय देना होगा ताकि आपके शरीर को रूटीन के अनुसार ढलने का समय मिल सके।

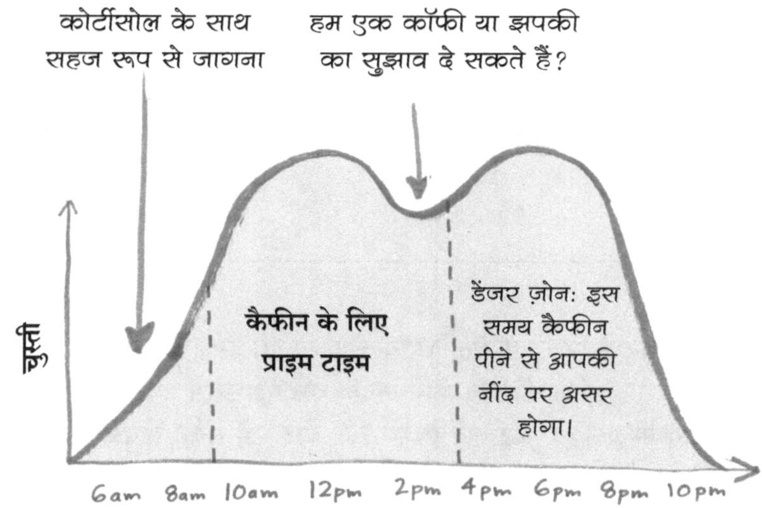


स्रोत : हमने इसे बनाया है (लेकिन यह सही लगता है)

## 70. कैफीन लेने से पहले जागें

सुबह के समय आप उठते हैं तो आपके शरीर में बहुत सारा कोर्टीसोल होता है, यह हार्मोन आपको उठने में मदद करता है। जब कोर्टीसोल ज्यादा होगा तो कैफीन आपके लिए बहुत मदद नहीं कर सकेगी। बस आपकी लत पूरी होगी। अधिकतर लोगों के लिए यह सुबह आठ से नौ बजे के बीच यह लत सबसे तेज़ होतर है इसलिए सुबह की आदर्श एनर्जी के लिए आप कॉफी का पहला कप सुबह साढ़े नौ बजे के आसपास ले सकते हैं।

**जेक**

मैंने रयान से मिलने के बाद यह बदलाव किया। इससे पहले मैं उठता तो पूरा शरीर कैफीन की माँग करने लगता था। मुझे इससे उबरने में कुछ दिन लगे पर एक बार इस लत से छूटने के बाद मुझे सचेत होकर उठना अच्छा लगने लगा। और अब मुझे साढ़े नौ बजेवाली कॉफी से बेहतर बूस्ट मिलता है।

## 71. क्रैश होने से पहले कैफीन लें

कैफीन के बारे में सबसे उलझनभरी बात यह है कि अगर आप बुरी तरह से थकने तक इसे पीने का इंतजार करते हैं तो तब तक बहुत देर हो जाएगी। एडेनोसिन आपके दिमाग पर हावी है और इसके आलस को तोड़ना मुश्किल होगा। हम इसे दोहराने जा रहे हैं क्योंकि यह जानकारी अहम है : अगर आपने बुरी तरह थकने तक इसे पीने का इंतजार किया तो बहुत देर हो जाएगी। यह सोचें कि असल में आपकी एनर्जी सबसे कम कब होती है, शायद लंच के बाद और आपको उस समय से तीस मिनट पहले कॉफी ले लेनी चाहिए या विकल्प के तौर पर ...

## 72. एक कैफीन झपकी लें

कैफीन के मैकेनिक्स का एक और तरीका यह हो सकता है कि आप थकने तक कॉफी पीने का इंतजार करें। जब थकें तो कॉफी लें और उसके बाद पंद्रह मिनट की झपकी ले लें। कैफीन को आपके खून में घुलने और दिमाग तक जाने में थोड़ा समय लगता है। आपकी हल्की नींद के दौरान, दिमाग एडेनोसिन को साफ कर देगा। जब आप जागेंगे, तो रिसेप्टर ही होंगे और कैफीन अपना असर दिखा सकेगी। आप पूरी तरह से जोश और एनर्जी से भरपूर होंगे। अध्ययनों से पता चला है कि कैफीन झपकी लेने से आपके संज्ञानात्मक बोध में सुधार होता है और केवल कॉफी या फिर झपकी की तुलना में आपकी याददाश्त बेहतर प्रदर्शन कर पाती है।

**जेज़ी**

मैं अक्सर स्प्रिंट लेखन के दौरान दोपहर के बाद कॉफी लेता था। मेरे लिए पंद्रह मिनट की वह झपकी, दो घंटों की फोकस एनर्जी के बराबर थी।

## 73. ग्रीन टी के साथ तालमेल

पूरा दिन एनर्जी या ऊर्जा के स्तर को एक सा बनाए रखने के लिए आप कॉफी की बहुत सारी मात्रा लेने के बजाए कम मात्रा में कॉफी ले सकते हैं। आप ग्रीन टी पी सकते हैं। एक आसान सा प्रयोग होगा कि आप हर एक कप कॉफी के बदले में दो या तीन बार ग्रीन टी पीकर देखें। इस तरह आपकी एनर्जी का स्तर एक सा बना रहेगा और पूरा दिन उसमें उतार-चढ़ाव नहीं होगा। एनर्जी के स्तर में एकदम तेजी और गिरावट आने से आपके मन और शरीर की हानि होती है।

**जेज़ी**

आप चाहें तो इटैलियन सुझाव अपना सकते हैं : द क्लासिक एस्प्रेसो। अगर आपको एस्प्रेसो पसंद है (मुझे तो पसंद है) तो आप भी मेरी तरह हल्की एस्प्रेसो कॉफी ले सकते हैं। एक सिंगल एस्प्रेसो आपकी सामान्य कॉफी के आधे कप या दो कप ग्रीन टी के बराबर होगी।

## 74. अपने हाइलाइट के साथ करें तालमेल

जीवन किसी वीडियो गेम की तरह नहीं है। आपको यह देखना होगा कि आपकी एनर्जी किस समय मंद होती है। आपको अपनी कॉफी तभी लेनी चाहिए जब आप अपने हाइलाइट पर काम करने जा रहे हों। हम दोनों ही बहुत सादे तरीके से इस तकनीक को लागू करते हैं : हम लिखने के लिए बैठने से ठीक पहले अपने लिए कॉफी बनाते हैं।

## 75. कॉफी के आखिरी कप का समय जानें

जेक की दोस्त कैमिली फ्लेंमिंग फैमिली मेडिसिन की डॉक्टर है जो सिएटल के स्वीडिश अस्पताल में रेजीडेंट फिजिशियंस को प्रशिक्षण देती है। उसका कहना है कि उसके हर आयु वर्ग के मरीजों को यही शिकायत रहती है कि उन्हें नींद नहीं आती। वह उनसे पहला सवाल करती है और अपने छात्रों से भी वही प्रश्न पूछने को कहती है – आप कब और कितनी कैफीन लेते हैं? ज्यादातर लोगों के पास इसका जवाब नहीं होता। कुछ लोग कहते हैं, 'नहीं, इससे नींद का क्या लेना-देना। मैंने कॉफी का आखिरी कप शाम चार बजे पीया था।

जबकि ज्यादातर लोग इस बात को नहीं जानते कि कैफीन की हाफ लाइफ पाँच से छह घंटों की है। तो अगर एक औसत व्यक्ति शाम चार बजे कॉफी पीता है तो आधी कॉफी रात नौ बजे तक रक्तप्रवाह से बाहर हो जाती है, पर आधी बची रहेगी। इसका मतलब वह आपकी रात की नींद और अगले दिन की एनर्जी पर भी थोड़ा-बहुत असर जरूर डालेगी।

आपको ही तय करना होगा कि आपके दिन की आखिरी कॉफी कब और कितनी होगी। पर अगर आपको फिर भी नींद न आए तो आपको देखना होगा कि आखिरी कॉफी का समय बदला जाए। स्वयं यह प्रयोग करके देखें और जब सही समय पर नींद आने लगे तो उस प्रयोग को सफल समझें।

## 76. शुगर से बचें

यह तो सभी जानते हैं कि सारे कैफीनयुक्त पेय पदार्थों में चीनी बहुत होती। कोक, पेप्सी, स्नेप्प्ल टी, स्टारबक मोका, रेड बुल, माचो बज़ या साइको जूस वगैरह इसमें शामिल हैं। हालाँकि उस समय तो बूस्ट मिलता है पर हमें कहने की जरूरत नहीं है कि यह लंबे समय एनर्जी बनाए रखने के उपयुक्त नहीं है।

हम असल जिंदगी में जीनेवाले हैं इसलिए आपसे यह नहीं कहेंगे कि आपको शुगर को अपनी डाइट से पूरी तरह से निकाल देना चाहिए (हमने भी ऐसा नहीं किया)। पर हम आपको सलाह देंगे कि आप कैफीन को मीठे से अलग रखें।

**जेक**

मेरे लिए कैफीन का मतलब कोक था और कुछ ज्यादा अच्छा पीना चाहता तो मोका ड्रिंक ले लेता। इसमें बदलाव लाना आसान नहीं था इसलिए मैंने धीरे-धीरे कोशिश की। सिरप के बजाए फीकी आइस टी और आइस कॉफी विद क्रीम लेने लगा। अगर सच में कैफीन के साथ मीठा लेने की इच्छा होती तो उन्हें अलग-अलग लेता। एक कॉफी और कुकी ज्यादा स्वाद देती हैं जबकि कॉफी में घुली कुकीज का ऐसा कोई स्वाद नहीं जो कि बुनियादी तौर पर सोडा ही है।

एनरजाइज़ युक्ति

# थोड़ा अवकाश लें

77. जंगल की ओर
78. ध्यान करने की कोशिश
79. अपने हैडफोन घर में छोड़ दें
80. असली ब्रेक लें

## 77. जंगल की ओर

जंगल सच में बहुत अच्छे हैं।

– जेक के डैड

1982 से, जापानी सरकार शिनरिन–योकू नामक अभ्यास को प्रोत्साहित करती आ रही है, जिसका अनुवाद हो सकता है – फॉरेस्ट बाथिंग यानी जंगल के माहौल में घुलना–मिलना। इस पर हुए अध्ययन बताते हैं कि अगर आप कुछ समय के लिए भी जंगल के संपर्क में रहते हैं तो आपका तनाव कम होता है, दिल की धड़कन सामान्य होती है और रक्तचाप भी सही रहता है। और ऐसा केवल जापान में नहीं हो रहा; 2008 में मिशीगन यूनीवर्सिटी ने दो तरह के शहरी लोगों पर अध्ययन किया, जो कुछ समय पहले शहर की सैर से लौटे थे या जो कुछ समय पहले पार्क की सैर से लौटे थे। कुदरत के साथ सैर करनेवाले लोगों का संज्ञानात्मक प्रदर्शन बीस प्रतिशत बेहतर निकला।

तो कुदरत के साथ बीता थोड़ा भी समय आपको शांत और तेज़ दिमाग बनाता है। ये कैसे काम करता है? काल न्यू पोर्ट के डीप वर्क से हमें इसके बारे में बेहतर व्याख्या मिलती है :

> *जब आप प्रकृति के बीच होते हैं तो आपको अपने ध्यान को कहीं निदेर्शित नहीं करना क्योंकि इस जगह बड़े चौराहों और भीड़ से भरी सड़कों की तुलना में चुनौतियाँ कम हैं और आप इस वातावरण के बीच आसानी से घुल–मिल जाते हैं। यही अवस्था आपके प्रेरित ध्यान संसाधनों को संतुलित होने के लिए समय देती है।*

दूसरे शब्दों मे, जंगल आपके दिमाग की बैटरी चार्ज करते हैं। आपको अपने उर्क पुरखे के साथ अपने संबंध की थोड़ी सी झलक मिल सके। व्याख्या चाहे जो भी हो, आपको कोशिश ज़रूर करनी चाहिए और आपको इसके लिए किसी जगह हाइकिंग भी नहीं करनी। इसके लिए किसी जंगल की भी ज़रूरत नहीं है, प्राकृतिक परिवेश से ही ऐसे लाभ लिए जा सकते हैं। सब आपको पार्क में कुछ मिनट प्रयोग करते हुए देखना है कि आपको मानसिक ऊर्जा कैसे और किस जगह से मिल सकती है। अगर आपको पार्क न मिले तो ताज़ी हवा के लिए बाहर निकल सकते हैं। भले ही आप खिड़की खोलकर बैठ सकें, आपको उससे भी बेहतर महसूस होगा। हमारे शिकारी–संग्राहक शरीर घरों से बाहर निकलकर बेहतर महसूस करते हैं।

**जेक**

मेरे डैड को जंगल पसंद थे पर वे वकील थे और उनके सप्ताहांत अक्सर ऑफिस में या उनकी कुर्सी पर बीतते। जब भी उन्हें मिटिंग के बीच समय मिलता, तो वे पास बने पार्क में जाकर टहलने लगते। हर शनिवार और इतवार, वे जंगल की सैर पर जाते। मौसम चाहे जैसा भी हो, उन्हें परवाह नहीं थी। जब तक तेज तूफान की वजह से पेड़ टूटकर गिरने का डर न होता, तब तक वे कुदरत के बीच समय बिताने से न चूकते।

जब मैं छोटा था तो डैड का जंगलों के लिए यह लगाव थोड़ा अजीब लगता था। पर जब बड़ा हुआ तब सारी बात समझ आई। जब मैंने अपना कैरियर शुरू किया तो मेरा दिमाग कामकाजी दुनिया के अंतहीन शोर और व्यस्तता के बीच चकराने लगा, फिर एक दिन जब मैं पार्क की सैर करने निकला तो मुझे अहसास हुआ कि कुछ जादुई घट गया था, मानो मेरा दिमाग बिलकुल शांत हो गया हो और विचार पूरी तरह से स्पष्ट– ऐसा केवल सैर के दौरान ही नहीं बल्कि उसके कई घंटों बाद भी लगता रहा। इन दिनों, गोल्डन गेट पार्क के जंगल में दौड़ लगाना रोज़मर्रा की आदत में शामिल हो गया है। ज्यों ही शहर की सड़कों से हटकर पगडंडी पर पहुँचता हूँ तो अचानक सारा तनाव छू मंतर हो जाता है। शायद डैड सही कहते थे – जंगल सच में बहुत अच्छे होते हैं।

## 78. ध्यान करने की कोशिश

ध्यान से होनेवाले लाभ तो सभी जानते हैं। इससे तनाव घटता है, प्रसन्नता बढ़ती है, दिमाग रिचार्ज होता है और फोकस बढ़ता है। पर इसके साथ कुछ मुश्किलें भी हैं। ध्यान करना कठिन है और शायद आपको ऐसा भी लग सकता है कि आप कोई मूर्खता कर रहे हैं। हम समझ गए। हम अब भी ध्यान की बात करते हुए शर्मिंदा महसूस करते हैं। असल में, इन शब्दों को टाइप करते हुए भी शर्मिंदा हैं।

पर ध्यान का शर्मिंदगी से कोई लेन-देन नहीं। यह तो आपके दिमाग को खुलकर साँस लेने का मौका देता है।

इंसानों के लिए 'सोचना' ही डिफॉल्ट अवस्था है। अधिकतर समय तो इसे अच्छा ही माना जाता है। पर लगातार सोचते रहने से आपके दिमाग को आराम नहीं मिलता। जब आप ध्यान करते हैं तो विचारों की आँधी में बहने की बजाय उन पर चुपचाप ध्यान देते हैं, जिससे उनकी गति धीमी हो जाती है और आपके दिमाग को आराम मिलता है।

तो ठीक है ध्यान आपके दिमाग के लिए आराम है। पर यह भी सच है कि ध्यान आपके दिमाग के लिए व्यायाम भी है। शांत बैठकर अपने विचारों को देखना ताजगी देता है, पर इसमें मेहनत भी लगती है। विचारों की गति को धीमा करना और देखना आपको आंतरिक शांति देता है, जिससे आप ऊर्जा से भरपूर महसूस करते हैं, जैसा कि व्यायाम के बाद होता है।

दरअसल, ध्यान के प्रभाव काफी हद तक व्यायाम के प्रभावों की तरह ही हैं। अध्ययन यह भी दिखाते हैं कि ध्यान करने से आपकी स्मरण शक्ति और केंद्रित रहने की योग्यता भी बढ़ती है। ध्यान करने से आपके दिमाग के कुछ हिस्से मोटे और मजबूत हो सकते हैं, जैसे व्यायाम करने से माँसपेशियाँ बनती हैं।

पर जैसा कि हमने कहा, ध्यान करना मेहनत का काम है और जब व्यायाम की तरह बाहरी तौर पर नतीजे न दिखें तो प्रोत्साहित बने रहना और भी कठिन हो जाता है। आपका दिमाग भले ही विकसित हो पर आप ध्यान करके सिक्स पैक ऐब्स नहीं बना सकते।

हमने यह भी पाया कि आप जो भी कर रहे हों उसे रोकने का समय निकालना और चुपचाप बैठकर अपने विचारों को देखना, यह और भी मुश्किल हो जाता है जब आपको हज़ारों और तरह के काम भी करने हों। पर असल में आपको ध्यान करने से जो एनर्जी, फोकस और मानसिक शांति मिलेगी, उसे पाने के बाद आप वाकई कामों को बेहतर तरीके से करने का समय निकाल सकेंगे। तो इस जगह ध्यान से जुड़ी सलाह है :

1. हम आपको नहीं बतानेवाले कि ध्यान कैसे करना चाहिए। हम कोई विशेषज्ञ नहीं, पर आपके पास स्मार्ट फोन तो है। शुरुआत के लिए गाइडिड मेडिटेशन एप का इस्तेमाल करें (जेक की स्टोरी पढ़ें

और हमारी वेब साइट पर दिए गए सुझावों की मदद लें।)

2. आपका लक्ष्य छोटा हो। तीन मिनट का सत्र भी आपकी एनर्जी बढ़ा सकता है। दस मिनट का हो सके तो और भी बढ़िया।

3. आपको पद्मासन लगाकर नहीं बैठना है। बस की सवारी के दौरान, लेटकर, चलते हुए दौड़ते हुए या फिर खाते हुए भी गाइडिड मेडीटेशन कर सकते हैं।

4. अगर आपको मेडीटेशन शब्द से असहज लगे तो कुछ और कहें। क्वाइट टाइम, पॉजिंग़, टेकिंग ए ब्रेक या डूइंग हैडस्पेस वगैरह किसी भी नाम से पुकारें या फिर वही जो आपके एप का नाम हो।

5. कुछ लोगों का मानना है कि लंबे समय तक करने के बाद ही ध्यान का लाभ मिलता है। वे दीवाने हैं। अगर ये आपके लिए काम करता है और आप खुश हैं तो आप हमेशा छोटे सत्रों में ध्यान कर सकते हैं।

**जेक**

कई बरसों तक मैं ध्यान के बारे में अच्छी बातें सुनता रहा पर इसे नहीं कर सका। फिर मेरी पत्नी ने आईफोन पर हैडस्पेस एप आज़माने को कहा। उसका कहना था कि यह मुझे पसंद आएगा। 'एंडी बहुत सरल शब्दों में बात कहता है।'

एंडी पडीकॉम्ब, हैडस्पेस का सहसंस्थापक है और वही आपके हैडफोन्स की आवाज़ है। हमें उसके ब्रिटिश लहज़े को समझने में कुछ समय लगा। हॉली ने सही कहा था, मैंने उसे बहुत पसंद किया।

मैंने यह देखना शुरू किया कि हर सैशन के बाद मुझे क्या महसूस होता था। क्या हैडस्पेस से मेरे फोकस में सुधार हो रहा था। सच में ऐसा ही हुआ।

**क्या आपको हैडस्पेस इस योग्य लगा?**

- 4/19 10 min YES
- 4/20 10 min YES (फोकस करना आसान है, शांतिदायक)
- 4/21 10 min YES (जब मैं उसके बाद काम करता तो धीरे-धीरे और चुस्ती से काम कर पाता था।)

फिर मुझे एक ऐसा एप मिला, जिसमें यह भी पता चलता था कि बीते समय में आपने कितने दिन लगातार ध्यान किया। बस में यात्रा करते समय मैं लगातार 400 दिन तक ध्यान के छोटे सैशन जारी रखने में सफल रहा।

जब मैं इसका इस्तेमाल करने लगा तो मेरे लिए लंबे समय तक एकाग्रता बनाए रखना आसान हो गया। मेरे विचारों में स्पष्टता आती गई। और वैसे तो मुझे पता है कि सुनने में अजीब लगेगा पर मैंने अपने आपसे गहरा जुड़ाव महसूस किया और ये एक अच्छी बात थी।

**टिपीकल घंटा**

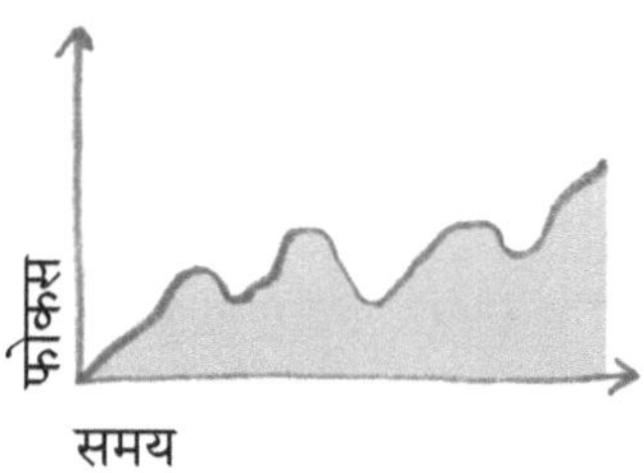


**हेडस्पेस के बाद टिपीकल घंटा**

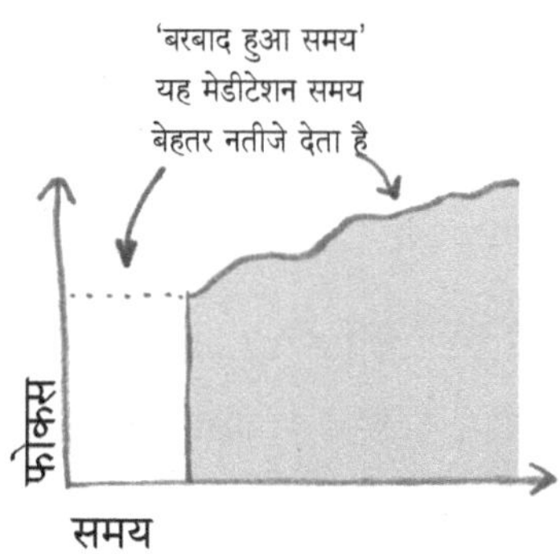


आधुनिक जीवन के तनाव और विचलन से बचाव के लिए तकनीक का प्रयोग – बेशक इसमें से अधिकतर तकनीक की देन है, सुनने में विरोधाभास लगता है पर मेडीटेशन एप मेरे बहुत काम आया। अगर आप भी चाहें तो इसे आज़माकर देखें।

## 79. अपने हैडफोन घर में छोड़ दें

हैडफोन्स कमाल की चीज़ हैं। आप आसानी से इन्हें अनदेखा कर सकते हैं। पर वे हमें कहीं भी, किसी भी जगह पर हमारी मर्जी से कुछ भी सुनने की इजाज़त देते हैं। आपकी गोपनीयता भी बनी रहती है। वाकई कमाल की चीज़ है। आप चाहें तो अपने जॉग के दौरान कुछ प्रेरक सुनें या गीत सुनें या फिर भीड़ से भरे विमान में बैठकर पॉडकास्ट सुनें। किसी को कुछ पता नहीं चलता कि आप क्या सुन रहे हैं। यह एक स्टीरियो के अंदर आपका अपना ब्रह्माण्ड है।

बेशक, आधुनिक जीवन का बहुत सारा समय शांत बीतने के बजाए हैडफोन्स के साथ ही बीतने लगा है। अगर आप काम, सैर, व्यायाम या आने-जाने के दौरान हैडफोन लगाते हैं तो आपका दिमाग शांत नहीं हो पाता। भले ही आपने कोई संगीत अल्बम हज़ारों बार सुना हो पर उसे सुनने के लिए आपको मानसिक रूप से काम करना पड़ता है। गाना हो या पॉडकास्ट या फिर ऑडियोबुक; ये बोरियत से बचाते हैं पर बोरियत से ही कुछ सोचने और केंद्रित होने का अवसर मिलता है।

थोड़ा समय निकालें और हैडफोन घर में ही रहने दें। आते-जाते वाहनों की आवाज़ सुनें। अपने की-बोर्ड की खटखट सुनें या फिर पगडंडी पर अपने पैरों की आहट। हर खाली जगह को भरने का आग्रह छोड़ दें।

हम यह नहीं कहते कि आपको हैडफोन्स पूरी तरह से छोड़ देने चाहिए। यह तो पाखंड होगा क्योंकि हम भी दिन के अधिकतर समय उनका प्रयोग करते हैं। पर कभी-कभी कुछ समय या एक दिन के लिए उसे छुट्टी दें ताकि आप शांति के बीच कुछ समय बिता सकें और आपके दिमाग को रीचार्ज होने का मौका मिल सके।

## 80. असली ब्रेक लें

काम के ब्रेक के दौरान सोशल मीडिया को बार-बार देखना ठीक नहीं है। इस तरह के अवकाश से आपके दिमाग को आराम नहीं मिलता। जब भी आप कोई विचलित करनेवाली न्यूज़ स्टोरी देखते हैं या आपको किसी दोस्त की ऐसी तस्वीर दिखती है जिसे देखकर जलन होने लगे तो आपका तनाव घटने के बजाए बढ़ जाता है। अगर आप मेज़ पर काम करते हैं तो इस तरह के ब्रेक आपको कुर्सी से चिपकने पर विवश कर देते हैं और आप इधर-उधर जाने या दोस्तों से बात करने का मौका नहीं निकाल पाते।

आपको स्क्रीन के बिना ब्रेक लेने की कोशिश करनी चाहिए। खिड़की से बाहर देखिए, आँखों के लिए अच्छा है; टहलने निकलें, यह मन और शरीर के लिए अच्छा है; कुछ खा लें, अगर आपको भूख लगी है तो आपकी एनर्जी के लिए अच्छा है;' किसी से बात करें, आपके मूड के लिए अच्छा है।

अगर आपका डिफॉल्ट ब्रेक यही है कि आप सीधा सोशल मीडिया की शरण में जाते हैं तो आपको अपनी आदतें बदलनी होंगी –हमने देखा है कि आदतें बदलना आसान नहीं होता। ऐसा फोन रखें जिसमें सोशल मीडिया न हो, लतखोर वेबसाइट्स से बचें, जब आपका काम हो जाए तो फोन एक ओर रखें। जब आप असली दुनिया में ब्रेक लेने लगेंगे तो हमें उम्मीद है कि आपको ऐसा करना पसंद आएगा। जब आपके पास अधिक एनर्जी होगी तो लेज़र मोड में आना आसान होगा। इस तरह आप अपने हाइलाइट पर केंद्रित रह सकेंगे।

**जेज़ी**

बेशक़ मैं मेक टाइम में दिए गए सभी उपायों पर काम करता था पर फिर भी इन्फिनिटी पूल का सायरन गूंजता था। एक घंटे या फिर पंद्रह मिनट के उत्पादक समय के बाद ही मैं खुद को कहता कि काम बहुत हो गया अब खुद को इनाम देना चाहिए। मैं ट्विटर देखने की कोशिश करता और हैरानी की बात यह थी कि छोटी सी बाधा भी मेरे काम में रूकावट डाल देती।

जैसे ही मुझे ट्विटर लॉगइन करना पड़ता तो मैं खुद को याद दिलाता कि मुझे असली ब्रेक लेना चाहिए और इस तरह वही मेरा नया रूटीन और नया डिफॉल्ट बन गया।

**जेक**

मुझे असली दुनिया में ब्रेक लेना पसंद है, पर कई बार वे काफी नहीं होते। जब मैंने कड़ी मेहनत करना चालू किया तो मुझे एहसास हुआ कि मेरा दिमाग इस तरह थकान से निचुड़ रहा था मानो किसी ने स्पंज को निचोड़ दिया हो। तब मैं जानता था कि अब मुझे अपने लिए मेगा ब्रेक की ज़रूरत थी : मैं सारे काम छोड़कर कोई फिल्म देखने लगता। फिल्म ही क्यों? मूवी छोटी होती है और सोशल मीडिया व समाचारों की तरह आपको बेचैन नहीं करती। इस तरह आपका दिमाग पूरी तरह से आराम कर सकता है और वह ऊर्जा को सोखनेवाले चक्र में फँसने से भी बच जाता है।

एनरजाइज़ युक्ति

# इसे निजी बना ले

## 81. अपने कबीले के बीच समय बिताएँ

हममें से सभी, यहाँ तक कि अंतमुर्खी लोग भी अपने लिए मानवीय संपर्क चाहते हैं। यह कोई हैरानी की बात नहीं है, उर्क 100 से 200 लोगों के कबीले के बीच रहता था। इंसान इसी तरह कबीलों के बीच फलते-फूलते आए हैं।

पर आज के समय में आमने-सामने होना मुश्किल होता जा रहा है। अगर आप शहर में रहते हैं तो आपने कल इतने इंसान देखे होंगे, जो शायद उर्क ने अपने पूरे जीवन में न देखे हों पर आपने उनमें से कितने लोगों से बात की? उनमें से कितनी बातें सार्थक थीं? यह आधुनिक जीवन की क्रूर विडंबना है कि हम ऐसे लोगों से घिरे हैं, जो पहले से कहीं ज़्यादा अकेले हो गए हैं। यह बड़ी बात है, खासतौर पर अगर आप हॉर्वर्ड के 75 वर्षों के वयस्क विकास अध्ययन को देखें, जो कहता है कि स्वस्थ संबंधोंवाले लोग कहीं लंबा, सार्थक और संतुष्ट जीवन जीते हैं। हम यह दावा नहीं करते कि राशन की कतार में खड़े अजनबियों से बात करने पर आपको सौ साल तक जीने में मदद मिलेगी, पर लोगों के साथ आमने-सामने मिलने से आपकी एनर्जी कई गुना बढ़ सकती है।

इक्कीसवीं सदी में भी, आपके पास एक कबीला है। अगर आप ऑफिस में काम करते हैं तो आपके पास सहकर्मी हैं। आपके परिवार में भाई-बहन, माता-पिता और दूसरे लोग होंगे। और हम उम्मीद करते हैं कि आपके दोस्त भी होंगे। बेशक कई बार इन लोगों से भी हम परेशान हो जाते हैं पर अक्सर इनके साथ काम करने से एनर्जी मिलती है।

जब हम समय बिताने की बात करते हैं तो हमारा मतलब असली बातचीत से है। लाइक, कमेंट, मेल, फोटो या इमोजी भेजने से नहीं। स्क्रीन पर आधारित संप्रेषण भी अच्छी बात है पर यही तो परेशानी की जड़ है : यह इतना आसान है कि अक्सर इसकी वजह से जीवन में होनेवाली असली बातचीत पीछे रह जाती है।

हर इंसान हमारा हौसला नहीं बढ़ा सकता पर हमें ऐसे लोगों के बारे में पता होता है, जिनसे बात करके हमें अच्छा लगता है। इस जगह एक प्रयोग दिया जा रहा है :

1. एनर्जी देनेवाले एक इंसान के बारे में सोचें।

2. उसके साथ असली बातचीत करने का अवसर न छोड़ें। आप चाहें तो मिलें या फोन पर बात करें। आपके बीच बात होनी जरूरी है।

3. इसके बाद अपनी एनर्जी के स्तर पर ध्यान दें।

आप खाने के दौरान परिवार से बात कर सकते हैं या फिर भाई को फोन कर सकते हैं। किसी पुराने दोस्त या परिचित से बात कर सकते हैं। अगर आप अपनी आवाज का इस्तेमाल कर रहे हैं यानी बोल रहे हैं तो समय और स्थान से कोई फर्क नहीं पड़ता। भले ही सप्ताह में एक बार मिलें पर उन दोस्तों से मिलें जो आपको सराहते हैं, प्रेरित करते हैं, हँसाते हैं, जिनके आगे कोई दिखावा नहीं करना पड़ता। आपकी बैटरी को रीचार्ज करने का बेहतर उपाय यही है कि आप उन लोगों से मिलें जो आपको खुशी और उत्साह दे सकें।

**जेक**

मैं अपने फोन के नोट्स एप में ऐसी एनर्जी देनेवाले लोगों के नाम लिख लेता हूँ। वे लोग जिनसे मिलते ही मेरी चाल में थिरकन आ जाती है। सुनने में शायद आपको अजीब लगे पर ऐसे किसी दोस्त के साथ खाना खाने या कॉफी पीने से मुझे दिन में ज्यादा काम करने का मौका मिलता है क्योंकि मेरी एनर्जी कई गुना बढ़ जाती है।

## 82. स्क्रीन के बिना खाना खाएँ

जब आप स्क्रीन के बिना खाना खाते हैं तो आप हमारे पाँच एनर्जी नियमों में से तीन पूरे कर देते हैं। तब आप बिना सोचे-समझे गैरसेहतमंद भोजन नहीं करते। सामनेवाले से पूरी एनर्जी और जोश से मिलने के बाद आपके दिमाग को सारे दिन की व्यस्तता से थोड़ा छुटकारा मिलता है। और आपको अपने कामों के बीच यह सब करने के लिए समय निकालना ही होगा।

**जेक**

मेरे बचपन में, मेरा परिवार खाना खाते हुए टी.वी. देखता था। जब मैं अपनी भावी पत्नी के परिवार से मिला तो उन्हें डाइनिंग टेबल पर खाना खाते देख हैरानी हुई। यह सब बाबा आदम के जमाने जैसा लग रहा था। क्या वह मुझसे भी ऐसा ही करने की उम्मीद करेगी? पर उन दिनों, मेरे और हॉली के पास टी.वी. नहीं था इसलिए डिफॉल्ट के तौर पर ही, हम भी डाइनिंग टेबल पर ही खाना खाने लगे।

पर टी.वी. आने के बाद भी यही आदत बनी रही। जब तक हमारे बच्चे हुए, मैं भूल चुका था कि मैं बचपन में खाना कैसे खाता था। और अब हर शाम हम चार लोग एक साथ खाना खाते हैं। टी.वी., फोन और आई-पैड; कुछ भी पास नहीं होता। इसी आदत की वजह से मैं पॉप संस्कृति में थोड़ा पीछे रह गया पर परिवार के साथ समय बिताने के लिए यह बड़ी कीमत नहीं है।

एनरजाइज़ युक्ति

# एक गुफा में सोएँ

83. बेडरूम को बेड रूम बना लें

84. नकली सूर्यास्त तैयार करें

85. चुपके से लें झपकी

86. खुद को जैट-लेग न करें

87. पहले अपना ऑक्सीजन मास्क लगा लें

## 83. बेडरूम को बेड रूम बना लें

उर्क के लिए रात को सोने का मतलब यही होता होगा कि उसे मानसिक रूप से शांत होकर नींद लेने का मौका मिलेगा। जब आप सोने से पहले सोशल मीडिया, मेल या समाचार देखते हैं तो आप इस प्रक्रिया में बाधा डाल देते हैं। आप अपने दिमाग को शांत करने के बजाए और उकसा देते हैं। कोई भी परेशान करनेवाला मेल या समाचार आपके दिमाग के घोड़े दौड़ा देता है और फिर आप घंटों जागते रहते हैं।

अगर आप नींद में सुधार करना चाहें तो फोन को सोने के कमरे से बाहर निकाल दें। हमेशा के लिए। और यहीं बस न करें। अपने सोने के कमरे को नींद का आश्रयगृह बनाने के लिए बिजली से चलनेवाले सारे उपकरण बाहर कर दें। न टी. वी. और न ही कोई आई पैड। न बैकलाइट वाला किंडल। दूसरे शब्दों में : सोने के कमरे को सोने का कमरा बना दें।

टी.वी. की अपनी ही चुनौतियाँ होती हैं। अगर यह आपके कमरे में होगा तो आपका प्रतिरोध कमजोर हो जाएगा। आपको अपने मनोरंजन के लिए बस इसका बटन दबाना होगा। यह बहुत खतरनाक है क्योंकि यह आपका समय लेता है। इसे देखने से नींद के घंटे कम होंगे और देखने के बाद भी लंबे समय तक नींद नहीं आएगी। आपके दिमाग को शांत होने में समय लगेगा।

पलंग पर कुछ पढ़ने का विकल्प अच्छा है। किंडल भी ठीक रहेगा क्योंकि इसमें दूसरे एप नहीं होते, बस आपको तेज़ बैकलाइट बंद करनी होगी।

कमरे से सामान बाहर रखना मुश्किल हो सकता है पर अगर आप अपने व्यवहार में बदलाव के लिए संकल्पशक्ति पर भरोसा करने के बजाए माहौल बदलें तो काम आसान हो जाएगा। एक बार करके देखें और इसे स्थायी बना दें। अपने फोन का चार्जर निकाल दें और कमरे के बाहर कहीं रखे।

बस आपके कमरे में अलार्म घड़ी होनी चाहिए। सीधा सा मॉडल चुनें, उसमें तेज़ लाइट न हो। हो सके तो इसे पलंग से दूर रखें ताकि आप इसकी रोशनी से बच सकें और यह आपको जागने में भी मदद करेगा। जब अलार्म बजेगा तो आपको हारकर इसे बंद करने के लिए उठना ही होगा। शायद यह दिन की शुरुआत के लिए अच्छा उपाय हो सकता है।

## 84. नकली सूर्यास्त तैयार करें

तेज़ रोशनी देखकर दिमाग को लगता है कि दिन निकल आया, अब उठना चाहिए। यह बहुत प्राचीन स्वचालित सिस्टम है। उर्क के लिए यही काम करता था। वह अंधेरा होने पर सो जाता और रोशनी दिखते ही जागता। दिन का यह कुदरती चक्र उसकी नींद और ऊर्जा को नियमित करने में मदद करता था।

### उर्क के दिन

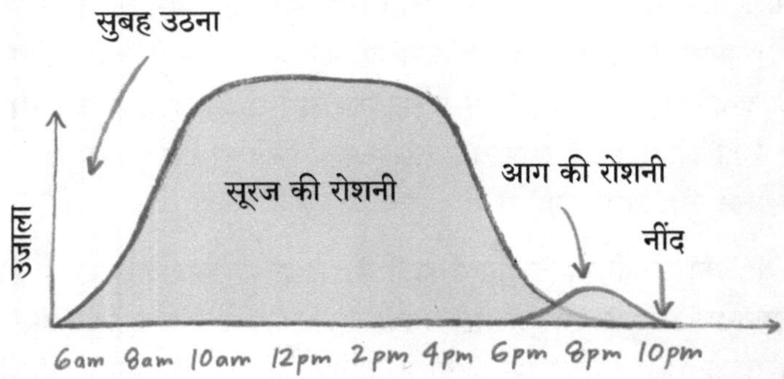


आधुनिक मनुष्य के लिए यह एक परेशानी है। हमारे स्क्रीन और बल्ब के बीच दिन और रात का अंतर मिट गया है। हम बिस्तर में जाने तक रोशनी के बीच रहकर दिमाग को कहते रहते हैं कि अभी रात नहीं हुई। यही वजह है कि हमें रात को लेटकर भी नींद नहीं आती।

### आधुनिक दिन

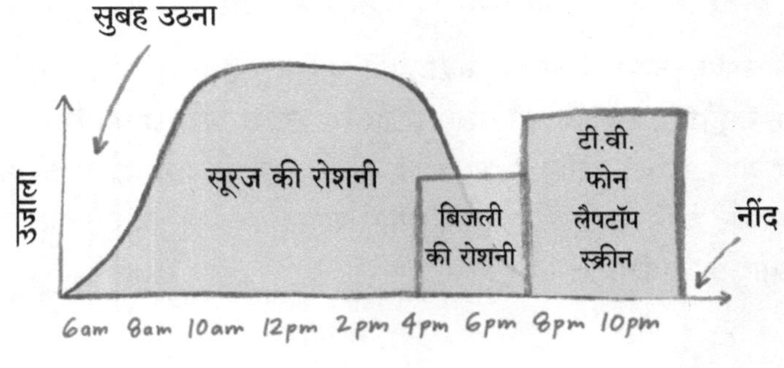

केवल हम ही ऐसा नहीं कह रहे। जाने कब से यह बात समझाई जा रही है कि इंसानों को पलंग में फोन या लैपटॉप का प्रयोग नहीं करना चाहिए। सलाह अच्छी है, बस यही बहुत नहीं है। जब जेज़ी मॉर्निंग पर्सन बनने की कोशिश में था तो उसने महसूस किया कि उसे एक बड़ी रणनीति चाहिए। उसे नकली सूर्यास्त बनाना होगा।

उसने यह कैसे किया:

1. रात के खाने के साथ ही, सोने से कुछ घंटे पहले तक घर में लाइटें बंद करना चालू कर दें। धीमी रोशनी या साइड लैंप का प्रयोग करें। डिनर टेबल पर मोमबत्ती जला सकते हैं।
2. फोन, कंप्यूटर और टी.वी. का नाइट मोड चला दें। इस तरह स्क्रीन का रंग नीले से लाल और संतरी हो जाएगा। यह कुछ ऐसा लगेगा मानो आप उजाले से भरे आसमान के बजाए अलाव के पास बैठे हैं।
3. कमरे में जाते ही अपने सारे उपकरण बाहर कर दें।
4. अगर कमरे में सूरज की रोशनी आती हो तो आँखों पर मास्क लगा लें। जी, आपको अजीब लगेगा पर तरीका कारगर ही है।

अगर सुबह के समय आलस आए या एनर्जी की कमी हो तो नकली सूर्योदय तैयार करें। आजकल इस तरह की लाइटें भी आने लगी हैं जो आपकी मदद कर सकती हैं। अलार्म बजने से पहले धीरे-धीरे एक उजली रोशनी हो जाएगी ताकि आपको लगे कि सूरज निकल आया और आपका दिमाग जाग जाएगा। अगर आप शाम को लाइटें बंद कर सकें तो यह ऐसा एहसास देगा, मानो आप किसी गुफा में रह रहे हैं।

## 85. चुपके से लें झपकी

झपकी लेने से आप स्मार्ट होते हैं। सच्ची। बहुत सारे अध्ययनों से पता चला है कि झपकी लेने से आपकी चुस्ती बढ़ती है और दोपहर में संज्ञानात्मक प्रदर्शन में सुधार होता है। हमेशा की तरह, हमने स्वयं विज्ञान की जाँच की।

जेक

मुझे नैप लेना पसंद नहीं और केवल इसलिए नहीं कि मेरा नाम नैप है।

जेज़ी

वह एक खराब चुटकुला था।

आपको गहरी नींद भी नहीं लेनी। बस दस-बीस मिनट लेटने से ही तरोताज़ा हो सकते हैं। सच तो यही है कि अगर आप ऑफिस में काम करते हों तो आपके लिए ऐसा करना संभव नहीं होता। ऑफिस में सुंदर नैप पॉड्स के बावजूद लोगों को झपकी लेने में दिक्कत होती है। चाहे जो भी हो, ऑफिस में झपकी लेना अजीब लगता है। अगर आप ऑफिस में ऐसा नहीं कर सकते तो कोई बात नहीं, घर में तो कर ही सकते हैं। चाहे आप सप्ताह के अंत में ऐसा करें पर आपको इससे लाभ होगा।

**86. खुद को जैट-लेग न करें**

कई बार, हमारी पूरी कोशिश के बाद भी नींद पूरी नहीं होती। पूरा सप्ताह काम की व्यस्तता, देर रात की उड़ानें या कोई चिंता-तनाव हमें जागने पर विवश कर देते हैं। हमें लगता है कि हम ज़रूरत से ज़्यादा थक गए हैं। हम अपनी दोस्त क्रिस्टीन से नींद से जुड़ी चुनौतियों पर बात कर रहे थे, जो हमारे परिचितों में सबसे अधिक उत्पादक और महत्वाकांक्षी है। वह दिन में, गूगल में डिजाइन प्रोड्यूसर की तरह

काम करने के अलावा फूड ट्रक की मालिक है और हर तरह के उद्यमियों और युवा पेशेवरों के लिए लाइफ कोच का काम भी करती है।

'देर तक जागकर काम करना लुभावना तो लगता है पर इससे कोई बात नहीं बनती।' वह कहती है।

उसने हमें बताया कि सप्ताह के अंत में देर तक सोने का मतलब है कि हम खुद को जैट लैग कर रहे हैं। इससे आपकी अंदरूनी घड़ी के काम करने का तरीका बाधित होता है और आपके लिए वापस पटरी पर आना मुश्किल हो जाता है। उसका कहना है कि अगर आप किसी अलग टाइम ज़ोन में हों तो देर तक नींद न लें और अपनी दिनचर्या का पालन करें।

नींद की कमी आपकी सेहत और एकाग्र होने की क्षमता पर बुरा असर डालती है। बस एक शनिवार को दोपहर तक सोने से आप उसकी भरपाई नहीं कर सकते। आपको रोज़ सही मात्रा में नींद लेनी होगी ताकि आपकी बैटरी चार्ज रहे, रोज एक ही समय का अलार्म लगाकर रखें, चाहे वह काम का दिन हो, सप्ताह का अंत हो या फिर अवकाश का दिन हो।

हमारे पास एनर्जी बनाने के बारे में एक और नोट है। अगर आप पर दूसरों की देखभाल की जिम्मेदारी है तो ये तरीके आपको अपने लिए कुछ ज़्यादती लग सकते हैं पर ये पूरी तरह से अव्यावहारिक नहीं हैं। हम आपको सलाह देंगे कि आपको स्वयं को अपनी देखरेख करने की अनुमति भी देनी चाहिए।

## 87. पहले अपना ऑक्सीजन मास्क लगा लें

जब जेक की पत्नी गर्भवती थी तो उन्होंने भावी माता-पिता के लिए होनेवाली कक्षा में भाग लिया था। उन्हें एक सलाह दी गई : पहले अपना ऑक्सीजन मास्क लगा लें।

विमान में आपसे यही कहा जाता है कि दूसरों की मदद करने से पहले अपना ऑक्सीजन मास्क लगा लें। केबिन में हवा का दबाव कम होते ही सबको ऑक्सीजन की ज़रूरत होगी पर अगर आप स्वयं मास्क पहने बिना दूसरों की मदद करते रहे तो इसे समझदारी नहीं कह सकते।

एक नवजात भी कम हवा के दबाव की तरह ही है और अगर आपने अपना थोड़ा भी ध्यान नहीं रखा तो आपके लिए एक अच्छा केयरटेकर बनना मुश्किल

होगा। आपको अपने आहार पर ध्यान देना होगा और नींद को पूरा करना होगा। आपको बीच-बीच में आराम करने के तरीके खोजने होंगे ताकि आप स्वस्थ बने रहें। दूसरे शब्दों में, आपको पहले अपना ऑक्सीजन मास्क लगाना चाहिए।

अगर आप नवजात के बजाए किसी और का भी ध्यान रख रहे हों तो भी इस बात को न भूलें। दूसरे इंसान की दैनिक ज़रूरतें आपकी भावात्मक और शारीरिक ऊर्जा सोख सकती हैं। आप सैर करें, कुछ समय अकेले रहें या कसरत करें -सुनने में स्वार्थी जैसा महसूस होगा पर याद रहे, यह सब करने पर ही आप उन कामों के लिए अपना समय दे सकेंगे, जो आपके लिए मायने रखते हैं। अगर आप किसी स्नेही जन की देख-रेख कर रहे हैं तो इससे ज्यादा क्या महत्त्व रख सकता है?

# रिफ्लेक्ट

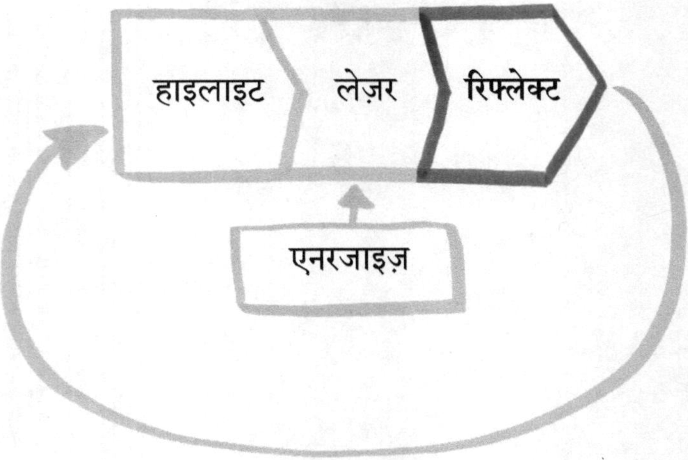
हाइलाइट
लेज़र
रिफ्लेक्ट
एनरजाइज़

विज्ञान और रोज़मर्रा के जीवन को अलग नहीं कर सकते और न ही करना चाहिए।

- रोज़ालिंड फ्रेंकलिन

मेक टाइम के चौथे और आखिरी चरण में स्वागत है। इसमें आपको थोड़े विज्ञान का प्रयोग करना होगा ताकि आप इस सिस्टम को अपने लिए तैयार कर सकें- आपकी आदतें, आपकी जीवनशैली, आपकी प्राथमिकता और आपका अनूठा शरीर।

**अपने दिनों को वैज्ञानिक उपायों से सुव्यवस्थित करें**

चिंता न करें। यह विज्ञान बहुत सरल है। बेशक प्रेक्टिकल एसीलिरेटर, एस्ट्रोफिजिक्स, फोटोन टॉरपीडो वगैरा थोड़े कठिन हो सकते हैं पर यह वैज्ञानिक उपाय अपने आपमें सरल है:

1. निरीक्षण करें कि क्या चल रहा है
2. अनुमान लगाएँ कि चीज़ें इस तरह क्यों घट रही हैं
3. अपनी कल्पना की जाँच के लिए प्रयोग करें
4. नतीजों की जाँच करके देखें कि आप सही थे या नहीं।

बस इतना ही। डब्लयूडी - 40 से लेकर, हबल स्पेस टेलीस्कोप तक सब कुछ इन चार चरणों में ही समाया है।

मेक टाइम वैज्ञानिक उपाय का उपयोग भी करता है। इस पुस्तक में सब कुछ आधुनिक दुनिया में हमारे निरीक्षण पर आधारित है और हमारे अनुमान पर आधारित है कि हमारे समय और ध्यान के साथ बुरी बातें क्यों घटती हैं। आप चाहें तो इसे तीन चरणों में विभाजित कर सकते हैं:

**द हाइलाइट परिकल्पना**

अगर आप सुबह एक अभिप्राय या मंशा तय करेंगे तो हम आपके लिए यह भविष्यवाणी करते हैं कि आप पूरे दिन संतुष्ट, आनंदित और असरदार बने रहेंगे।

**लेज़र परिकल्पना**

अगर आप बिज़ी बैंडवैगन और इन्फिनिटी पूल्स के आसपास अवरोधक लगा दें तो हम भविष्यवाणी करते हैं कि आप अपने ध्यान को किसी लेज़र बीम की तरह केंद्रित कर सकेंगे।

**एनरजाइज़ परिकल्पना**

अगर आप थोड़ा सा भी आदिमानव स्टाइल में जी सकें तो हम भविष्यवाणी करते हैं कि आप अपनी मानसिक और शारीरिक एनर्जी को निखार सकेंगे।

इस किताब में दिए गए उपायों में सत्तासी प्रयोग शामिल हैं, जिन्हें इन अनुमानों के लिए जाँचा गया है। हमने स्वयं खुद पर आज़माया पर अपने आप पर तो आप ही आज़मा सकते हैं। और इसके लिए आपको वैज्ञानिक उपाय चाहिए। आपको आँकड़ों को मापना होगा – यह काम किसी यूनीवर्सिटी छात्र की तरह या किसी प्रयोगशाला में नहीं बल्कि आपके रोज़मर्रा के जीवन में होगा।

आप अपने आपमें अनूठे हैं और आपके नतीजे ही मायने रखते हैं। इस तरह का विज्ञान ही हमारे रिफ्लेक्ट में शामिल है।

**अपने नतीजों की जाँच के लिए नोट्स लें और ईमानदारी बरतें**

आँकड़े जमा करना बहुत सरल है। प्रतिदिन आप मनन करेंगे कि आपने अपने हाइलाइट के लिए समय निकाला या नहीं या आप इस पर कितना फोकस कर सके। फिर आप देखेंगे कि आपके पास कितनी एनर्जी बची। आप इस्तेमाल किए गए उपायों को आज़माते हुए, यह देखेंगे कि उनमें से क्या कारगर रहा और क्या काम

नहीं आया। फिर आप यह योजना तैयार करेंगे कि इसके बाद आप क्या करनेवाले हैं।

इस चरण को पूरा करने में अधिक समय नहीं लगेगा : बस इन आसान प्रश्नों के उत्तर दें:

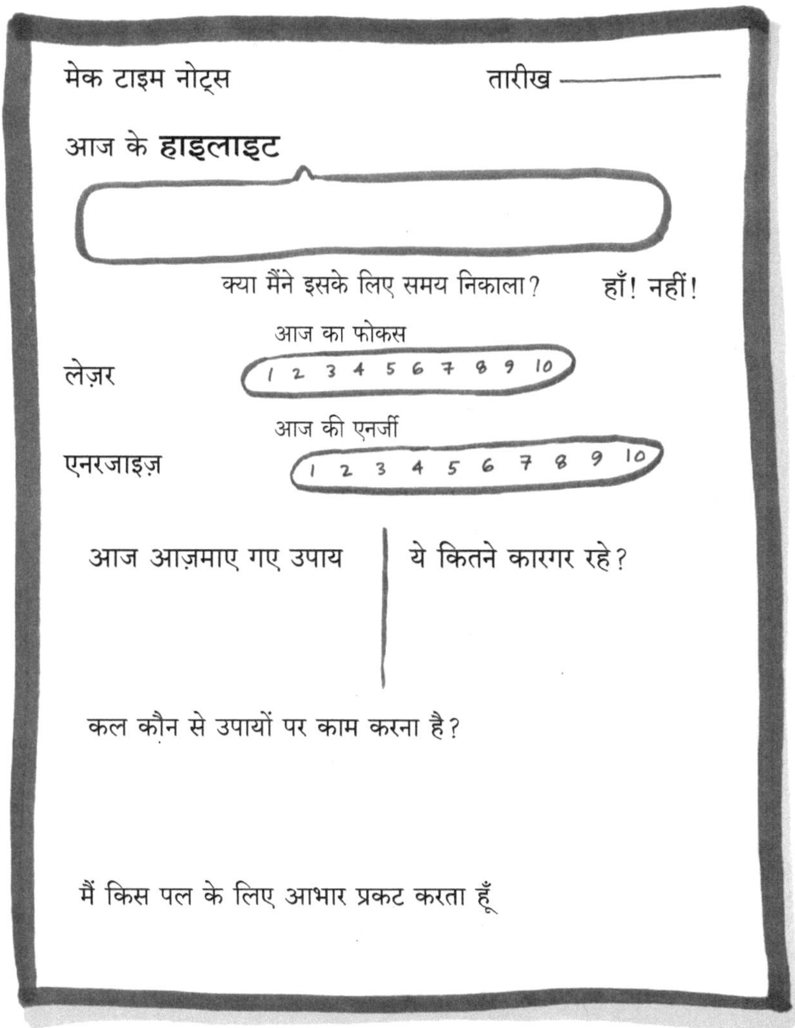

इस जगह उदाहरण दिया गया है कि आपके लिए इसका रूप क्या हो सकता है।

मेक टाइम नोट्स तारीख ———

आज के **हाइलाइट**

**घर में डिनर पकाना**

क्या मैंने इसके लिए समय निकाला? (हाँ!) नहीं!

आज का फोकस

लेज़र 1 2 3 4 5 (6) 7 8 9 10

आज की एनर्जी

एनरजाइज़ 1 2 3 4 5 6 7 8 (9) 10

| आज आज़माए गए उपाय | ये कितने कारगर रहे? |
| --- | --- |
| **हीरो मत बनो** | **बढ़िया! सही रहा** |
| **बाधारहित फोन** | **मीटिंग के बीच मेल देखता रहा** |

कल कौन से उपायों पर काम करना है?

**बाधा देनेवाला क्रिप्टोनाइट – ई मेल**

**हीरो मत बनो – दौड़ लगाने की आदत बनाना चाहता हूँ**

मैं किस पल के लिए आभार प्रकट करता हूँ

**जब रसोई से स्पेगटी की महक आती है**

यह पेज इसलिए ही तैयार किया गया है ताकि हम देख सकें कि आपने किताब का इस्तेमाल कैसे किया। यह आपको अपने बारे में जानना भी सिखाती है। नोट्स लेने के कुछ दिन बाद, आप यह देखेंगे कि आपका सारा दिन एनर्जी से भरपूर और चुस्त रहा और आपका स्वयं पर पूरा नियंत्रण रहा।

इन सिस्टम्स के साथ प्रयोग करते हुए यह याद रखना भी ज़रूरी है कि कुछ उपाय तो तुरंत काम करेंगे और कुछ उपायों के लिए धीरज रखना होगा। कई बार भूल–सुधार विधि का भी प्रयोग करना होता है ताकि वह उपाय आपके जीवन में जगह बना सके। अगर आप पहले–पहल असफल रहे तो अपने साथ कठोरता न बरतें। थोड़ा समय दें और अपनी पहल में बदलाव करें। याद रहे कि संपूर्णता आपका लक्ष्य नहीं है। आपको हमेशा और हर जगह सारे उपाय नहीं आज़माने। आपके पास अपने तरीके से जीने का भी समय होना चाहिए। आप अपने प्रयोग कभी भी दोबारा चालू कर सकते हैं और इन उपायों को उस हद तक ही अपना सकते हैं, जो आपके जीवन में कारगर हों।

इन नोट्स का उद्देश्य यही है कि आप प्रयोगों के नतीजे जाँच सकें पर आप यह देखेंगे कि हमने इसमें आभार से जुड़ा प्रश्न भी शामिल किया है। आभार तो सदियों से, अलग–अलग संस्कृतियों में भी लोगों के जीवन का अंग रहा है। बौद्ध धर्म, स्तोइकवाद, बाइबिल, जापानी टी सेरेमनी और थैंक्सगिविंग हॉलीडे; सब इसके ही रूप हैं। पर इतिहास चाहे जो भी हो, हमने एक वजह से आभार को शामिल किया है: हम आपके प्रयोगों के नतीजों पर दबाव डालना चाहते थे।

डिफॉल्ट में बदलाव करना हमेशा आसान नहीं होता इसलिए आपको बीते हुए दिन में मुड़कर आभार प्रकट करना आना चाहिए। अक्सर आप देखेंगे कि आप सारे काम पूरे नहीं कर सके पर फिर भी आपकी मेहनत ने कुछ ऐसे क्षण दिए जिनके लिए आप आभार प्रकट कर सकते हैं। जब ऐसा होता है तो आभार का भाव ही अगले दिन का काम करने की प्रेरणा हो जाता है।

किताब में ही आपको खाली नोट्स पेज मिलेगा। इसे फोटोकॉपी करें या हमारी वेबसाइट से पीडीएफ प्रिंट कर लें। आप चाहें तो अपनी डायरी में या किसी पन्ने पर इन्हें लिख सकते हैं।

हम आपको सलाह देंगे कि आप मेक टाइम आदतों को जीवन का हिस्सा बनाने के लिए फोन पर रिमाइंडर लगा लें। जैसे, 'हे सीरी! रोज सुबह याद दिलाना

कि मैं अपने लिए हाइलाइट चुन सकूँ' या 'मुझे याद दिलाना कि मैंने रात को नौ बजे नोट्स लेने हैं।'

हो सकता है कि आपको दिन में मनन करने या विचार करने की आदत हो जाए। तब ऐसा कुछ करने की जरूरत नहीं होगी। यह भी याद रहे कि मेक टाइम नोट्स किसी भार जैसे न लगें। बस आपको अपने लिए बेहतर सिस्टम चुनने हैं ताकि काम करना आसान हो सके।

**छोटे बदलाव बड़े नतीजे**

इस किताब के शुरू में हमने कहा था कि आप आधुनिक जीवन की गति को कम कर सकते हैं, थोड़ा कम व्यस्त अनुभव कर सकते हैं और दिनों का भरपूर आनंद ले सकते हैं। अब चारों चरणों को पूरा करने के बाद दावों पर विचार करने का समय आ गया है। क्या आप सच में थोड़ा समय अपने लिए निकाल पा रहे हैं?

हम मानते हैं कि हमारे पास आपके जीवन के लिए कोई जादुई रीसैट बटन नहीं है। अगर आज आपको पाँच सौ मेल के जवाब देने हैं तो आनेवाले कल में यह संख्या जीरो नहीं हो जाएगी। अगर यह सप्ताह व्यस्त था तो शायद अगला सप्ताह भी होगा। हम आपके कैलेंडर को नहीं मिटा सकते या आपके इनबॉक्स को फ्रीज नहीं कर सकते।

पर ऐसे बड़े बदलाव करना जरूरी भी नहीं है। यह किताब आपको बहुत आगे तक ले आई है। छोटे बदलाव आपको नियंत्रण में रखते हैं। अगर आप कुछ बाधाओं को हटाकर अपनी शारीरिक और मानसिक ऊर्जा को थोड़ा बढ़ा सकें और किसी एक चीज़ पर ध्यान रमा सकें तो आपका दिन असाधारण हो सकता है। इसके लिए कोई खाली कैलेंडर नहीं चाहिए – आपके लिए साठ से नब्बे मिनट का समय बहुत होगा। बस आपको जरूरी कामों के लिए समय निकालना है और अधिक संतुलन बनाना है और आज का भरपूर आनंद लेना है।

**जेक**

2008 में, मैंने अपनी एनर्जी के स्तर को जानने के लिए नोट्स लेना चालू किया और यह पता लगाने की कोशिश की कि उसे कैसे सुधारा जा सकता है।

इस जगह उसका उदाहरण दिया जा रहा है:

**नवंबर** 17

**एनर्जी का स्तर :** 8

**आज के उपायः**

सुबह 30 मिनट तक कसरत की

**वह कैसी रही?**

उसके बाद और अच्छा महसूस हुआ। मुझे और ज्यादा कसरत करनी चाहिए। मैंने पूरे तीन घंटे तक काम पर ध्यान दिया पर लंच के बाद थकान होने लगी। हालांकि मीठा स्वादिष्ट बना था इसलिए मैंने दो चॉकलेट केक खा लिए। शायद लंच के बाद ऐसा नहीं करना चाहिए था।

ये नोट्स आपके लिए बहुत काम आने वाले हैं। सुबह की कसरत से आपको एनर्जी मिली, लंच में मीठा खाने के बाद आलस आया और तीन घंटे लगातार काम करने से थकान हो गई।

हालाँकि कसरत अच्छी है और मीठा खाना ठीक नहीं है, यह जानकारी कोई नई नहीं है पर फिर भी इस तरह की बातों को लिखने से आपके लिए सुधार करना आसान रहेगा। किसी समाचार में शोध नतीजे पढ़ना और खुद नतीजों पर आना, अलग होता है।

इन नोट्स की वजह से संभलने में मदद मिली। मैंने सुबह कसरत करने के बहाने खोजने चालू किए और कुछ ही महीने में कसरत मेरे जीवन का हिस्सा हो गई। मैंने अपनी दिनचर्या में बदलाव किए जिससे मैं हल्का और एनर्जी से भरपूर लंच करने  लगा।

पहले तो मैं एनर्जी पर ही ध्यान देता था, फिर आगे चल कर मैंने हाइलाइट और लेज़र उपायों भी ध्यान देना चालू किया। इन प्रयोगों ने मुझे मेरे निजी प्रयोग तंत्र को निखारने में मदद की। और प्रतिदिन होने वाले इस मनन के साथ मेरे व्यवहार में बदलाव आया : मैं पहले से खुश रहने लगा हूँ, किसी दूसरे के सामने और संभल कर मेहनत करता हूँ, फिर चाहे वह दूसरा 'मैं' ही क्यों न हूँ।

# क्यों न ‘आज’ से हो शुरुआत

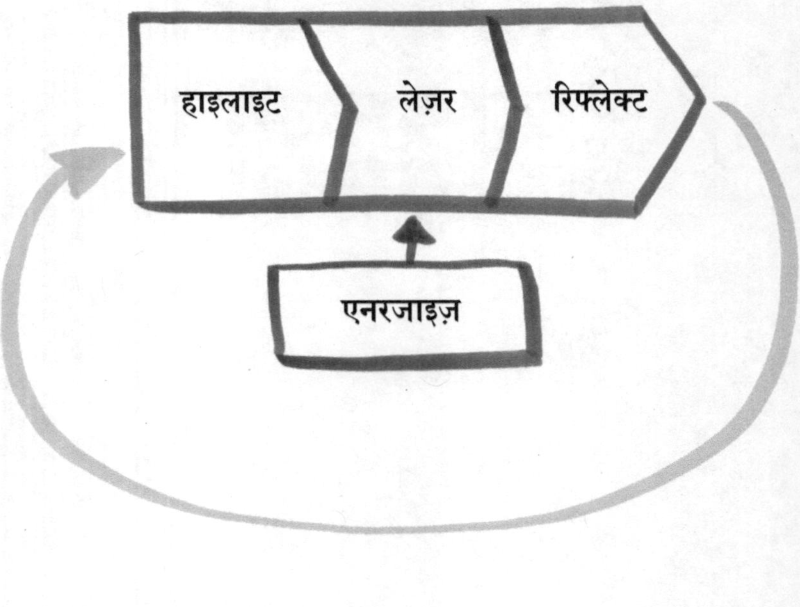
हाइलाइट
लेज़र
रिफ्लेक्ट
एनरजाइज़

स्वयं से न पूछें कि दुनिया को क्या चाहिए, स्वयं से पूछें कि आपको किन चीजों से जीवंत महसूस होता है और फिर जा कर वही काम करें। क्योंकि संसार को जीवंत लोगों की आवश्यकता है।

-हॉवर्ड तुरमन

हममें से कई लोगों ने सिलीकॉन वैली में कई बरस दिए हैं। उस जगह 'पिवट' शब्द का प्रयोग बहुत होता था। यानी 'केंद्र बिंदु'। स्टार्ट-अप की भाषा में इसका मतलब है कि कोई कंपनी किसी एक काम के साथ चालू करती है और फिर उसे पता चलता है कि कोई और काम भी उसके लिए सार्थक है। अगर उनके पास भरपूर आत्मविश्वास और पैसा हो तो वे उस नई दिशा की ओर चल देंगे।

कुछ स्टार्ट-अप पीवट तो बहुत ही सफल रहे। एक शॉपिंग टूल टोट ने अपनी दिशा बदली और पिंटरेस्ट बन गया। एक ओडियो नामक पॉडकास्टिंग कंपनी 'ट्विटर' बन गई। बरबन नामक एप रेस्त्रां और बार खोजने के लिए बना था, जो अपनी दिशा बदलकर इंस्टाग्राम बना। और कैमरे के लिए ऑपरेटिंग सिस्टम बनानेवाली कंपनी ने दिशा बदली और बन गई 'एंड्रॉयड'।

जब आप मेक टाइम के सभी उपायों को अपना लेंगे तो आपके लिए अपनी दिशा तय करना आसान होगा। जब आप हाइलाइट चुनकर लेज़र मोड पर फोकस करेंगे तो हो सकता है कि आपके लिए कुछ नई योग्यताएँ और रुचियाँ भी सामने आएँ - इस तरह आपको उनके साथ चलने का आत्मविश्वास भी मिलेगा। हमारे साथ भी ठीक यही हुआ।

**जेक**

मैंने काम में और अधिक उत्पादक होने के लिए समय के साथ प्रयोग चालू किए पर नतीजे कमाल के रहे। इस किताब के उपायों ने मुझे काम और घर का संतुलन बनाने में मदद की। मेरे दिन पहले से थोड़े अलग हुए। मैं पहले से ज्यादा नियंत्रण में रहने लगा। अपनी प्राथमिकताओं के लिए समय निकालने से कई नई परियोजनाओं पर काम करने का मौका मिला। मैंने डिजाइन स्प्रिंट मैथड को विकसित किया, बच्चों के साथ आर्ट शो किए और लेखन भी जारी रहा। पहली किताब चालू करना और उसे पूरा करना मुश्किल था पर मेक टाइम ने इसे मेरे लिए आसान बना दिया।

फिर एक मजेदार बात हुई। लेखन के लिए समय निकालने पर और ज्यादा लिखने का मन करने लगा। फिर मैंने इसे पूर्णकालिक रूप से अपनाने का निर्णय कर लिया। मेरी प्राथमिकताओं का यह भारी बदलाव रातों-रात नहीं आया। मानो मैं धीरे-धीरे इसकी ओर बढ़ रहा था। मुझे 2008 से 2017 तक पूरे सात साल लगे, जिस दौरान मैं एक लेखक के तौर पर उभरा। पर जब गूगल को छोड़ने का समय आया - यह सोच भी पागलपन से कम नहीं थी तो मेरे लिए यह निर्णय लेना आसान रहा। मैं जो भी चाहता था, वह पूरी तरह से सपष्ट था और मैं पूरे आत्मविश्वास से आगे चल सकता था।

**जेज़ी**

जेक की तरह, मैंने भी काम को असरदार बनाने के लिए इन उपायों पर अमल करना चालू किया था। फिर समय के साथ-साथ मैंने महसूस किया कि मैं अपनी बढ़ी हुई एनर्जी और फोकस को कॉर्पोरेट सीढ़ी से जाने के लिए इस्तेमाल नहीं करना चाहता था। मैंने एक और नई प्राथमिकता विकसित की : सेलिंग। सेलिंग में जितना निवेश करता गया, उतना ही संतोष मिलने लगा। हालाँकि यह एक आंतरिक प्रेरणा थी, मैं दुनिया को अलग नज़र से देखते हुए प्रक्रिया का आनंद लेने लगा था।

मैं सेलिंग करने के और उपाय खोजने लगा। और इस किताब में दिए गए उपायों की मदद से मैंने और मिशेल ने सेलिंग के साथ जीवन के विकल्प खोजे। दूसरी जगहों की यात्रा, मनचाही यात्रा करना और ऑफिस से बाहर ज्यादातर समय यात्रा में बिताने के जुनून को बनाए रखना। 2017 में हमने इसे पूरा कर दिखाया। अपनी नौकरियों को छोड़ा, अपार्टमेंट छोड़ दिया और सेलबोट पर आ गए। फिर हमने कैलीफोर्निया दक्षिण से होते हुए मैक्सिको और सेंट्रल अमेरिका और पैसीफिक कोस्ट के लिए सेलिंग चालू की।

इसके साथ दूसरी प्राथमिकताएँ हवा हो गईं। कॉर्पोरेट दुनिया से निकलकर, पूर्णाकालिक यात्रा ने अच्छा वेतन, बोनस और ओहदा छीन लिया था पर मेरे लिए यह सारा चुनाव करना बेहद आसान रहा। मैं जानता था कि मेरे लिए किन चीज़ों के लिए समय निकालना जरूरी था और मैंने वही किया।

अपने कैरियर के दौरान हम बहुत ज्यादा भागदौड़ में रहे, व्यस्त रहे और उन बातों के लिए समय नहीं निकाल सके, जो हमारे लिए मायने रखती थीं। मेक टाइम ने हमें हमारे समय को नियंत्रित करना सिखाया। समय के साथ-साथ, हम उन परियोजनाओं पर काम करने लगे, जिन्हें अब तक टालते आ रहे थे और उन्हें आगे भी इसी तरह टाला जा सकता था।

जब आप अपनी ही प्राथमिकताओं पर ध्यान देने लगते हैं तो आपका दैनिक जीवन बदल जाता है। शायद आपका आंतरिक दिशासूचक भी आपसे तालमेल में आ जाता है और आपके लिए अपने सबसे महत्त्वपूर्ण अवसरों की पहचान करना आसान हो जाता है। मेक टाइम आपके कैरियर को लंबे समय तक बनाए रखने में मदद करता है। आपकी आदतें और परियोजनाएँ समय के साथ और दृढ़ होती हैं और यह एक बहुत अच्छी बात है।

पर यह भी हो सकता है कि आप जिन कामों पर पूरा ध्यान नहीं देते थे, वे आपके जीवन में सबसे जरूरी हो जाएँ। एक नई और अनपेक्षित दिशा भी सामने आ सकती है। और हो सकता है कि आपको अपने आगे का रास्ता स्पष्ट तौर पर दिखने लगे।

हम आपको काम छोड़कर दुनिया की सैर पर निकलने की सलाह नहीं दे रहे (जब तक आप जेज़ी की तरह स्वयं ऐसा न करना चाहें)। हम इस बात पर भी बल देंगे कि आपको सब कुछ इसी तरह नहीं करना- बिलकुल भी नहीं। हम लगातार अपनी प्राथमिकताओं को संतुलित कर रहे हैं और यह भी हो सकता है कि हम आज जो कर रहे हों, वह आनेवाले पाँच या दस वर्ष में न करना चाहें। जब तक आप इसे पढ़ेंगे, शायद हमारे भी जीवन की दिशा बदल गई होगी और यह एक अच्छी बात है। जब तक हम अपने लिए जरूरी कामों के लिए समय निकाल रहे हैं, तब तक यह सिस्टम हमारे लिए काम करता रहेगा।

आप जीवन में अधिक संतुलन पाना चाहें या कोई नई दिशा अपनाना चाहें; मेक टाइम आपको यह अवसर देगी कि आप उनके लिए अधिक समय निकाल सकें। अपने जरूरी और जीवंत बना देनेवाले कामों को पूरा करने के लिए किसी खास दिन का इंतज़ार न करें। आज से ही आरंभ करें।

# मेक टाइम के लिए किक स्टार्ट गाइड

इस किताब में बहुत सारे उपाय दिए गए हैं। अगर आप निश्चित तौर पर कुछ नहीं कह सकते तो इसे आज़माएँ :

**हाइलाइट : अपनी दिनचर्या को हाइलाइट करें**

अपने दिन की अच्छी शुरुआत और दोहराव से भरे चक्र को तोड़ने के लिए अपनी दिनचर्या को हाइलाइट करें।

**लेज़र : बाधा देनेवाले क्रिप्टोनाइट से बचें**

आपको खुद को किसी एक इन्फिनिटी पूल से दूर रखना है, बस फिर देखें कि आपका ध्यान कैसे बदलता है।

**एनरजाइज : फुटपाथ को तेज़ करो**

हर दिन सुबह कुछ मिनट चलने से आपको शरीर के लिए ताज़गी मिलेगी और मन शांत होगा।

**तीन दिन तक हर शाम रिफ्लेक्ट या मनन करें**

आपको पूरा जीवन डायरी लेखन नहीं करना। बस आपको ये उपाय आज़माने हैं। पूरे तीन दिन तक शाम के समय नोट्स लें। देखें कि आपने उनसे क्या सीखा।

आप चाहें तो मदद के लिए हमारी वेबसाइट पर भी जा सकते हैं।

# सेंपल एजेंडा

हमें लगा कि यह देखने से मदद मिलेगी कि मेक टाइम रोज़मर्रा के जीवन में कैसी लगती है इसलिए हमारे कैलेंडर के कुछ दिन आपके लिए पेश कर रहे हैं। एक दिन में आप बहुत सारे उपाय शामिल कर सकते हैं जैसे – अपना दिन डिजाइन करें, लॉग–आउट, कलाई घड़ी पहनें, बाधारहित फोन रखें जो कैलेंडर पर न दिखे। हालाँकि यह सब करना भी अनिवार्य नहीं। ये तो सचमुच बहुत अति तक जानेवाले उपाय हैं – आपको तो याद ही होगा कि हम टाइम डॉर्क्स हैं!

**जेक**

जब मेरी दिनचर्या बहुत सारी मीटिंगों से घिरी थी तो मैं सारा दिन अपनी एनर्जी बनाए रखने के लिए इन उपायों को अमल में लाता था। ऐसा करने से मेरे लिए शाम को अपने रोमांचकारी उपन्यास का लेखन करने का समय मिलने लगा।

| | | |
|---|---|---|
| 6am | | |
| 7am | सुबह उठकर नाश्ता करना | |
| 8am | ल्यूक को स्कूल छोड़कर पार्क में सैर करना | ← जंगल की सैर |
| 9am | बस में काम पर जाते हुए हैडस्पेस सुनना | ← ध्यान करने की कोशिश |
| 10am | मीटिंग | |
| 11am | मीटिंग | |
| 12pm | दोस्त के साथ लंच | ← स्क्रीन के बिना खाना |
| 1pm | मीटिंग | |
| 2pm | | |
| 3pm | मीटिंग | ← किसी बच्चे की तरह नाश्ता करना |
| 4pm | मीटिंग | |
| 5pm | बस से घर, कोई हैडफोन नहीं | |
| 6pm | परिवार के साथ डिनर | ← |
| 7pm | फ्लिन के साथ खेलना और उसे सुलाना | ← अपने कबीले के साथ समय बिताना |
| 8pm | हॉली और ल्यूक के साथ समय बिताना | ← |
| 9pm | | |
| 10pm | रोमांच से भरपूर उपन्यास पर काम करना | ← **हाइलाइट** |
| 11pm | | |
| | रात को सोना | |

**जेज़ी**

जब मैं गूगल में काम कर रहा था तो मेरा काम करने का सामान्य दिन कुछ ऐसा लगता था। हर दिन मैं सुबह उठकर, अपने हाइलाइट पर काम करता और फिर कोई और काम करता - हाँ कॉफी पी लेता था। काम के दौरान होनेवाली सैर बूस्ट का काम करती थी। फिर दिन में रचनात्मक ऊर्जा कम होने लगती तो मैं अपना ध्यान प्रशासनिक कामों में लगा देता जैसे मेल भेजना, अपनी एनर्जी फिर से बनाना (कसरत करना, खाना पकाना, अपनी पत्नी मिशेल के साथ समय बिताना)।

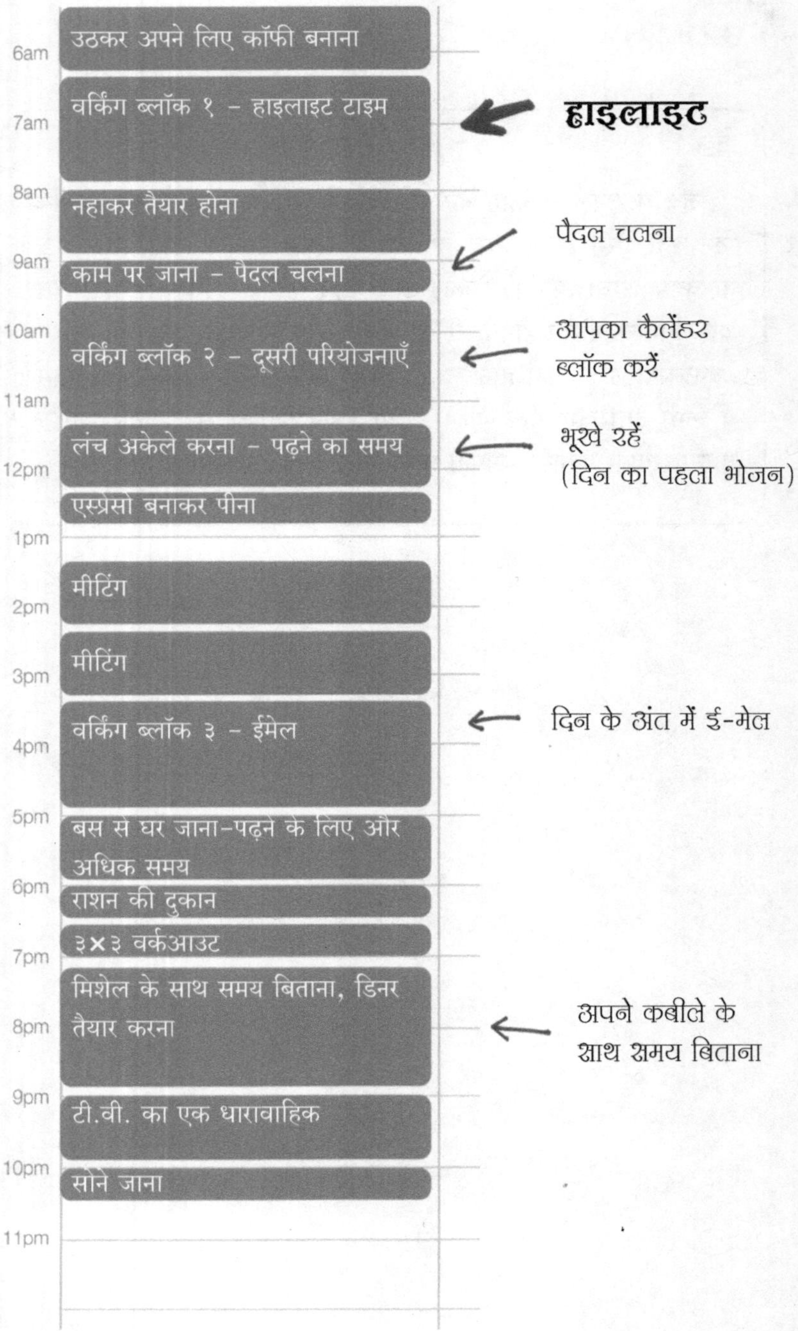
6am
उठकर अपने लिए कॉफी बनाना
7am
वर्किंग ब्लॉक १ - हाइलाइट टाइम
हाइलाइट
8am
नहाकर तैयार होना
9am
काम पर जाना - पैदल चलना
पैदल चलना
10am
वर्किंग ब्लॉक २ - दूसरी परियोजनाएँ
आपका कैलेंडर ब्लॉक करें
11am
लंच अकेले करना - पढ़ने का समय
भूखे रहें (दिन का पहला भोजन)
12pm
एस्प्रेसो बनाकर पीना
1pm
मीटिंग
2pm
मीटिंग
3pm
वर्किंग ब्लॉक ३ - ईमेल
दिन के अंत में ई-मेल
4pm
5pm
बस से घर जाना-पढ़ने के लिए और अधिक समय
6pm
राशन की दुकान
३×३ वर्कआउट
7pm
मिशेल के साथ समय बिताना, डिनर तैयार करना
अपने कबीले के साथ समय बिताना
8pm
9pm
टी.वी. का एक धारावाहिक
10pm
सोने जाना
11pm

# थैंक्यू नोट

**जेजी**

सबसे पहले अपनी पत्नी मिशेल को धन्यवाद कहना चाहूँगा। तुम सबसे अच्छी हो। इस परियोजना में सहयोग देने के लिए धन्यवाद। मैंने इसका पहला प्रारूप भी हमारे सेंट जॉन अवकाश के दौरान लिखा था। हालाँकि इसकी वजह से सेलिंग की योजनाओं में भी फेर-बदल करने पड़े और तुमने कई बार पांडुलिपि को पढ़कर अपनी स्मार्ट फीडबैक दी, जिससे एक नया नज़रिया मिला। बहुत-बहुत शुक्रिया।

धन्यवाद, जेक। हमारे पहले डिजाइन स्प्रिंट को छह साल हो गए। तुम्हारे साथ काम करते हुए काम के बारे में सोच बदली। हमारा यह साथ वाकई कमाल रहा। इस काम को करने में बड़ा मजा आया और मैं एक बार फिर तुम्हारे साथ काम करना चाहूँगा।

मेरे काम के दौरान रोल मॉडल बननेवाले दोस्तों को धन्यवाद। माइक जिट ने सिखाया कि जीने के लिए काम को रीडिजाइन कैसे कर सकते थे। मैट शोब ने सिखाया कि पूरे दिल से रचनात्मक काम कैसे कर सकते हैं। शोब कॉपीराइटिंग के मास्टर हैं। ग्राहम जेन्किन ने दिखाया कि भरे हुए कैलेंडरवाले मैनेजर भी उन कामों के लिए समय निकाल सकते हैं जो उनके लिए महत्त्व रखते हों। जीवन में आनेवाले उन सभी लेखकों को धन्यवाद, जो मेरे लिए प्रेरणा स्रोत बने।

**जेक**

मेरा सबसे बड़ा धन्यवाद मेरी प्यारी पत्नी हॉली के लिए है। मैं उसके सहयोग, समर्थन और बार-बार दी जानेवाली फीडबैक के बिना यह किताब नहीं लिख सकता था। तुम्हारी फीडबैक से बहुत मदद मिली और मैं इसे सराहता हूँ।

ल्यूक धन्यवाद, तुमने पैदा होने के बाद मुझे टाइम का मैनेजमेंट करना सिखाया। तुम लगातार इस परियोजना के दौरान मेरे मित्र बने रहे।

फ्लिन, तुम्हारी वजह से काम के बीच अवकाश लेने का मौका मिलता रहा। तुमने भी मेरे साथ चित्रों पर काम किया, शुक्रिया!

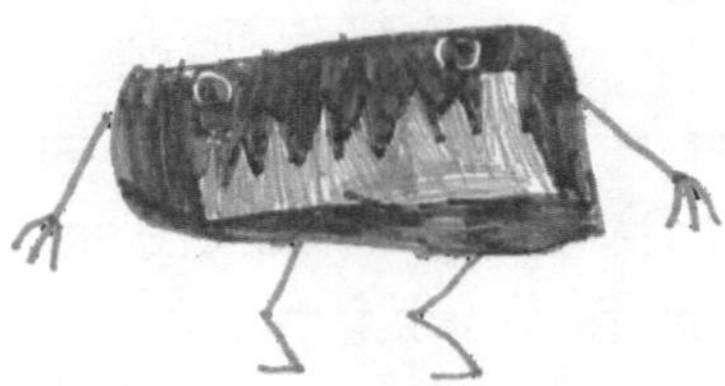

मॉम आपको थैंक्स, आपने मेरे बचपन में कहानियों को टाइप करके दिया, स्कूली पढ़ाई के अलावा किताब को तैयार करने में भी मदद की। आपने किताबें लिखते हुए मुझे यकीन दिलाया कि ऐसा होना संभव है और आज मैं आपके कारण ही लेखक बन पाया हूँ।

कई बरसों से डैड के पिकअप ट्रक के डैशबोर्ड पर गांधी का यह कथन चिपका रहा, जिसे मैंने किताब के आरंभ में दिया है। मेरे डैड उसे एक तरह से जीते थे। वे आजीवन दिन-ब-दिन अपारंपरिक चुनावों के

साथ जीवन की गति कम करते हुए समय की गुणवत्ता को पैसे और प्रतिष्ठा से ऊपर रख सके। वे इसे देखने को जीवित नहीं पर किताब लिखते समय वे ही मेरे ध्यान में हमेशा रहे। डैड- आपकी बहुत याद आती है। आपने मुझे ध्यान देना सिखाया, शुक्रिया।

बहुत से दोस्त प्रेरक रहे। पुस्तक प्रकाशन से जुड़े सभी मित्रों का आभार। इन सबके बीच अपने सबसे प्यारे दोस्त जॉन जेरात्सकी को कैसे भूल सकते हैं। तुम्हारे उत्साह, जुनून, समझदारी, विवेक, परिश्रम और लगातार होनेवाली असहमतियों के लिए आभार। तुम्हारे वैश्विक दृष्टिकोण ने मुझे प्रभावित किया और तुम्हारे साथ काम करना बड़ी बात थी- चाहे तुम सेलिंग करके मैक्सिको क्यों नहीं चले गए। हमारा साथ लगातार बना रहा।

www.ingramcontent.com/pod-product-compliance
Lightning Source LLC
LaVergne TN
LVHW040422051026
849517LV00002B/421

* 9 7 8 9 3 9 0 1 3 2 5 7 7 *